馬偕在台宣教
150週年紀念

在台宣教的根柢

青年馬偕

Young Mackay
The Roots of His Ministry in Taiwan

羅明耀（James R. Rohrer）著
鄭淳怡　　　　　　　　　譯
總策劃：謝大立　/　校譯：郭毓安

目　錄

總策劃序

信仰傳統的形塑與承傳

謝大立牧師

加拿大長老教會 Westminster 中會

溫哥華台灣基督長老教會小會議長

華人教界一般對馬偕的認識主要停留在 1871 年至 1901 年馬偕病逝的記載，主要活動是場域是在福爾摩沙台灣，以及前後二次返國述職的行蹤。這些知識的建構主要源自於馬偕的回憶紀錄所編輯成《From Far Formosa》一書，以及其所遺留的日記（1871 年 11 月 1 日至 1901 年 2 月 12 日）和宣教報告書。隨著中文翻譯的出版，這些史料被大量引述、討論。然而，台灣在這方面的出版品著重成為宣教師的馬偕，比較缺乏對「形塑」馬偕成為宣教師的背景深入分析。關於 1871 年之前的馬偕，除了零星的紀錄及單篇論文以外，一般中文讀者所知甚少。如今，這本《青年馬偕：在台宣教的根柢》（*Young Mackay: The Roots of His Ministry in Taiwan*）的出版彌補了台灣現有馬偕研究的缺口，鉅細彌遺地鋪陳相關的時空回溯，幫助讀者像似搭乘小叮噹的時光機穿越了時

光隧道，回到馬偕家族所承接的信仰傳統，試著刻劃出馬偕的宣
教師性格以及福音的路線，滿足了大眾對馬偕成長歷程的好奇。

作者羅明耀（James R. Rohrer）教授任教於內布拉斯加大學
卡尼爾分校（University of Nebraska Kearney）歷史系，曾於 1993
至 1998 年間任教於台灣基督長老教會所屬的新竹聖經學院（1993-
1996）和玉山神學院（1996-1998），深受馬偕的生命敘事所吸引。
他用了相當的時日、心力、經費，上窮碧落下黃泉，動手動腳
四處蒐集相關史料，更費心研究撰寫相當豐富的馬偕傳記。這次
出版的是他英文手稿的前半部，主要集中探討成為宣教師以前的
馬偕，運用其專精的近現代英美宗教史著墨馬偕成長的大時代氛
圍，包括蘇格蘭高地的福音傳統以及兼具「敬虔與學問」的神學
訓練背景。

筆者自 2015 年起確定博士論文的方向後，既已開始接觸作
者發表的馬偕研究相關論文，之後在指導教授蔡約拿（Jonathan
Seitz）博士以電郵正式介紹與作者認識後，更是經常向他請益。
2017 年 10 月在北美台灣人教會的神學研究會中，與羅敏珍牧師
碰面暢談下，得知作者這部分的書稿躺在他的書櫃裡已有時日，
尚未出版甚是可惜。因此，我自不量力承諾催生中文翻譯出版的
工作，這事我完全外行。返回溫哥華後，我開始接洽有翻譯出版
經驗的好友鄭淳怡姊妹，他爽快允諾協助翻譯，歷經二年的往來
溝通，終於順利完成全書的中文譯稿。之後，經郭毓安（Andy
Kuo）牧師的鼎力相助完成校譯、注釋的工作，郭牧師是加拿大
長老教會的牧師，現為多倫多諾克斯神學院的博士生，對書中的

相關背景相對熟悉，經常提出適切的建議。

　　此一出版策劃的經驗，也促使我在推動 2020 年慶祝溫哥華台灣基督長老教會設教 35 週年的紀念活動時，另外啟動了出版《美麗之島：北部福爾摩沙五十年的故事》（*The Island Beautiful: The Story of Fifty Years in North Formosa*）中英文對照本的計畫，該書是加拿大長老教會宣教師劉忠堅（Duncan MacLeod）牧師為慶祝北部教會設教五十週年撰寫而成的重要史冊。因此，在經費籌措方面，身為加拿大長老教會的一份子，溫哥華台灣基督長老教會樂意參與推動這二冊的出版費用，以感念馬偕在台犧牲奉獻的宣教精神。本書起初先得教會潘立中弟兄、張理瑄長老賢伉儷贊助半數翻譯費用，後又得顏聯冠長老資助翻譯、校譯所需的其餘開銷。

　　最後，在接洽出版社的過程中，經多方介紹終得主流出版社創辦人鄭超睿弟兄的允諾同意列入該社 2021 年的出版計畫，並在李瑞娟姊妹專業的編輯下順利完成中文譯本的出版稿。承蒙鄭仰恩、王榮昌、林鴻信三位教授慷慨惠賜推薦序，豐富了本書的內容。在此一併向所有參與、關心的牧長、同工致謝！

　　甚願此次的出版，在紀念馬偕在台宣教一百五十週年的日子裡，充實紀念的內涵，喚醒教界重視信仰傳統的形塑及承傳。

從英美加史料形塑
馬偕宣教行動的神學

王榮昌牧師

真理大學校牧、觀光事業學系助理教授

　　1872 年 3 月 9 日是北台灣教會認識馬偕的起始點。當時他由英國宣教師李庥牧師與德馬太醫師陪同下，從打狗搭乘海龍號輪船北上登陸淡水，展開他在台灣的宣揚基督福音的工作，直至 1901 年 06 月 02 日安息止，從青壯年到中年將近 30 年的歲月是在台灣度過，北台灣教會對馬偕牧師的認識以這段時期為主，馬偕似乎是突然出現在台灣歷史的一位外國宣教師，對他的瞭解，很容易陷入「天賦秉異」，具有異於常人的人格特質，與常人不同的個性角度來看待他，例如宣教旅程善於以健走腳程完成，在北台灣爬山涉水四處遊走，展現堅毅的意志力與刻苦難勞的心志。主要原因之一，缺乏對於他來台灣之前的成長歷史的瞭解，目前以《福爾摩沙記事——馬偕台灣回憶錄》（林晚生譯，台北：前

衛，2007）是其中主提到早年歷史的資料來源，其他相關早期「軼事傳聞」散見其家屬或學生及後期作者的文章中，例如郭和烈著《馬偕傳：攏是為主基督》（台北：主流出版社，2019）。然而，《福爾摩沙記事》並非馬偕親自執筆完成，是經由 J. A. Macdonald 編輯方式完成的專書，其中記載的資料採重點事蹟提示，無法對於馬偕牧師成為宣教師之前的家庭、求學與教會牧養關係等養成過程有詳細的介紹。其他馬偕牧師相關一手史料出版，例如《北台灣宣教報告（第一套）- 馬偕在北台灣之紀事 1868-1901》（台北：明燿文化事業公司，2015），這部分是側重在馬偕牧師在台灣的事工報告，對於瞭解馬偕青少時期的事情也無提供詳細訊息，因而造成對於馬偕牧師的瞭解有著斷裂鴻溝存在。

　　羅明耀（James R. Rohrer）所著《青年馬偕：在台宣教的根柢》（Young Mackay-The Roots of His Ministry in Taiwan）一書，正好將此部分補足，作者以類似「傳記神學」（Biography as Theology: How Life Stories Can Remake Today's Theology, Wipf and Stock, 2002）的敘述方式，從史料整理出形塑馬偕宣教行動的神學，以描述日常信仰生活的筆法，將馬偕年幼至青年時期的歷程重現。書中處理，從馬偕牧師家族蘇格蘭清教徒傳統，年幼時期受到遠赴中國宣教賓惠廉的影響，進入加拿大多倫多大學諾斯學院與美國普林斯頓神學院進修，以及接受基本醫療訓練等歷程，很詳細的將來台灣之前的這段鴻溝歷史補足。作者避開「具魅力」的領導人的信仰角度，以忠於史料撰寫此段歷史，親自拜訪了英國、美國與加拿大等地的歷史檔案館，從層堆的史料中，細心整

理，從中收集與馬偕相關的原始資料，試圖將馬偕牧師從其家族傳統，以及年少、青年與求學等時期不同的歷程階段，將他「有血有肉」的成長歷程勾勒出來，讓馬偕牧師真實的人性一面完整呈現出來，同時也提及加拿大教會海外宣教態度，將馬偕牧師放置在當時教會宣教策略的位置，以當時教會與馬偕相對關係位置歷史脈絡，瞭解台灣宣教行動是如何產生，正如作者書中所提：「本書並不是傳統的傳記，我也不打算在書中檢視馬偕個人在服事工作的整個細節，而是想專注在他的宣教工作——那些在蘇格蘭、加拿大及美國的根源。」他著書的的目標是想要喚醒一個消失已久、卻更寬廣的眼界。這不是一本聖徒傳記，作者承認在他研究馬偕及其宣教工作的許多年日中，深深受到馬偕深刻的信仰、大多時顯為明智的宣教策略、特別是他對台灣人民和這片土地真誠的愛所感動。不過，作者認為馬偕並不是每時每刻都令人仰慕的。跟所有人一樣，他也有缺點和盲點，並且抱持一些會令現代多數基督徒感到不舒服的強烈偏見。

　　對於想從當時加拿大教會宣教策略與馬偕與教會的關係位置，以及從一般常人成長歷程，尋求對其信仰的確認的角度認識馬偕的讀者，在此推薦羅教授所著的書，是能幫助讀者完成此期待的一本專書。特別在北台灣教會即將舉辦馬偕登陸淡水 150 週年的一系列紀念活動的前夕，這本書的出版具有緬懷紀念與讓過往對於馬偕隔著信仰面紗認識的讀者，重新從歷史時空，來瞭解上帝如何藉由凡人馬偕完成對台灣的福音旨意之時代意義。

推薦文

從閱讀馬偕到視域融合

林鴻信牧師

台灣神學研究學院系統神學教授

基督教思想研究中心主任

非常感謝 James R. Rohrer 寫作《青年馬偕》一書，使讀者對馬偕成長時期的認識突破長久以來的限制。此書著重與馬偕生命息息相關的三塊土地：蘇格蘭（祖國）、加拿大（故鄉）、台灣（擇居地），使我們看見馬偕的生命特質如何在這三塊土地的孕育與互相影響，以及他對上帝國的信念與盼望中形成。本書始於蘇格蘭高地而終於福爾摩沙，使我們了解馬偕淵源長久的蘇格蘭背景，並且補足了他成為宣教師之前的空白。

作者獨具慧眼地指出，馬偕出生在加拿大自由教會從原本教會體制脫離出來的奮鬥中，「所受的信仰教導和滋養都來自於加拿大自由教會的創建者」。這個背景可追溯到蘇格蘭自由教會從國家教會體制脫離出來的歷史背景，這段歷史的推手毫無疑義地就是湯瑪斯・查麥士（Thomas Chalmers），「這位受敬重的長老宗牧

師、也是 1809 和 1812 年間深刻歸信福音派基督信仰的神學家，在他的的的領導下，福音派在 1833 年取得蘇格蘭總會的掌控權。

1843 年蘇格蘭自由教會成立的見證深深影響了馬堅志牧師（Donald Mackenzie）──馬偕家鄉教會的牧師，他曾在愛丁堡受教於查麥士牧師，1835 年前往加拿大牧會，1843 年蘇格蘭自由教會成立，他在 1844 年加入加拿大自由教會並於 4 年後被選為議長。1845 年馬堅志牧師領導佐拉鎮長老教會召開會員大會，決議加入加拿大自由教會，那年才 1 歲的馬偕就在自由教會裡成長。馬堅志牧師在佐拉鎮長老教會牧會 37 年，培養了 38 位牧師、宣教師，可見本書第四章的標題真是一語中的──「馬堅志牧師及先知學校」。

這些背景成就了如作者所言：「馬偕就傾其一生打造出一個獨立的本地教會，一個『福爾摩沙的自由教會』，隸屬於台灣當地的基督徒，而不是加拿大的長老教會。」況且，馬偕的「故鄉」顯然已從加拿大移轉到原本為「擇居地」的台灣，而這一切又發生在「上帝國」永恆家鄉的終極目標下。

為何馬偕的故鄉轉為台灣呢？馬偕於 1872 年來淡水宣教，來台僅僅 8 年面對返國述職時，不料發現自己已與台灣難捨難分了。1879 年底他寫信給加拿大海宣主委，以抱怨的語氣說：「我發現這比起我在 1871 年離開故鄉、加拿大更加困難。」[1] 第一次返國述職結束而踏上回程時，馬偕說：「我再次出發往台灣，不再孤獨，不再無知，因為那就是我的工作地，那就是我太太的生長地，那就是寫在我心上的土地。」[2] 馬偕來到生命最後一年時，

病情愈來愈嚴重，吳威廉勸他去外地或日本度假，不過馬偕卻不願離開台灣，吳威廉記載說：「他拒絕到加拿大，並說，他已視福爾摩沙為他的家鄉，到加拿大對他來說則是遠離家園。」[3] 由於馬偕的故鄉已經從加拿大轉移到台灣，這使得對馬偕的了解得到一個特別的角度：一位西方人如何因著在台宣教而成為台灣人。

　　本書優點甚多，唯有最後一章似乎過多使用 21 世紀觀點檢視 19 世紀歷史，讀者閱讀時或可自由心證。作者努力寫出一位 19 世紀擔任宣教師的加拿大人的成長過程，然而不可避免的是當作者評論馬偕時，難免帶有 21 世紀美國的眼鏡。本地讀者閱讀馬偕自然是從 21 世紀的台灣背景出發，讀者與作者的交集在於文本的主題——19 世紀的加拿大的宣教師，沒有必要非得戴上 21 世紀美國的眼鏡。

　　「視域融合」是伽達默爾（Hans-Georg Gadamer, 1900-2002）提出的詮釋學理論，「視域」意指從某一立足點出發所見的眼界，「視域融合」則指在閱讀過程中讀者視域與文本視域融合成一個視域，而非由讀者視域片面主導強加於文本視域之上。因此，馬偕的家鄉從加拿大轉成台灣，這即是加拿大視域與台灣視域的融合；台灣讀者從閱讀馬偕而進入馬偕所領受的上帝國異象，亦即台灣視域與上帝國視域的融合。

　　閱讀馬偕，既非單單追尋對過去的認識，亦非為了以今人眼光評判古人生平，乃可嘗試進入一種「我（讀者）與你（文本）」的視域融合，讓讀者視域共享文本所呈現的馬偕視域。馬偕的歷史屬於過去，馬偕視域所見的異象卻源於上帝而歷久不衰。閱讀

馬偕可使讀者進入馬偕如何回應上帝呼召的過去，而得以明白當
下自己如何回應上帝的呼召。

　　「青年馬偕」就歷史而言，已經屬於過去；但就異象而言，
卻歷久彌新。閱讀歷史上的青年馬偕，固然能認識過去的青年馬
偕，但若不停留於此，尚可進而經歷轉化提升而融入回應上帝呼
召的行列！

　　面對 2022 年馬偕來台宣教 150 週年，究竟我們僅僅記念這些
過去的歷史事件而緬懷故人及其貢獻，抑或藉由體會這一個回應
上帝呼召的歷史現場，感受被上帝呼召的生命脈動而進入回應上
帝呼召的現場呢？

推薦文

返回歷史現場透視
青年馬偕的生命形塑！

鄭仰恩 牧師
台灣神學研究學院教會歷史學教授

　　本書作者羅明耀（James R. Rohrer）教授曾於 1993 至 1998 年間以美國宣教師（先是歸屬美國聯合基督教會（UCC-DOC），後轉為美國歸正教會（RCA））的身份前來台灣服務，先後任教於新竹聖經學院和玉山神學院，當時我就和他相當熟識，經常一起討論一些歷史研究的課題。在台期間，他開始關注馬偕的相關研究，後來返回美國，在內布拉斯加大學卡尼爾分校歷史系任教，近二十年來，他已經先後發表了數篇重量級的馬偕期刊論文，向英語世界介紹台灣的馬偕，也曾受邀發表關於馬偕的系列演講。這幾年，他更將這些專文編寫並提升為專書，本書是他英文書稿的前半部，內容描述馬偕初抵台灣之前的生命養成及形塑過程，包括他的家庭及所屬信仰群體的生活，蘇格蘭高地傳統及自由教

會精神對他的深厚影響，以及他在諾克斯學院、普林斯頓神學院和愛丁堡大學的受教歷程。

近年來，儘管馬偕研究（可稱之為「馬偕學」）相當盛行，然而，包括社會大眾、教會界甚至學術界對於馬偕的認識大多是從他來到台灣「之後」開始，對於「之前」的理解可說相當有限。事實上，對於青年馬偕的生命形塑歷程，過往的認知大多還是侷限於馬偕自己在他的傳記（《福爾摩沙紀事：馬偕台灣回憶錄》（*From Far Formosa*），前衛，2009）裡的簡要描述。也因此，羅教授的這本專書就顯得極為可貴，可以說充分補足了目前「馬偕學」研究的空缺和不足之處。

羅教授是一位用心且紮實的歷史學者，幾乎跑遍了加拿大、美國、蘇格蘭、英格蘭等地有收藏馬偕史料的檔案館，並將這些史料以「還原現場」的方式忠實地呈現出來。他的敘事風格簡潔又不失風趣、條理分明且描繪厚實。至於本書所採用的觀點，羅教授在序言中指出：「基督教歷史不能忽略宣教士的角色以及他們所背負的獨特文化和智識資產。社會學家有時會使用『雙文化』（bi-cultures）一詞來描述宣教士群體。雙文化群體是一種獨特的混合，既不完全是『外國的』，也不全然屬於『本地的』；內中的成員從一個以上的文化汲取觀念和習慣，加以融合後創造出新的事物。」事實上，這正是羅教授在過去發表的幾篇論文中所呈現的觀點，也反映了當代宗教社會學及文化人類學的進路，非常具有獨創性。筆者認為，因為羅教授自己也曾經身為「雙文化」的宣教師，這也可說是他以宣教師的眼光來檢視另一位宣教師的深

刻觀察與心得。

　　另一方面，羅教授也觀察到馬偕自身的框架和侷限：馬偕的宗教與心靈世界深受從蘇格蘭高地被迫遷移到加拿大東部大草原區的移民群體所塑造，這進而影響他在北台灣教會的宣教策略。羅教授指出：「長老宗有一個特殊的地方性形式是根源於蘇格蘭高地的一個小角落，並由蘇什蘭幾個相鄰教區的移民移植到加拿大的新開發地區。這是形塑馬偕生命的獨特世界，馬偕之後又將基督教這個特殊的形式移植到北台灣。而在北台灣，這個信仰形式強烈影響馬偕的宣教策略、傳福音的方式以及教導的內容。因此，南北台灣早期長老教會的差異，至少有部分反映出加拿大和蘇格蘭的基督徒之間的深刻分裂。」這是非常重要的觀察和剖析，基本上和筆者過去對北台灣教會的研究和理解是相當一致的。

　　與此相關聯的還有馬偕的人格特質，羅教授明確指出，馬偕絕非完全人：「他也有缺點和盲點，並且抱持一些會令現代多數基督徒感到不舒服的強烈偏見。比方說，馬偕的固執是惡名昭彰的，他很少注意與他自己對上帝的計畫或旨意的理解衝突的批評或建議。他的思想也帶著濃厚的維多利亞時期的色彩，認為大英帝國是上帝攝理世界的一個工具；他不尊重亞洲的宗教傳統，並且憎惡羅馬天主教，視之為異教。我們將會發現，馬偕對這些事物的觀點，正反映出形塑他生命的文化世界。」這其實印證了馬偕也是活在他的時代氛圍裡的人，儘管他博學多聞、堅忍奮進、不畏艱難且持續開創新局，可說是當時代最偉大的開拓先鋒，但他也不例外地受到自身世界觀的導引與影響。正因如此，歷史的

批判和檢視是必要且具關鍵性的,在感念馬偕的巨大貢獻的同時,我們也要避免重蹈歷史的錯誤。

很感謝羅明耀教授為台灣的宣教史寫下極為重要的篇章,他確實是當代馬偕研究的重要領航人,但願本書的出版能夠帶給台灣教會及社會更多的歷史智慧與新的眼光。

導論

　　多數的台灣人對喬治·萊斯里·馬偕（George Leslie Mackay，或譯偕叡理）是熟悉的，至少熟悉他的名字和聲望。在加拿大馬偕幾乎已經被世人遺忘。在台灣則不同。人們記得他是那位建造教會、幫人醫病看牙、並深愛這塊土地的「台灣女婿」。讀過馬偕《福爾摩沙紀事：馬偕台灣回憶錄》（*From Far Formosa*，1895；林晚生譯，台北：前衛，2007）這本著作的讀者，大都熟悉他簡略的生平故事，甚至連台灣的基督徒也時常講述。國家戲劇院就曾以馬偕生平為根據，製作一齣音樂劇；台北交響樂團也舉辦過多場紀念馬偕的音樂會來向他致意，連當代的政治人物也時常在演講中提起馬偕，讚揚他對台灣這塊土地及對人民的奉獻。

　　學術界的歷史研究者對宣教士的英雄事蹟通常是抱以適當的懷疑態度。大多數學者對維多利亞時期宣教士的興趣，主要是在於他們具有社會及文化改變媒介的身分。現代神學家和宣教理論學者通常把宣教士先驅當作是可敬的先輩，認為他們的熱忱令人欽佩，但他們的許多缺點也應當受到批判。馬偕時代的宣教士代表一種與歐洲殖民主義關係「緊密卻過時」的宣教外展形式，而

這種宣教方式如今已經被「對文化更為敏感且更溫和的方式」所取代。

這本書對讀者的幫助

那麼我們又為什麼需要一本探究馬偕個人的文化和智識根源的長篇著作呢？我們對他的生命和事工所知難道仍舊不夠嗎？

本書所設定的主要讀者是「那些想更了解維多利亞時期的宣教運動、以及在台灣種下基督信仰的前輩之根源」的台灣基督徒。本書也反映我的一個信念，就是還有許多關於馬偕及其他早期宣教士的事蹟，值得更深入的分析。不過，本書並不是傳統的傳記，我也不打算在書中檢視馬偕個人在服事工作的整個細節，而是想專注在他的宣教工作——那些在蘇格蘭、加拿大及美國的根源。簡單地說，我的焦點不在於馬偕許多在台灣的知名宣教事蹟，而是在 1871 年底、馬偕抵達台灣這座島嶼前，形塑了他的生命那幾個大部分仍不為人知的世界。我認為這些根源，強烈影響了馬偕在台的宣教工作，以及他所創立的新的台灣基督徒群體的風格。

馬偕雖然是我用以貫穿接下來數章的「接著劑」，但我的目標卻是想要喚醒一個消失已久、卻更寬廣的眼界。馬偕在他 1893 到 1895 年的第二次回國述職時，有時會提到他生命所盡忠的對象。根據馬偕的省思，他同時屬於四個相異卻又相疊的世界：「祖國」（Fatherland），「故鄉」（Native Land），「擇居地」（Adopted Land），和「福氣地」（Happy Land）。馬偕的「祖國」指的是蘇

格蘭，雖然他有時也會交替使用「斯高夏」（Scotia，譯按：斯高夏為蘇格蘭的拉丁文）和「不列顛尼亞」（Britannia）稱之。加拿大是他出生的「故鄉」，是撫育他長大成人的家人、師長和兒時玩伴的世界。馬偕所愛的福爾摩沙是他的擇居地，是世界上最令他感到活力十足和熟悉自在的地方。但最終，馬偕知道他是上帝國的子民，而上帝國同時是遍布全地卻又不屬世界的。其他三個地域都是暫時的，很快就如夢消逝，只有上帝國是他真正的永恆家鄉。這就是馬偕時常對其跟隨者所描繪的「福氣地」，是不同於世上萬國的，因為這裡沒有種族、階級或語言之分。在福氣地，所有愛慕耶穌的人們將能永遠快樂地同在。

從一首詩歌引發的故事

在維多利亞時期，馬偕的聽眾若聽到「福氣地」這三個字，應該會立刻想到在英國最受人們喜愛的一首〈有一處福氣地〉（*There is a Happy Land*）這首充滿感情的聖詩，是由愛丁堡的一位長老會牧者楊安德烈（Andrew Young）在 1838 年所作的，曲調則是採用後來與流行民謠「德里」（"The Siege of Delhi"）[1] 融合的無名蘇格蘭曲調。

楊氏深受這種縈繞人心的旋律吸引，宣稱在一個「天啟」的時刻得到歌詞。後來也成為大英帝國中最廣為吟誦的一首聖詩：

有一處福氣地　路遠難計
聖徒如日光輝　在榮耀裡

聽他們齊稱揚　榮華歸於救世王
讚聲充滿天堂　永遠不息

請到那福氣地與主相會
為何還無定意為何推諉
天堂得福滿足　脫離罪惡無憂苦
永遠與主同住　享福萬歲

得住那福氣地快樂難言
天父時刻不離　信愛兩全
快來受主恩典　必得賞賜戴金冕
比日更加光顯　掌權萬年

　　〈有一處福氣地〉日後成為維多利亞時期整個英國長老會的
重要詩歌，從辦公室到主日學、從蘇格蘭高地到倫敦、從愛丁堡
到加拿大殖民地的偏僻林區，再到澳洲的海岸，都有人傳唱。所
以這首詩歌成為被英國宣教士最先譯成中文的聖詩之一，也不令
人意外了。馬偕非常喜愛這首聖詩，常常在北台灣教堂的禮拜中
使用，也會在那些直到臨終前才信主、將生命交託給馬偕以及救
主的人們的床邊吟唱。直至今日，〈有一處福氣地〉雖然已不見於
西方讚美詩集中，但卻仍然收錄在台灣基督長老教會的聖詩歌本
中（譯按：台語聖詩名為〈天堂攏無苦難〉）。

引導認識維多利亞時期長老宗文化

　　這首聖詩故事只是一個很小的例子，說明「仔細探究馬偕的文化根源能光照台灣基督信仰的某些面向」，否則它們將不為現代台灣的基督徒所知。事實上，今天大多數的人對於形塑馬偕生命的前兩個世界（他的祖國和故鄉）是完全不熟悉的。就連教會歷史學家也鮮少注意 19 世紀初期蘇格蘭高地特色的長老宗的獨特形式。他們甚至少關注維多利亞時期加拿大的蘇格蘭移民群體，如馬偕於 1844 出生及成長的所在地，加西佐拉（Zorra）鎮的宗教生活（譯按：馬偕出生前後，加拿大由不同的英屬殖民地所組成，原本的「上加拿大」（Upper Canada）與「下加拿大」（Lower Canada）在 1841 年合併成為加拿大省（Province of Canada），原來的「上加拿大」改稱為加拿大省西部（Canada West）也就是今天的安大略省。本書簡稱為加西）。往後幾個章節我會嘗試指出這些久被遺忘的世界的重要面向，盡可能地為現代讀者重建當中的細節，並提出它們如何影響北台灣初代基督徒群體的發展。盼望藉著更了解馬偕在蘇格蘭和加拿大的親族的宗教生活，以及馬偕在抵達台灣前幾年的生命事件，使得台灣的基督徒能更深刻認識自身早期的歷史，以及這些歷史在整個世界的基督教故事中的位置。

　　我在本書中所用的方式相當傳統。大多數學習宣教歷史的學生會使用社會學和其他社會科學的概念，來分析宣教中會遇到的動能。他們對形塑本地人民如何聽見及回應基督教信息的社經和

政治力量深感興趣。在這樣的研究中，宣教士的重要性不如地主人民，而宣教士的生平細節也較少或根本不受關注。我自己曾以此種方式撰寫過論文，本書也反映出我對歷史和社會科學中不同領域的專門研究的熟悉度。

關注宣教士了解在地教會關鍵

然而，我相信我們也需要關注宣教士個人生平的研究，以了解基督教在全球的傳播。簡單地說，宣教士的經驗牽涉到人類之間的信息傳遞。宣教士與地主人民的關係，在這個信息如何傳遞以及人民對信息如何回應上，扮演了關鍵的角色。世上沒有哪兩個宣教士是一模一樣的，也沒有任何兩個接受宣教信息的歸信者是完全相同的。雖然透過社會科學的角度去檢視宣教工作，我們可以得到許多洞見，但是基督教的擴展事實上仍包含個體之間「會遇」的漫長歷史，而宣教士個人的信念和決定，則是這些會遇如何展開的關鍵。若要了解基督教在全球的傳布，我們不能忽略社會、經濟和政治這些寬廣的因素，但我們也不能忘記個人、以及塑造他們並影響其決定的獨特生命歷史所扮演的角色。

在接下來幾章，如同我將試圖展現的，一旦我們熟悉在維多利亞女王的統治時期，將基督教帶進台灣的先鋒宣教士馬偕的文化和智性根源，台灣基督信仰的早期歷史就會變得更清楚，也更容易被了解。舉例來說，接下來的幾頁我將會大篇幅討論蘇什蘭（Sutherland）的宗教生活，而蘇什蘭就是造就馬偕家族以及馬偕在加拿大多數密友和鄰居的蘇格蘭高地。我也會對佐拉這個在加

拿大的蘇格蘭移民社群的在地宗教生活詳加討論，因為馬偕的世界觀以及基本的神學信念都是在此成形。

深刻認識發生於蘇格蘭和加拿大的宗教事件，是否能幫助我們更了解基督教在台灣的發展？了解西方基督教的細節，對於認識台灣的基督信仰的根源，是否真的如此重要？

本書認為答案是肯定的！我需要在這個環節上澄清一個重點：過去，人們講述基督教的歷史時，常把它簡化為一個透過殖民過程傳入非西方世界的「西方宗教」的故事。在這樣的講述中，亞洲基督徒通常被視為是「新基督徒」，亞洲的教會則是舊時西方教會的延伸。如今我們知曉這種講述基督教歷史的方式是錯誤的——基督教並不是一個西方的宗教，而亞洲的教會亦有其複雜的歷史，絕不只是外國宣教教會的延伸而已。

蘇格蘭和淡水的「雙文化」融合

我對於「馬偕的根源」的重視，與這個重要的真理並無衝突。台灣的基督信仰不只是歐美基督教的延伸。來到台灣的宣教士打從一開始就必須調整他們的思維，適應在當地的環境，而且台灣基督徒也很快就發展出獨有的基督徒生活方式。不管是傳道人或是一般信徒，本地的台灣基督徒在生根於這片島嶼上的基督教群體的生活中，同樣扮演重要的角色。簡單地說，即使在故事的開頭，台灣的基督信仰都不能被限縮到只是外國宣教士的工作。馬偕的學生從一開始就分享他的事工所有的面向，也是蓬勃發展的基督教運動中重要的領導人。

不過，基督教歷史不能忽略宣教士的角色以及他們所背負的獨特文化和智識資產。社會學家有時會使用「雙文化」（bi-cultures）一詞來描述宣教士群體。雙文化群體是一種獨特的混合，既不完全是「外國的」，也不全然屬於「本地的」；內中的成員從一個以上的文化汲取觀念和習慣，加以融合後創造出新的事物。在台灣，台灣文化的許多面向成為加拿大和英國長老會宣教團體四周的新基督教社群的部分，但宣教士在這方面也多有貢獻，所以我們對宣教士帶進關係中獨特的文化和智識素材有清楚的認識，是必要的，舉例來說，台灣的長老教會信徒知道北部大會的教會是由「加拿大宣教士」所建立，而南部的教會則源於「英國長老會差會」（English Presbyterian Mission）。雖然這樣說沒有錯，卻掩蓋不了一個非常基本的事實：「加拿大」和「英國」的差會都是源於蘇格蘭的。幾乎所有 19 世紀時英國長老會教會所指派的宣教士，不論男女，都是在「蘇格蘭自由教會」（Free Church of Scotland）成長和受教育的蘇格蘭長老會信徒。同樣地，馬偕與其加拿大同事都是移民至加拿大的蘇格蘭長老會信徒的子弟，他們也是在加拿大自由教會（Free Church of Canada）中成長和受教育。在台灣設立長老教會的宣教士，不論來自英國或加拿大，都帶著蘇格蘭自由教會特殊文化和信念的印記。因此，要了解他們的政策和信息，就有必要了解這個獨特的宗教傳統。

但是如同我在接下來的書頁所要說明的，相關的歷史較此還要複雜得多。19 世紀時，蘇格蘭自由長老教會的各階層之間有很深的衝突。在蘇格蘭高地地區與低地地區的長老會信徒，不管是

敬拜、懲戒信徒、主持洗禮和聖餐儀式的方式，都十分不同。他
們的神學觀點不同，對平信徒在教牧事工上所扮演的角色其態度
也相異。即使是同樣屬於高地地區的當地教區，有時彼此之間也
有很大的差異。這些差異時常會造成長老會教牧會議上的緊張，
有時也會導致蘇格蘭和加拿大教會內部的分裂。我將會說明，馬
偕是深刻依屬在只見於蘇格蘭高地少數幾個地區長老宗的某一種
特別形式，最明顯的是在蘇什蘭和羅斯（Ross）等郡，基本上就
是馬偕所有家人、親族、朋友所屬的社群。當馬偕家族和他們的
鄰居從蘇格蘭移居至加拿大時，他們帶著當地獨特的宗教習俗和
信念，這些也在他們生於加拿大的後代中繼續流傳了兩到三世代
之久。這些獨特的當地習俗，使他們即便是在加拿大的長老會
中，仍舊顯得有所不同。

南北台灣基督教會的差異

台灣的學者已經注意到，南北台灣長老會宣教士的政策在許
多方面都有所不同，而這些差異反映出兩個差會內部人員的相異
背景。雖然他們都是「蘇格蘭長老會信徒」，但馬偕卻是「非常有
意識地」維護在他家鄉佐拉的社群以及蘇什蘭的多諾赫（Dornoch）
和羅格特（Rogart）教區中蓬勃發展的信仰形式。馬偕的文化和
智識根源不只使他與南台灣的長老會宣教士不同，甚至也使他與
來到淡水協助他的加拿大同工不同，因為他們各自代表蘇格蘭和
加拿大自由教會傳統中不同的分支。

簡單地說，長老宗有一個特殊的地方性形式是根源於蘇格蘭

高地的一個小角落，並由蘇什蘭幾個相鄰教區的移民移植到加拿大的新開發地區。這是形塑馬偕生命的獨特世界，馬偕之後又將基督教這個特殊的形式移植到北台灣。而在北台灣，這個信仰形式強烈影響馬偕的宣教策略、傳福音的方式以及教導的內容。因此，南北台灣早期長老教會的差異，至少有部分反映出加拿大和蘇格蘭的基督徒之間的深刻分裂。

接下來的幾個章節中，我將詳細重建影響馬偕的蘇格蘭和加拿大的世界。我會追溯馬偕的教育經歷，特別是他在加拿大、美國以及愛丁堡所受的神學訓練以及早期的實習經歷。我也必須對蘇格蘭及加拿大的宣教運動發展加以關注，特別是馬偕心中的英雄和榜樣人物：賓惠廉（William Chalmers Burns）和亞歷山大·杜夫（Alexander Duff）。除了馬偕的父母、兒時的牧師以及佐拉教會的領袖之外，這些人與馬偕在普林斯頓的神學教授查爾斯·賀智（Charles Hodge），比其他導師對馬偕的思想有更大的影響力。馬偕後來在台灣也建立紀念賓惠廉、杜夫和賀智的教堂。因此，我們有必要用一些篇幅來討論他們的信念，他們對基督教宣教的貢獻，以及他們如何影響馬偕的思想。

這不是一本聖徒傳記。我承認在我研究馬偕及其宣教工作的許多年日中，深深為馬偕深刻的信仰、大多時顯為明智的宣教策略、特別是他對台灣人民和這片土地真誠的愛所感動。然而，馬偕並不是每時每刻都令人仰慕的。跟所有人一樣，他也有缺點和盲點，並且抱持一些會令現代多數基督徒感到不舒服的強烈偏見。比方說，馬偕的固執是惡名昭彰的，他很少注意與他自己對

上帝的計畫或旨意的理解衝突的批評或建議。他的思想也帶著濃厚的維多利亞時期的色彩，認為大英帝國是上帝攝理世界的一個工具；他不尊重亞洲的宗教傳統，並且憎惡羅馬天主教，視之為異教。我們將會發現，馬偕對這些事物的觀點，正反映出形塑他生命的文化世界。

在之後的章節中，我偶爾會提出馬偕早期經驗影響他後來在台灣的生活之處。不過，我大抵還是會專注在他及親朋好友所居住、工作、敬拜和禱告的幾個世界。對馬偕在台灣的宣教工作已經很熟悉的讀者，很可能會在馬偕後來的實踐以及早期這些制度和風俗之間看到相似之處。在本書最末的後記，我會更詳細說明這些相似之處和影響。

揭開北台灣基督教歷史的面紗謎底

本書是一部學術著作，因為每個資料都有相關文件為證，我也使用許多的學術研究來詮釋這些資料來源。不過，我仍嘗試要以普羅大眾為寫作對象。企盼本書能為所有對基督教歷史、特別是基督教在台灣的歷史感興趣的讀者，提供更多知識和幫助。我也希望對蘇格蘭或加拿大的教會歷史沒有先驗知識的讀者，能夠享受閱讀這些章節，並對這些主題有更多的了解。若是讀者在讀完本書後，能更了解維多利亞時期的世界以及馬偕在台灣的宣教工作如何貼合在那個較大的世界中，那麼我就完成這個計畫的目標了。

第一章

蘇格蘭高地的迷思和記憶

馬偕一生都熱衷閱讀。

夜裡，當馬偕結束演講和宣教工作的會議、與當天最後一位訪客道別後，時常會獨自回到書房，沉浸在閱讀中，而他的閱讀素材是隨著最近停靠在淡水的輪船而來的各種報章書籍。往後幾年，馬偕找了一本剪貼簿收集他特別感興趣的資料，例如關於他在福爾摩沙的工作、非洲的鐵路、椰棗樹的生命週期、印度的毒蛇等等的文章。他的剪貼匯集了宗教、科學、工程、旅遊、《聖經》和天災各主題。不過，重複出現在馬偕整本大雜燴式剪貼本中的，是他對蘇格蘭以及有著偉大成就的蘇格蘭人的著迷。

蘇格蘭高地人的民族特色

舉例來說，馬偕剪貼了他的親戚查爾斯·馬偕（Charles Mackay）所寫的幾首詩以及他的訃聞。查爾斯·馬偕在倫敦的記者生涯廣為人知，但是更因為他創作了關於蘇格蘭生活和英雄的流行民謠而聞名。馬偕也保存一篇為到烏干達宣教的亞歷山大·馬偕（Alexander Mackay）所寫的紀念追悼文；亞歷山大·馬偕在亞伯丁（Aberdeen）當牧師的父親則寫了一本《馬氏地理》（*Mackay's Geographies*），在英國的小學被廣為使用。馬偕保存蘇格蘭傑出的工程師阿羅爾爵士（Sir William Arrol）的生平記略；阿羅爾為大英帝國建造橫跨福斯灣（Firth of Forth）及許多大河的鐵橋。馬偕也剪貼博斯衛爵士（Sir Algernon Borthwick）穿著蘇格蘭短裙在伊朗國王面前表演高地舞蹈的照片。而在剪貼本某一頁的角落，馬偕又貼上伊利諾高地協會（Highland Association of Illinois）的

「榮譽詩人」辛克萊爾（James Sinclair）所寫的一首短詩；此詩是紀念馬偕在安大略省（Ontario）的故鄉佐拉鎮的鎮民贏得某次大型拔河賽事。[1] 馬偕在三處地方以大十字標記畫出重點：

拔河賽事所證之理，
似鮮為人所知：
蘇格蘭民不論何處
總奮力堅持。

此事令人心愉悅，
此地可尋一族類，
或論體力或意志，
在世皆首位。

莫錯失機會，
讓世人知曉，
旅加蘇人英國民，
永不折不撓。

馬偕的剪貼簿展現出 19 世紀蘇格蘭的民族情感和此種情感的帝國主義脈絡，以及那個時代特有的種族思維。維多利亞時期的人十分著迷於分類學（taxonomy）、或根據解剖學上的各功能來標示物種，或尋找他們以為能用以定義「國家」的根本特徵。

馬偕時代的人們，普遍認定人類各文化基本上是穩定存在的，都有某些可區別且可傳承的特徵。舉例來說，蘇格蘭高地的蓋爾民族（Gaels）通常會被認為是忠誠、勇敢、獨立、頑固，並且天生傾向競爭和軍事侵略的。刊載於 1881 年加拿大長老教會的《長老會信徒紀錄》（*Presbyterian Record*）上的一篇文章，就大讚「那股為達目的穩定且不屈的韌性，面對險惡和困難仍堅持不懈……在絕望時仍持守盼望，使蘇格蘭人在如此多而不同的國家和環境下，成功且無可匹敵。」[2] 世界各地的蘇格蘭移民藉由組織協會，提倡像拔河比賽這類年度運動賽事，來表揚蘇格蘭人的特質，而馬偕認為這是深具意義的。人們普遍認定蓋爾人具有忠誠、力量、勇氣和不可征服的本性，這也解釋了在維多利亞女王統治時期，蘇格蘭高地部隊對大眾的吸引力。

馬偕相信，在他自己的宣教生涯中至少有某些部分要歸功於這種民族天性。在 1895 年時，他這樣回憶：「我的祖父在滑鐵盧戰役中作戰，他戰士的靈魂流入我的血液中；因此我一歸屬救主君王，祂那句『你們要走遍全地，向萬民宣講福音』的命令，就使我成為十字架的精兵。」[3] 基督門徒的操練和軍旅生活的相似處，是馬偕在述職時的講道經常使用的類比，而他有時也會用蘇格蘭部隊的英勇事蹟為例證。身為一個忠誠的十字架精兵，馬偕服從他的救主耶穌，但他也試圖要展現出他思想中深以為傲的蘇格蘭精神。

1844 年出生於加西的馬偕，一生當中只有造訪過不列顛群島兩次。但是如同維多利亞時期大英帝國中無數的殖民地居民，馬偕一直認定自己是蘇格蘭高地人，也是英國的屬民。馬偕能同時對加拿大、蘇格蘭高地和大英帝國有深刻的情感依附，而這正是維多利亞時期人民的標記。這樣的認同想像不可能存在於 18 世紀，因為到了 1901 年，在維多利亞女王離世後、數個月馬偕也過世時，有這種想法的人也已經很稀少。就在蘇格蘭格子短裙、風笛和氏族間戰事被浪漫化的「高地主義」熱潮成為大英帝國文化的核心時，馬偕家族移民到加拿大。但是事實上，馬偕理想中的蘇格蘭高地與歷史上的高地少有相似，與工業時代高地實際的樣貌更是大相逕庭。[4]

　　許多世代以來，英格蘭人都認為蘇格蘭是危險之地、窩藏著奸詐之民；他們所說的蠻族語言和原始生活方式更顯出他們與野獸幾乎是同一層次，是較低等的生物。中古時代英蘇兩個王國持續數世紀的戰事，加上蘇格蘭和英格蘭的大敵：法國，偶有緊密的聯盟關係，都使這些偏見深植於英格蘭人心中。而 1688 年後的

一段時間裡，某些高地氏族力圖復辟蘇格蘭斯圖亞特家族（House of Stuart）的王位，但一直到 1746 年，庫洛登（Culloden）戰役遭到災難性的失敗後，英格蘭人視蘇格蘭人（特別是高地的居民）的偏見，至 18 世紀晚期仍十分地鮮明。事實上，這種偏見雖然時常被壓抑但仍延續到維多利亞時期。[5]

1707 年，英格蘭與蘇格蘭成為單一國會的聯合王國。接下來的數十年，蘇格蘭菁英階級快速且緊密地融入新王國的政治和經濟生活。18 世紀晚期，蘇格蘭低地地區的工業主義興起，高地地區的地主則急欲「改善」他們的土地，劇烈的社會經濟變動使蘇格蘭更往英格蘭的資本和政治權勢靠近。18 世紀時，英格蘭和蘇格蘭的菁英人士開始聯合起來成為英國統治階級，並刻意推行以「融合聯合王國各地區為目的」的經濟與教會政策。到了 18 世紀末，低地地區的蘇格蘭菁英人士已經自視為英國人，種族上的認同亦為「盎格魯撒克遜人」，並且認為自己與高地地區的居民不同，認定後者是較低等的。[6]

然而，到了維多利亞時期，英國人開始著迷於高地文化，得名「高地主義」（Highlandism）這在破除長期對於蘇格蘭蓋爾民族的偏見以及幫助此區更自然地融入新興的不列顛王國上，扮演了關鍵的角色。諷刺的是，高地主義興起之時，正是傳統氏族系統以及古老的蓋爾社會生活模式在政治壓迫及經濟革命合力下，式微乃至消失的時刻。許多英格蘭和蘇格蘭作家挑出高地文化的某些面向，再重新塑造為大英帝國的正面象徵。這個過程剛好碰上數以萬計的高地居民移往不列顛殖民世界角落的浪潮，而蓋爾人

在各地又是能見度極高的民族，包括軍事領袖、宣教士、企業家及政治家。於是高地主義散播出一個思想觀念，認為蘇格蘭高地的居民天生所具備的種族特性，使他們得以成為優秀的帝國擁護者和寶貴的殖民者，對大英帝國的貢獻是無可匹敵的。

　　既然如此，但為什麼還有如此多的蘇格蘭人願意離開高地地地，到殖民地生活呢？移往各殖民地的移民潮，始於 18 世紀不可抗力的經濟力量所迫。蘇格蘭商人和地主快速地利用與英格蘭的聯合和擴展的英國殖民系統，創造出唾手可得的新商機。格拉斯哥（Glasgow）商人利用與英格蘭的聯合所提供的保護，大舉進入亞麻及菸草的貿易，使克萊德（Clyde）躍升為歐洲一大貿易中心。直至 1758 年，蘇格蘭進口的菸草已經比倫敦和所有英國港口加總起來的數量還多。蘇格蘭資本家利用跨大西洋貿易的收益來建立銀行，並投入多種工業中，如棉紡、羊毛加工、造鐵和製陶。這些商業活動不免加快了低地地區都市化的速度，而這股潮流在 19 世紀早期更以倍數成長。格拉斯哥成為工業重地，是「帝國的第二大城」，在 1770 到 1821 年間，人口成長了五倍之多；到 1821 年，此城 14 萬 7 千人的人口數已經超越愛丁堡。[7]

「蘇格蘭大清洗」事件始末

　　經濟上的轉變也改變了高地地區傳統鄉間的生活。受到工業主義以及逐漸擴展的殖民系統的刺激，各地對牛肉、威士忌、海藻、羊毛和羊肉、魚、木材和石材等許多高地產品的需求大幅升高。需求的增加繼而抬高高地地產的租金，促使繼承土地的地

主積極尋求更有效且獲益更高的方式以利用所擁有的天然資源。
然而，傳統的部族價值觀無法承受商業思想侵襲的力道。氏族首
領──愈來愈多是外住在南方的英國領主──沒有保護其族人對
於土地的傳統權利，反而偏好將土地分割租給出價最高的投資
人，由他們將族人遷往臨海的小農場，來「改善」土地，改建成
牧羊場或鹿園。遷離的佃戶被鼓勵從事比糧作農耕收益更高的行
業，尤其是捕魚和海草養殖。[8] 當蓋爾族人因所受的壓力與日俱增
而必須放棄傳統的生活方式時，殖民地世界正好提供機會給勇於
冒險或有抱負的族人。

　　所謂的「蘇格蘭大清洗」（Scottish Clearances）是一個始於 18
世紀並持續數個世代驅逐人口的過程──到了 1750 年代，數千名
蘇格蘭高地居民已經移民到美國卡羅萊納州、賓夕尼西亞州、喬
治亞州或其他的北美殖民地。在接下來半個世紀中，當英國政府
系統性殲滅庫洛登戰後殘餘的氏族勢力時，從高地向外移民到殖
民地的人口就陸續穩定增加。另外也有數千名高地居民到東印度
公司尋求工作機會或加入英國軍隊。[9]

　　高地人之所以在英軍中呈現一種不成比例的多數，與蘇格蘭
國族認同的改變大有關係。高地主義的形式有很大部分是源在高
地部隊在殖民地和拿破崙戰爭（Napoleonic War）的功績上。事實
上，在庫洛登戰役後，「穿著高地服裝」是被法律禁止的，只有
忠心服役於英軍的蘇格蘭人例外。因此，在英國人的想像中，蘇
格蘭格子裙和風笛與蘇格蘭軍隊有緊密的關係。1757 年，七年戰
爭（The Seven Years' War，1756-1763) 中的老威廉·皮特（William

Pitt the Elder）開始在高地地區大量招募士兵。到了 18 世紀末，已經組成了超過 50 支高地部隊：從魁北克到印度、從紐約到開普敦，都可以看到來自高地各個郡縣、身穿軍服的士兵。[10]

維多利亞時期高地人英勇形象被重塑

　　拿破崙戰爭期間，有幾支高地部隊在戰事中特別顯目；他們的傷亡雖然慘重，但在民眾眼中卻顯得英勇無比。九二戈頓高地步兵團（92nd Gordon Highlanders）就是其中英勇的代表之一。最初，他們是 1794 年戈頓公爵夫婦在自己的屬地上徵召而來的農民，但後來又擴展納入來自奈恩（Nairn）、莫里（Moray）、亞伯丁和其他包括蘇什蘭等北方區域的男丁。在半島戰爭（Peninsula Campaign）中，戈頓部隊表現出色，也在 1815 年 6 月的滑鐵盧戰事中奠立不朽的地位。戰事的第一天，戈頓部隊在防守兵力佔優勢的法國軍隊進攻時，失去了喀麥隆上校（Cameron of Fassifern）和一半的兵團。第二天早晨，倖存者受令要以刺刀進攻法軍。當戈頓高地徒步兵士前進時，一隊蘇格蘭灰騎兵（The Scots Greys）奔馳掠過他們身旁，直搗法國陣線──根據某個廣為流傳但幾乎確定是捏造的故事──當戈頓人認出他們的同袍時，便抓住他們的馬蹬一起衝向戰場，同時齊聲高喊「蘇格蘭萬歲！」[11]

　　戰爭中的事實和傳說時常是混在一起的。在為喀麥隆和九二軍團寫弔唁詞的司各特爵士（Sir Walter Scott）及其他歷史學家的推波助瀾下，呈現給大眾的就是一些身著蘇格蘭格子裙、驍勇善戰的高地將士激勵人心的形象──他們吹奏著響亮的風笛，無畏

死亡，全力護衛大不列顛王國。這類記述故事深深影響民眾對蘇格蘭高地的印象。雖然傳統的偏見並未完全消失，但如今出現的是一個與之抗衡的正面的相反意象。這個相反的意象很快也成了維多利亞帝國迷思中不變的特色。

在維多利亞時期，英國大眾渴望看到或聽到代表高地勇猛精神的象徵和英雄故事。羅伯特·伯恩斯（Robert Burns）的詩作和司各特的歷史小說在大英帝國各地都有極大的銷售量，就連英格蘭貴族都好穿蘇格蘭裙、展現蘇格蘭格子呢、並學習高地舞蹈。對許多維多利亞時期的蘇格蘭後裔來說，雖然聯合王國的政治中心是倫敦，但他們的靈魂卻仍然屬於蘇格蘭。女王自己似乎也證實這樣的想法。維多利亞女王對高地的喜愛是眾所皆知的，她偏愛克雷西（Craithie）教區教堂——女王在巴爾默羅（Balmoral）停留時經常去參加禮拜之處——簡單的長老會禮拜儀式令聖公會信徒非常憤慨，卻讓許多蘇格蘭的臣民大為歡喜。雖然女王是英格蘭聖公會的元首，蘇格蘭的長老會信徒卻樂於想像「女王只是差在名義上不是長老會的信徒而已」。而帝國各地的長老會雜誌裡，有時也會刊登女王參加禮拜的詳細報導來證明此想法。[12]

19 世紀的蘇格蘭國家大抵是接受英國帝國的。維多利亞時代的蘇格蘭人透過參與，能展現他們自認是具有種族特質的文化活動，來表達自身不同的國家認同。維多利亞時代的報紙時常評論愛爾蘭國族主義者和蘇格蘭人之間的對比；前者似乎對所有英國的事物都抱以深仇大恨，後者則忠心敬愛女王，在協助擴展和強化帝國上，更勝其他臣屬。1872 年出現在《倫敦時報》（*London*

Times）、之後加拿大的《英裔長老會美國人》（*British Presbyterian American*）也獲允刊登的一篇文章有代表性的觀察：「蘇格蘭人有熱切的愛國精神，但他們表達此精神的方式，是為了他們個人以及不斷擴大的人際圈中的親戚、所識及朋友的進步而奮鬥。」這篇文章提到，愛爾蘭的民族主義者總是攪擾和平，「我們卻只有在週年紀念、百年慶典、節慶這些歡愉而莊重的場合中，才會聽到蘇格蘭這個字。」[13]

「高地主義」漂洋過海到達福爾摩沙

有些現代的批評家譴責維多利亞時期的高地主義，其實是為要攏絡蘇格蘭人接受在大英帝國中的臣屬地位，而不是要向更大程度的政治獨立性推進。[14] 不過，雖說對風笛和格子裙的浪漫感情也許膚淺，但維多利亞時期的種族觀念也確實過於簡化、甚至是危險——但高地的象徵對世界各地蘇格蘭移民社群的吸引力，顯示高地主義其實迎合了某種深沉的文化需求。高地主義幫助無數離家的蘇格蘭人療癒從家鄉被連根拔起的痛苦，並在他們漂散到世界各地時，幫助他們保留極容易失落的蘇格蘭獨特感。以文化而非政治語言來表達的國族主義很容易就能被接受：蘇格蘭移民可以外移到英屬北美、澳洲、印度、香港或新加坡等地，但仍舊可以保留他們的身分認同。大英帝國為蘇格蘭高地人提供物質生活提升的機會，同時使他們不至於在政治上顯得不忠誠或在種族意識上感覺低人一等。正如馬偕的剪貼本所呈現的，來自英國殖民地、遠在福爾摩沙島上的蘇格蘭人，仍然使人強烈感到「在

力量或意志上」都不落入下風的那個「人類種族」。高地主義在世界各地生出泛蘇格蘭的團結意識和驕傲。[15]

　　像戈頓這樣的蘇格蘭軍事領袖，或是杜夫、大衛・李文斯頓（David Livingstone）和馬偕這些宣教士對大眾的吸引力，也有好些要歸功於此類蘇格蘭文化國族主義。他們雖生在帝國的邊陲，但最後卻成為世人所熟知的人物，正代表蘇格蘭民族在成就上的可能性。他們展現出浪漫的蘇格蘭民族特質，例如面對看似不可能跨越的難關時所表現的忠誠、勇氣、堅韌和信心。史學家約翰・麥肯齊（John Mackenzie）就注意到，蘇格蘭宣教士和軍事領袖豐富的傳記通常與傳統的英雄故事一致，因此麥肯齊認為，這些人扮演了「帝國英雄」的重要角色，他們「透過擊敗『蠻夷文化』、傳播基督信仰……以及西方法律，來拓展道德秩序」。從多倫多、香港到淡水，不管蘇格蘭人居住在帝國殖民地的何處、不論階級高低，都同樣感覺到自己也共享了帶著感激的英國大眾所賦予這些英雄人物的榮耀。[16]

馬偕對祖國的理解只有建立在偏頗的浪漫高地主義上，而這個認識——在實際養育他的群體中，也就是北美眾多「比高地地區更具高地文化」的移民社群之一的加西佐拉鎮中——又被形塑得更加確然。在 1830 年的夏天，約莫 360 位蘇格蘭移民搭乘兩艘帆船「加拿大號」和「約翰號」，分別由蘇什蘭的多諾赫和羅格特教區離開，前往加拿大。馬偕的父母喬治及海倫·蘇什蘭·馬偕（George and Helen Sutherland Mackay）以及馬偕的伯叔姑舅、堂表親和許多遠親，也在這些先驅者行列之中。他們加入在前一年夏天離開多諾赫教區的小部分成員當中。接下來的 20 年，更多來自蘇什蘭地區的移民接踵而至。[17] 在那次初期大規模移民潮的 14 年後出生的馬偕，從家人和鄰里那裡吸收了蘇什蘭的語言、風俗、傳說和歷史記憶。

蘇格蘭大清洗行動

　　1895 年，馬偕撰寫自傳《福爾摩沙紀事：馬偕台灣回憶錄》的大綱時，就是以史料來源僅為二手的事件開始寫起，而這些都

是由他的家人和鄰舍所傳下來的故事，或是由移居至附近胡士托鎮（Woodstock）的唐諾·麥克勞德牧師（Donald Macleod）所寫的許多現場目擊的記憶而來。「蘇格蘭的那些年日是幽暗的」，馬偕寫道：

就是「蘇什蘭大清洗」時期那段晦暗陰鬱的日子，那時有上百位父祖輩生於這片領地並灑血效忠公爵的佃農，與妻兒家人同被驅逐。他們在山間所吹出的狂野風笛聲和在幽谷中所吟唱的莊嚴的蓋爾族詩篇，為羊群的鳴叫聲和狩獵者的吆喝聲所取代。頹傾的房舍、被棄的教堂和受褻瀆的祖墳，就是他們從蘇格蘭帶來的「陰鬱回憶」……。[18]

在 18 世紀中期到 19 世紀晚期之間，對高地居民的清除行動尤以「蘇什蘭大清洗」最惡名昭彰。在大眾的想像中，蘇什蘭的清除行動其實就是以羊群取代高地小農的過程。然而，許多歷史學家也指出，不論在規模或是暴力的程度上，它們都是非比尋常的。[19] 在研究蘇格蘭歷史的學者中，蘇什蘭清洗行動仍是具爭議性的議題，學者們辯論的內容是當次行動與其他的清除行動有多大程度的差別？行動整體的範圍和對佃戶長期的影響？以及是否可以被避免或者是以更為人道的方式來執行，然而，不管現代歷史學家對於「蘇什蘭大清洗」的結論為何，很明顯地，馬偕年少時所處的群體對這些行動的回憶是充滿悲傷和苦痛的。我們有必要詳細檢視這些行動，因為它們強烈影響蘇什蘭郡的宗教生活，

並且塑造出馬偕所成長的佐拉鎮社群的世界觀。

馬偕的故鄉：蘇什蘭郡農家風情

　　蘇什蘭郡是一個廣大的地區，尚未大清洗前擁有 1865 平方哩（或說 119 萬 3940 公畝）土地，東面與凱瑟尼斯（Caithness）接壤，兩地之間有綿延的高山。北面北海，西臨大西洋。蘇什蘭的東南與莫瑞灣（Moray Firth）和多諾赫灣（Dornoch Firth）相接，再往南就是羅斯郡。這個區域的地勢有極大的變化：1900 到 3400 呎高的崎嶇山脈將蘇什蘭分為南北兩邊的海岸地區。由山地供應水源的河水和湖泊是釣捕鱒魚的絕佳地點，但四周的沼地則不利密集的農耕。大多數的可耕地是在南北兩邊的海岸地區，其上綿延的丘陵間夾著被屏障的谷地，為肉牛提供豐美的水草，肥沃的土壤也可供氏族人民生產少量的大麥、燕麥和豌豆以養家。在清除行動的前夕，此郡仍滋養約 2 萬 2000 人，多數是居住在蘇什蘭已經世代之久的小型佃農。[20]

　　蘇什蘭郡被分為 13 個教區，每區皆以長老教會為中心。教區不只具有教會的分區功能，教育、法律、貧困扶助和居民紀錄大多也歸屬在各教區的責任範圍內。蘇什蘭的北方是雷伊勳爵（Lord Reay）的領地，包含艾德拉奇利斯（Ederachillis）、杜內斯（Durness）、湯格（Tongue）教區。這在蓋爾語中稱為 *Duthaich Mhic Aoidh*，意為「馬偕氏族之地」，世代以來都是馬偕氏族的營壘。祖母是馬偕族人的唐諾·薩吉牧師（Reverend Donald Sage），18 世紀晚期在雷伊領地長大；她回憶雷伊勳爵是馬偕氏族的首

領，而當地許多領袖都是馬偕的族人。然而，在 19 世紀初，大部分馬偕氏族的財產已落到蘇什蘭女伯爵（Countess of Sutherland）的手裡。[21] 此時氏族體系崩解已久；馬偕族人四散在蘇什蘭各地的教區和鄰近的羅斯及凱瑟尼斯郡。早至 1792 年時，馬偕的祖父母大衛及依索貝爾·馬偕（David and Isobel Mackay）就在蘇什蘭東南方的多諾赫教區住下，[22] 此教區沿著多諾赫灣沙岸綿延九哩之長，並深入內陸約 15 哩寬。根據那年為教區做書面記錄的約翰·貝圖（John Bethune）牧師的說法，多諾赫是蘇什蘭最廣為開發的區域。

伊莉莎白女伯爵夫婦的野心

蘇什蘭有幾個世代相襲的地主，大多住在郡外。根據貝圖牧師的紀錄，1792 年時，多諾赫有五個「繼承者」，佔地最大的是蘇什蘭女伯爵伊莉莎白（Elizabeth，1765-1839）。事實上，女伯爵及其英格蘭籍的丈夫史塔福的格蘭威爾侯爵（George Granville, Marquis of Stafford）獨佔超過 100 萬公畝的土地。如同當時許多的高地地主一樣，女伯爵夫婦多數的時間都住在倫敦，除了偶爾到他們位於多諾赫東北的戈爾斯皮（Golspie）教區內雄偉的杜洛賓（Dunrobin）城堡之外，與佃戶之間並沒有什麼直接的接觸。[23]

在許多加拿大蘇什蘭人移民記憶中的「驅逐者」格蘭威爾侯爵，是亨利七世的直系後裔，在 1789 年革命爆發時是英國派至法國法庭的大使。在生活上仰賴女伯爵資助的戈爾斯皮教區的麥可弗森牧師（Alexander Macpherson），在 1834 年時曾將格蘭威爾侯

爵描述為一位「進步且自由」的人，「具有不可動搖的正直和極高的尊貴」。麥可弗森牧師說，1833 年當格蘭威爾侯爵在杜洛賓過世並葬於多諾赫的老教堂時，各階層佃戶前往弔唁的隊伍，排滿城堡到教堂的道路。麥可弗森牧師沒有提到的是，當地的政府是用懲罰作為威脅的手段，強迫百姓參加。之後甚至連貧窮的教友都被壓榨，要為格蘭威爾侯爵的雕像來捐獻。這座雕像至今仍樹立於戈爾斯皮教區的班巴拉吉（Ben Bhragihd）的山峰上。24

　　女伯爵夫婦無疑認為自己是以人道之心施惠人民。雖然根據薩吉牧師的紀錄，女伯爵反對正統基督教，總是資助具有理性主義傾向的牧師，25 但她確實也奉獻金錢給蘇格蘭教會，並用大筆金額翻修安葬她許多家人的多諾赫老教堂。她與丈夫不容許領土上有其他宗教，因此蘇什蘭的牧師時常會自誇他們所處之地是蘇格蘭中唯一沒有羅馬天主教徒或新教異議者的郡縣。蘇什蘭貴族捐錢給學校，每年固定捐獻紓困基金，在農作欠收或流行病期也會提供緊急紓困金。更重要的是，他們也捐款修路造橋，並努力在領地上培植有收益的新工業。戈爾斯皮和赫姆斯代爾（Helmsdale）這兩個位於多諾赫東北方的沿岸村落，都是為受遷徙的佃戶規畫的社區，也是女伯爵特別引以為傲的成就。

　　諷刺的是，醜惡的清除行動也可以被視為社會工程學一項極富野心卻嚴重走偏的實驗。雖然自馬克思以來，許多批評家認為「蘇什蘭大清洗」正是資本主義「腥牙血爪」的最佳寫照，但也有學者認為這些是經濟和社會邁向進步所必經的痛苦（副產品），但最終會帶來使所有階級都受益的生活品質。富野心的女伯爵夫

婦無疑認為自己的行動都是為了領地上每個利益共享者的好處，是對土地進行更好的利用，而這些利益共享者也包括約莫 8000 到 9000 名從內陸貧瘠土地被驅逐到沿岸的新牧草區和捕魚村落的佃戶。[26] 地主希望藉著在岸邊建立家園來改善清除行動對社會的影響，讓失去土地的農民能在其上耕植些許作物；在此同時他們則把土地轉移給更富效率和收益的企業，為自己創造更多的收入，理論上也能改善人民的生活。

馬偕家族移居加拿大前的真實景況

直到「蘇什蘭大清洗」時，改善農業的行動已經進行了有一世紀之久。傳統的農耕模式是以村落共同放牧為主，而小區耕作已久未見於低地地區，而是由使用諸如「輪作」和「選擇性育種」等現代農耕技術的較大型封閉農場來取代。18 世紀晚期是啟蒙時期，所以科學方式和效率突飛猛進。事實上，只要受過教育的英國人都會認為，地主有道德責任去發展其地產資源，並且以更合乎理性的選擇來取代過時的農耕方式和社會安排。在 1798 年出版影響甚鉅的第一版著作《人口論》（*Essay on the Principle of Population*），托馬斯·馬爾薩斯牧師（Thomas Malthus）就在書中強調此種發展的迫切性。馬爾薩斯牧師認為，雖然人口是以等比級數（1, 2, 4, 8, 16）成長，但用以維持人類生命的資源卻只以等差級數（1, 2, 3, 4, 5）擴張。馬爾薩斯牧師試著以邏輯和對歷史的實證來證明，這樣的結果將會形成周期性的大規模飢荒事件，接著就帶來社會的混亂。為了盡可能阻止這種不可避免的災害發

生，馬爾薩斯敦促當局者要制定政策以限制生育，特別是貧窮的人，並將食物的生產做最大化的處理。

　　啟蒙時代的思想者喜好引用實證資料來支持其政治立場。1790 年代，凱瑟尼斯一位富裕的地主詹姆斯・辛克萊爾（James Sinclair）著手編纂數冊的《蘇格蘭統計報告》（*Statistical Account of Scotland*），其調查涵蓋北國的每個區域，由每個教區牧師的報告集纂而來。報告書包含關於人口分布、紓困和教育的統計數據，以及對農耕、工業、土地的承租和人民的道德生活之詳細描述。蘇什蘭 13 個教區的報告使伊莉莎白女伯爵夫婦有充分理由相信，他們徒然浪費了所坐擁的天然資源，有太多佃戶過著不必要的貧困生活，而進步的地主不該容忍此種情況。《蘇格蘭統計報告》的細述，幫助我們更能了解大清除行動背後的思維，也更清楚像馬偕的祖父母及父母的小農在移居至加拿大前所居的世界。

多諾赫教區的淒慘景況

　　多諾赫教區的牧師貝圖牧師是一位「牧師之子」，自小便遊走於社會菁英之間。與貝圖牧師子女一起在多諾赫教區上學的薩吉牧師，回憶貝圖牧師是十分和善的人：有著銳利的目光、深色頭髮和「翹鼻子」，時常在講完玩笑話後大笑，讓其他人——特別是年輕人——也不禁笑了起來。貝圖牧師的妻子亦是牧師之女，她喜歡款待紳士貴族。不過薩吉牧師回想她不喜歡人公開表現信仰基督的虔誠，因此貝圖牧師不能在牧師館禱告，也不能與會友討論宗教上的問題。然而，貝圖牧師是一位「優雅的古典學

者」，薩吉牧師認為他是「我所見過最完美的紳士」。他的舉止儀態是如此自然莊嚴，「能為當地的上流階級增光。」[27]

生在高地的貝圖牧師能夠以英語和蓋爾語講道，而且他使用的都是文學性極高的語言風格，比較適合受過教育的聽眾。他總是逐字念出仔細修飾的長篇英語講章；用蓋爾語講道時，會「使用完整的說明和實例，因為他具有高度的智識，甚至無法容忍——事實上他也無法參與純粹**即席**的……討論。」薩吉牧師觀察到貝圖牧師無法忍受聽到任何稍微粗俗的言語，因此多諾赫教區的平民會覺得他過於嚴峻和講究。薩吉牧師認為，貝圖牧師強烈傾向理性主義，因此講道「了無生氣」，需要屬靈引導的信徒，會感覺字裡行間「只有對未來冰冷且難以預料的不確定性的可怕展望」。[28]

貝圖牧師為《蘇格蘭統計報告》作調查，以優雅的文筆詳述多諾赫教區的歷史和自然史，並附上完整的註解，偶爾穿插拉丁文和蓋爾語的典故及英文的翻譯。讀者不會懷疑作者的學識或他對教區平民的謙遜態度。在此區 2500 多人中，大約有 500 人住在多諾赫鎮，此鎮卻被貝圖牧師認為是「處在衰敗的最後階段」。貝圖牧師哀嘆，「教區中沒有其他的鄉鎮或村莊，而此鎮幾乎算不上個鎮。」雖然多諾赫鎮有一個郵局和村鎮的學校，也有幾位地方長官住在這裡，卻沒有內外科診所或藥房，也只有四家商店。貝圖牧師挖苦說，這些商家和寥寥可數的鞋匠、裁縫師和鐵匠，「技術並不高明，所以他們只是偶爾從業，同時也從事小規模的農作。」[29]

　　貝圖牧師抱怨村民未能善加開發沿海區域巨大的潛力。雖然福斯灣有扇貝、淡菜及豐富的魚群，多諾赫鎮可誇的卻只有為數約「一艘船」的漁民，而他們「技術不良也不善冒險」，因此「十分貧困，對此地幾無貢獻。」貝圖牧師同時也注意到，莫里（Moray）和班夫（Banff）的漁民會在多諾赫沿岸進行拖釣，「藉著釣捕」鱈魚、黑線鱈和鰈魚取利。[30]

　　根據貝圖牧師的報告，除了一些可敬且富有的仕紳向女伯爵長期穩定承租土地並引入現代的農業技術外，多諾赫鎮的人民大都是在貧瘠的土地上耕作燕麥、豌豆和大麥、另外在公共區域飼養肉牛和幾隻豬羊的貧困農夫。他抱怨當地女子都過早結婚，且通常生育太多兒女，因此必須經常再將土地分成小塊。他們住在濕冷的泥石屋舍中，也因為道路的缺乏規畫而必須背著泥炭走好一段路回家生火，因此很容易積勞成疾。他們對能增加產量的進步農耕方式不熟悉，因此沒有讓土地休耕和按時節輪作的概念，也不懂得使用石灰來做為肥料。貝圖牧師的結論是，「也難怪即使付上許多勞力和花費，」可耕地區「產量卻極少。」[31]

　　大約在 1758 年時，馬鈴薯作物被引進多諾赫教區，自此「人們每年有三分之一的時間以此為主食，對許多人來說是一半的時間，甚至有些人是一年**三分之二**的時間都是以馬鈴薯維生。」貝圖牧師注意到了這些租不起土地的貧困家庭鄰舍，也常會分給他們一小塊土地種植馬鈴薯。只是教區內的貧民仍舊維持著「80 至 100 人」的數目，除了「教會的主日特別奉獻」，以及從像「偷竊」這類偶有的犯罪所徵得的罰款之外，也沒有額外能資助他們的經

費了。此類的捐獻每年至多只有七英鎊，因此「貧民只能獲得極少的紓困費用」。因此，赤貧者「四處漂蕩，在教區間游移」來勉強維生。[32]

羅格特等其他教區也多有貧戶

　　蘇什蘭其他教區的報告看起來也都證實貝圖牧師這個淒慘的觀察。鄰近羅格特教區的伊尼斯·麥克勞德牧師（Eneas McLeod）描述他牧養約莫 2000 人，大多是貧困的農民，在他們所能找到的任何可耕地上種植燕麥、大麥和馬鈴薯，主要的財產則是牛隻。被薩吉牧師描述為幽默詼諧但「不是一個受歡迎、也不太福音派的牧師」的麥克勞德牧師，觀察一般百姓只說蓋爾語，並且「遊手好閒多於勤奮工作。」他們不喜粗重的工作，沒有建造橋梁或道路，因而需以馬匹或步行來搬運一切重物。有許多人自稱是工匠，可以做些鐵匠、木匠、編織或製鞋的工作，但麥克勞德牧師注意到他們實際上是農民，而不是以工藝謀生。教區內一直都有45 至 50 位貧民，而教會在主日為此事工募得的奉獻足夠每年資助每人三先令。因此貧民「挨家挨戶，並在各教區間乞討。」[33]

　　湯格教區的報告也差不多是這般景象。湯格教區在 1790 年代還未落入蘇什蘭人之手，仍舊是馬偕氏族的地產。當地的麥肯錫牧師（William McKenzie）和羅斯（Hugh Ross）牧師仰賴的是雷伊勳爵、而不是蘇什蘭女伯爵的資助。薩吉牧師回憶雷伊勳爵土地上的牧師都比蘇什蘭的受歡迎，比較福音派，也更能與平民打成一片。不過，他們對於湯格的報告與貝圖牧師和麥克勞德牧師

的報告仍多有呼應，但態度或許不那麼偏頗。根據麥肯錫和羅斯牧師的描述，貧困佃農種植小區域的穀糧，並養牛以獲取牛奶、奶油及乳酪等食物。稍微富有的佃戶有時得以食用牛肉或羊肉，但「人民的主食仍是大量種植的馬鈴薯」。人們住在狹小擁擠的泥石小屋中，平均一戶有五口人。這些住所低矮潮濕，因此居民常患風濕疾病和感冒發燒。「多數的小農」在夏季時會花上許多時間修補住處，「以致疏忽了要收集糞便來施肥」。1400 人的教區中，每次均有 50 人在貧戶名單上，而他們主要是靠富有財主私下的施捨來過活，因為公共的奉獻無法滿足所需。[34]

具野心的地主和溫順的農民日漸敵對

雖然牧師們所描繪的景象是缺乏現代設施的貧困下層階級生活，但很明顯地，人民並未挨餓，也未對自身命運心生不滿。就如同世界各地的農民，他們在溫暖的季節時得以溫飽，也憑著一點運氣，可以靠著在收成時所積攢的糧食度過冬天。只有偶爾在農作欠收時，整個社區才會面臨飢餓的威脅；如果遭遇這樣的時節，他們會向富有的地主求取肉類餐食來維生。《蘇格蘭統計報告》描繪出一個有數個不同社會階層存在的世界。在最上層的世襲地主，被人民視為氏族領袖而被追隨，並在需要時向他們尋求保護和援助。再下一層是發達的仕紳，他們持有長期的租約，開始接受「改良過的」農耕方式，也時常扮演地主的「土地經管人」（factor）或仲介的角色。大部分的人民則是佃農，滿足於簡單的生活，對改變現狀並沒有太大的野心。在最底層的是第四個階

級，也許與第三個不是那麼不同，但他們是真正貧困的人們，靠著救濟維生，大約占全郡人口的百分之五到十之間。

1830 年代擔任克萊茵（Clyne）區牧的喬治‧馬偕牧師（George Mackay），這樣形容蘇什蘭平民的景況：

> 他們是一群富道德感且快樂的鄉村居民，住在內陸浪漫且幽靜的美麗山谷間——遠離世界的塵囂。他們對各項誘惑和奢侈的生活並不熟悉，因此一代又一代在同一個地區生活，沒有想要改善環境的野心或提升其產業的慾望。只要風調雨順，所耕種的收穫足以支付地主並維持他們簡單的生活，他們就無所憂慮了。但當冬天的暴風雨延長到春季，或早到的霜雪毀去收成的希望時，他們確實感到苦惱……極度的困乏常使他們患上傳染性的發燒和其他致命的惡疾。然而，他們以虔敬的順服默默承受一切；沒有對當權者的暴動或叛亂，因為知道當權者也不能抵擋全面性的災害。處在這樣無助且毫無資源的景況中，居民的唯一可尋的途徑就是懇求他們生來的保護者，即地主的憐憫，而這樣做從來不會徒然。地主通常會給予相當兩年以上地租的餐食，並且對此鉅額債務不求償還。[35]

小佃農的缺乏野心，最是令貝圖牧師這樣的知識分子懊惱。大清洗行動最終使得兩個原本就已互相衝突的世界觀彼此衝撞。其中一邊是傳統的農民思維，他們接受豐足和缺乏的循環，並且持守一種**道德性的經濟**，認定有較多資財的人在族人有需要時必

會伸出援手。佃農希望能將可耕地的面積最大化，以能維持他們傳統的生活方式。而另一端則是啟蒙主義所帶來的現代自由派世界觀，認定個體需要競相累積收益並增加物質的安適，他們持守由供需自然法則所主導的**機械式經濟**。在這個新的經濟體系中，讓這些身體健全而**能夠**累積財富的人們，從像蘇什蘭的女伯爵或雷伊勳爵這樣有經濟能力擴展慈惠事業的人手中奪去具有生產潛力的資本，似乎是既不理性也不道德的。面對日益擴大的全球市場，地主希望用最有利的方式來使用其土地，而這方式指的就是畜牧業。但是在這兩個互相敵對的世界觀和利益之間，似乎沒有太多的妥協空間。[36]

　　就連強烈同情小農苦處的馬偕牧師，所下的結論也是傳統的「狀態不能再繼續，因為世界其他的地方都正往前移動，快速地進步著。」[37] 教牧人員和資助他們的地主一樣，都認為高地地區的貧困是因為過時的社會約定和舊式的耕種方式，從道德上改變是必須的行動。正如貝圖牧師在他 1792 年的報告中所敦促的：

　　　　來自於一個進步國家有智識、積極主動且富有的農民在各處安居，就能展現出一種富有生氣且具啟發性的榜樣。這樣的人進入一個有長期的租約及其他合適的鼓勵機制的合法農場中，將能在民眾面前做出如何生活及如何取得生活資源的良好示範。[38]

　　傑出的愛丁堡法官卡博恩勳爵（Lord Henry Cockburn，1779-1854）曾在其回憶錄、也是對此時代的經典介紹中，以諷刺手法

描繪他年輕時所見過「諂媚的」長老會牧師，他心裡所想的可能就是貝圖這類的牧師。卡博恩說這些人「除了與施惠的恩主結黨外，沒有其他更高的原則了。」[39] 而在 1831 年，家族被清洗後移居至加拿大的蘇什蘭石匠麥克勞德（Donald Macleod），則尖酸地譴責蘇什蘭的貴族和他們的經管人。石匠麥克勞德痛責牧者主動地鼓勵將會友從教區內清除的行動、並從中獲益，並說除了薩吉牧師以外的所有蘇什蘭牧師，都「在同一陣線驅逐住民，並有實質的理由接受有毛的動物……取代他們的人類羊群」。根據法律習俗，牧師與佃農共同持有放牧權，然而石匠麥克勞德卻聲稱，若無雙方的同意，地主或土地經管者沒有權力更動這個協定。假如牧者堅持保有他們的權利，就會形成對平民的一層保護，「因為外來的養羊人不會競標或取走有牧師的牛羊與平民的牛羊混合放牧的土地。」

　　然而石匠麥克勞德痛苦地發現，牧者竟毫無異議地支持地主，甚至在講道時宣揚，移除人民的行動是上帝攝理中的計畫，信徒需要以忠信的服從態度來接受：

　　這些牧師急於取悅「當權者」，更想與其談出有利的交易條件，於是設法讓自己的地界落在「佳美之處」，並確保豐足且方便的牧草區能劃定給自己。在這些協定中，許多小佃農純粹是為了滿足牧者的利益而遭到移除。而牧師在一切事上聽從這些經管者，也絕非毫無所圖：除了可以圍起他們在山丘上的牧草區，他們的耕植地得以延伸，另有為他們而建的新住宅和辦公室，為其

方便所築的道路和各樣安排。他們沐浴在恩寵的陽光下，成為經管者和新租戶（當中有許多很快就成了地方長官）的密友，並能享受地主偶爾親自登門拜訪的尊榮。他們總是受派將經管人的命令和計畫翻譯成蓋爾語向平民解釋——他們在這些場合上可沒有儉省在學院中所習得的口才。在執行他們口裡所稱的責任時……他們把黑的說成白的，白的變為黑的。40

　　可悲的是，石匠麥克勞德的批評是相當真確的。不過，至少有**一些**牧者私底下對大清洗行動是抱以遺憾，並且同情人民。在1830年代，當時蘇什蘭移除行動的傷口還未癒合時，又有一份《新蘇格蘭統計報告》（*New Statistical Account of Scotland*）被編纂出來，而且仍是由牧師所寫的教區報告組成的。許多蘇什蘭的牧師在報告中溫和地批評清除行動對人民生活所造成的可怕影響，並謹慎對地主及其經管者的智慧提出質疑。

神職人員對大清洗行動的反應

　　那麼，為什麼牧師對於阻止這些嚴厲政策的執行，竟是毫無作為呢？石匠麥克勞德譏刺，神職人員都是受過大學教育的菁英，因此當中有許多牧師與地主都受到同樣自由經濟思想的薰陶。他們在智識上無法想像其他的可能性。雖然他們為會友所受的痛苦感到難過，卻認為這是無可逃避的命運，也許最終會在上帝的攝理中使人民得益。

　　石匠麥克勞德設想透過神職的抵抗或許可阻礙清除的行動，

青年馬偕：在台宣教的根柢

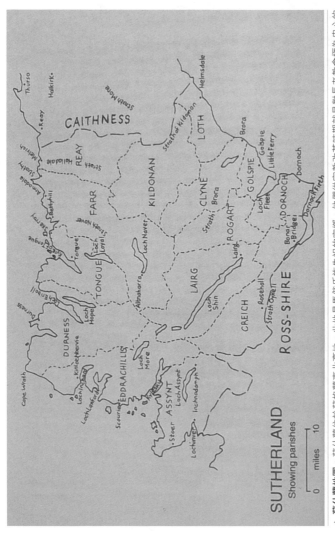

▲ 蘇什蘭地圖。蘇什蘭位於蘇格蘭東北高地。此地是馬偕氏族先祖的家鄉，他們從宗教改革時期就是對長老教會極為忠心的支持者。馬偕的親族大多居住在東南方的多諾赫及羅格特教區，此地是福音派宗教熱忱的中心。（地圖由蘇格蘭歸正協會概允複印）

56

▲ **驅逐高地佃農。**數千名蘇什蘭的佃農在 19 世紀初的 30 年間被迫離開家園。這張圖片描繪教區牧師為一位悲苦佃農祝福的情景。根據許多批評者的紀錄，長老會牧者沒有積極阻止大清洗行動，有些甚至認為遷移行動是不可避免且必要，進而支持。他們沒有進行干預，許多平民因而不再信任他們，也使低下階層的平民傳道者更受歡迎。（**圖片來源：維基共享資源**）

▲ **伊莉莎白・高頓，蘇什蘭女伯爵**（Elizabeth Gordon，1765-1839）。（**圖片來源：維基共享資源**）

▲ **家鄉最後景致。**這幅 19 世紀的圖畫描繪一對悲傷的高地夫婦正要登上開往北美洲的船。數千名在高地大清洗時期被驅逐的農民決定前往加拿大，其中包括加西佐拉鎮大多數的移民者。（**圖片來源：維基共享資源**）

但這個可能的效果，實際上卻被長老會傳統關於「要順服屬世權柄的教導」給削弱了。1560 年的《蘇格蘭信仰告白》（The Scots Confession）清楚宣告耶穌基督高於世上權柄的主權，並且明確命令神職人員在暴君的權勢下，要抵抗壓迫並保護無辜人民的性命。然而，這個宣告被狹隘地解釋為「只能應用在當權者明顯違反《聖經》啟示的教導之時」。在其他的情況下，這份信仰告白要求基督徒要服從所有的政治權柄，包括君王、爵士和地方長官，並且要「愛他們，支持他們；他們若沒有與上帝的誡命相悖，便要服從其命令。」[41] 因此關鍵的問題在於，強迫性的清除行動是否明顯違反《聖經》原則？不幸的是，神職人員沒有看出地主行動中有任何明確違反神話語之處。事實上，他們已經「完全內化」啟蒙主義關於科學效率的思維，以至於對傳統農業和社會約定同樣有負面偏見，認為這些都是導致不必要之貧窮的源頭。他們沒有具備足夠而有力的意識型態基礎去發出有效的反抗。

事後看來，蘇什蘭的女伯爵夫婦會等待那麼久才開始清除他們的佃戶，也十分令人驚訝。也許他們害怕人民的反抗，而要達到所設想的改善程度將會證明是困難而昂貴的。1780 和 1790 年代，羊隻被引進高地許多教區內飼養時，新的羊農便面臨現存佃農的反對，後者甚至以恐嚇及偷盜的方式去阻止「牧羊場」的興建。最嚴重的衝突發生在 1792 年的伊斯特羅斯區（Easter Ross）。這一年有時被稱為「羊年」，有上百家佃戶對羊群發出攻擊。財主們請求政府協助，政府也派出一支軍隊來鎮暴。[42] 根據幾份教區報告，當時在蘇什蘭幾乎看不到羊隻。伊斯特羅斯區的

衝突可能使得女伯爵夫婦至少在平息平民的憤怒前，都不願意進行地產改善行動。

展開冷血行動清除小佃農

　　但是，當蘇什蘭的清除行動終於開始時，卻是以極為殘暴的脅迫來進行。1804 到 1808 年、1812 到 1814 年、以及 1818 到 1820 年三波的清除浪潮，將數千名小佃農從租地上驅逐，並把郡內的人口大量地由內陸移往沿岸的捕魚區。之後一個世代中仍定期有較小規模的移除行動。後來成為土地經管者和蘇什蘭最富有的羊農之一的莫里商人謝勒（Patrick Sellar，1780-1851），就協助許多早期的清除行動，之後在加拿大也以凶暴的「黑色惡棍」為人所記得。就連與他同為經管人且以鄙視蓋爾語人民聞名的愛丁堡律師洛赫（James Loch，1780-1855），都承認謝勒「犯下許多壓迫人民的殘酷行動」。1812 到 1814 年，被後世憶為「焚燒時期」（Time of Burnings）——法爾（Farr）和基爾多南（Kildonnan）教區中被選定的農耕社區會在 3 月中收到離開農地的命令，到了 5 月就得移往海岸區。為了確保人民服從命令，謝勒命令手下焚燒草糧，使農人無法餵食其牛隻，並且焚燒屋舍、商店和磨坊，住民若是抗拒移除行動也會無家可歸。[43]

　　石匠麥克勞德在回憶錄最令人心痛的段落中，描述了平民齊莎姆（William Chisolm）的屋舍被焚的景況：「屋裡還躺著他將近百歲且臥床的岳母瑪格莉特・馬偕。」麥克勞德還請求要去焚燒屋舍的人暫等他與謝勒談過：

當他來到時，我告訴他這個可憐的老婦人……並不適合被
移動。他回答：「可憎的老太婆！她已經活夠久了，乾脆燒死她
吧！」他們馬上放火燒屋，而在我們把老婦人移出以前，搬運她
的毯子便著了火。我在把這可憐的老嫗帶出雖是鄙陋卻安適、如
今卻成為火窟的住處時，雙手也被燒傷……她既不能聽，看不
到，也無法言語。因為沒有牙齒，她的雙頰凹陷，眼球也深陷在
眼窩中……她的口張得老大，發出尖銳而痛苦的哀嚎，旁人能聽
懂的只有：「噢，主啊，神啊，有火，有火！」[44]

長期耕作的農民被迫移居靠海維生

佃戶被移除到海岸區的分配地後，痛苦仍未遠離。貴族地主
原本的想法是要展現啟蒙自由原則之智慧的繁榮社群遠景，但被
遷離的農民實際的社會經濟狀況卻崩潰了。因為不再擁有可食用
或拮据時可販賣的牛隻，農民只能仰賴從遍布的石礫農地上能種
出一些作物以及這片陌生大海裡所能撈到的一切。農地一般只有
幾英畝大，而這麼小的面積是為了避免他們完全仰賴農耕而刻意
劃定的。但佃戶們從未以捕魚為生，也未從事農耕以外的勞力，
因此這個轉換對許多人來說是極為困難且危險的。石匠麥克勞德
也再次記錄那些佃農們持續的痛苦。威廉·馬偕在安頓好之後，到
屋舍附近探查岸邊的狀況，但卻在他孕妻的面前被海浪捲走；孩
子仍幼小的婦人貝爾·馬偕在收集海水製鹽時，同樣被浪捲走；與
妻子和五個孩子處於極度飢餓狀態的羅伯·馬偕，到岸邊的崖壁上

想拿取海鳥蛋時，失手「從極高之處掉落，粉身碎骨。」[45]

　　許多的農民沒有能夠駕馭新的職業或手藝來累積財富，反而比從前在舊式「無效率」的農耕體系中更仰賴慈善施捨。農耕社群嚴重的貧困現象後來被國家層級關注到了，因此引發組織性的紓困行動和計畫，並鼓勵農民移民。1849 年，英國運動員暨生物學家聖約翰（Charles St. John），在一趟打獵的行程中在蘇什蘭住了幾個月。他代表了外人對這些小佃農的典型態度，不責怪那些帶來貧窮的短視近利的政策，反而認定農民本身是閒懶的：

　　這些低下階層的居民仰賴蘇什蘭公爵為人所知的仁慈和慷慨，一點也沒有為著謀生努力。一天當中，不管你在哪個時候進到村落中，都能看到整家人在泥煤爐火旁無所事事。丈夫除了抽菸、吸鼻咽或嚼菸草之外，沒有從事其他活動；女人們也是如此，頂多就是看著一鍋滾沸的馬鈴薯湯；孩童們有九成是無精打采地在地上亂爬或玩弄爐灰。[46]

　　聖約翰認為移民到加拿大是很明顯的解方，認為這些「對自己無用、對別人也是負擔」的禍害若被安置在一個環境艱困卻富饒的新國家中，就能出人意外地成為昌盛、豐裕的人民。同時聖約翰也要讀者安心，這些人民所離開的土地，最後將會依著自然原本的設計被利用：「這個多山的國家只適合羊群，養羊是這片土地到目前為止最好的利用方式。」而在聖約翰寫下這段話的時候，已經有約 17 萬頭的契弗特種綿羊（Cheviot）在馬偕及其鄰舍

的家鄉裡吃著青草了。[47]

第二章

蓋爾人傳遞給聖徒的信仰

1820 年，安格斯和威廉·馬偕（Angus and William Mackay）這對兄弟離開蘇什蘭前往加拿大。在戈頓高地部隊擔任指揮的威廉，可能是在滑鐵盧戰役中與法軍對戰的英勇戰士之一。我們對於威廉抵達殖民地後的生活所知甚少，不過我們知道他最終定居在上加拿大區的佐拉鎮。他的哥哥安格斯確定是在 1822 年到達佐拉，也是在此新疆域率先取得土地的四位農民之一。他得到 200 公畝的沃土，並開始辛勤整地並種植作物。他在 1828 年回到蘇什蘭的多諾赫教區，那裡有許多親朋好友。[1]

蘇什蘭多諾赫鎮民大批出走移民加拿大

隔年的夏季，安格斯再帶了幾位決定跟他到英屬美洲的家人回到佐拉，當中包含了他年屆八旬的年邁父母：鐵匠喬治和依索貝爾·馬偕（George and Isobel Mackay）。他的姐姐蓓西·馬偕·羅斯（Bessie Mackay Ross）與先生大衛、以及他們八歲的兒子約翰也都一起遷居。而後在 1830 年，300 多位多諾赫和羅格特教區的親人和鄰舍加入前進的行列，引發持續多年的移民潮。1830 年這群較大批的移民者包括喬治·馬偕（George Mackay）和妻子海倫·蘇什蘭·馬偕（Helen Sutherland Mackay），以及海倫的兄弟亞歷山卓·蘇什蘭（Alexander Sutherland）。幾十位馬偕族人加上許多蘇什蘭（Sutherlands）、麥肯錫（Mackenzies）、慕瑞（Murrays）、弗萊瑟（Frasers）家族的族人，離棄多諾赫教區和他們牧師安格斯·甘迺迪（Angus Kennedy）的牧養。甘迺迪牧師在寫給《新版蘇格蘭統計報告》（*New Statistical Account*）中替自己辯護的說法

是，他的教區中如此不尋常的大出走並非是被強迫的：

> 我必須為地主做個公道的補充，這次的移出純粹出於移民者
> 自願；他們大多數人原本在教區中的生活安適；且他們離開後，
> 空出的土地也很快就有他人遷入。[2]

　　倚賴女伯爵資助的甘迺迪牧師，眼中只看見教區內信徒所享受的樂觀進步。他的報告親切地讚揚女伯爵及其丈夫所引入的許多改善措施，認為那些措施「奇妙地」改善了多諾赫區及其人民的生活。他熱心指出，「整潔舒適的農舍」取代了破舊骯髒的小屋，街道變得乾淨且因橋梁的興建交通更為便利，如今人民能打扮整潔，乘著各樣的馬車到教會來。基本上，教區裡的每個人都住在教堂的近處，因此上教堂不再是難事，「他們在主日時能整潔地出席，正代表所處的舒適環境。」教區裡有七間學校有支薪的教師，他們以蓋爾語和英語傳授各種實用和屬靈的課程。為了要「提升勞動階級節儉的習慣」，「蘇什蘭的貴族家庭」晚近也開設儲蓄銀行，且給予人民「將錢置入的各種獎勵」。教區內的商家呈倍數成長，甚至也有一位合格的醫生。民眾對英語的熟悉度快速增長，因此甘迺迪牧師預期蓋爾語再過 60 或 70 年也許就會「絕跡」。簡而言之，這位牧師認為多諾赫鎮是英國社會進步的模範，而這都要歸功於思想進步的恩主慷慨和明智的政策。[3]
　　不管當時的讀者是否注意到這當中明顯的矛盾，總之，馬偕家族的移民似乎是用「腳」來對這個新的社會制度投下反對票。

甘迺迪牧師沒有解釋，為什麼他的教區會有超過 300 位的信徒自願選擇離開他筆下如此快樂和「舒適」的環境而去定居在還未完全被墾植的加拿大前線？或為什麼他們會願意居住在粗糙的木製平房小屋、花上連續多年不懈的勞力以清理林木和石塊？他也沒有解釋，為何有如此多「事實上從未」缺席他主理的主日聚會的忠心基督徒，會拋下他們的教會，而遷往一個缺乏按立牧者的地區？很明顯地，馬偕的族人更想擁有土地、農場、掌握自己的屬靈狀況，而不是留在多諾赫收穫甘迺迪牧會下的「進步」的好處。

不過他們絕對沒有將堅定的信仰遺忘在蘇什蘭——在面對不公義和失落時，他們在自己帶到佐拉的信仰和實踐中，找到安慰和力量。他們的信仰並不仰賴像貝圖或甘迺迪牧師這類國教會牧者的講道，事實上他們有時還與蘇格蘭國教牧者的教導衝突。他們所持有的是深刻的新教形式的基督信仰，其根基是相信「每位信徒皆祭司」，牧師與平信徒之間並沒有屬靈上的區別。這個福音派的信仰在蘇什蘭大清洗時期像野火燎原般在高地地區擴散。這個信仰受到某些溫和派牧者的嘲弄，支持者甚至被貼上「狂野派」標籤，但具屬靈恩賜的平信徒領導人卻大大受到形塑，因為人們在他們身上看出聖靈特別的恩賜。他們是 Na Daoine 那群人（the men）——在某些教區中，他們對感到被遺棄且與掌控蘇格蘭的仕紳階級疏離的貧苦百姓而言，就是牧師的替身。這些受敬重的領袖包括安格斯·馬偕的年邁父親，即以「國王湖之子」（The Man of King-Lochan）之名為人所知的鐵匠喬治·馬偕。[4] 其他以虔敬和豐富的《聖經》知識受人敬重的長老和平信徒，也都加入移

民佐拉鎮的行列。當馬偕家族在 1829 和 1830 年離開多諾赫和羅格特教區時，也把他們真正的屬靈領袖一起帶走了。

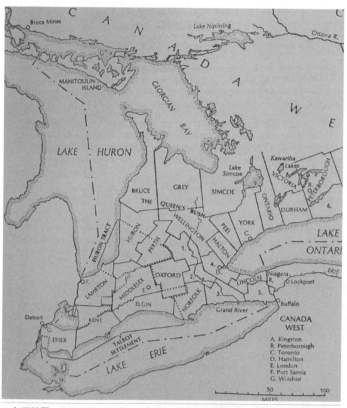

▲ **加西地圖**。位於多倫多西部 100 多哩的牛津郡北部的佐拉，居民多為説蓋爾語的高地福音派移民。多倫多西部的地區是加拿大自由教會的中心，也為馬偕在福爾摩沙的宣教事工提供許多財務支援。（**地圖來源：密契爾** [A & C Mitchell's]，《**新世界地圖**》[New Universal Atlas]，1856）

在大清洗時期，福音派長老宗信仰滲透了蘇什蘭的文化，也被移植到佐拉鎮。這個傳統的核心是歷史故事、宗教信仰和儀式的集合，形成某種宇宙觀，成為理解神奧秘作為、人類明顯的罪惡、以及創造主以恩典將人安置其中的自然世界的關鍵。當他們為大清洗行動哀慟、計畫遷徙至加拿大、以及開始在新世界生活時，這些故事、信仰和儀式幫助他們建構存在的意義，並給予他們信心，相信自己已經處在上帝所希望他們居處之地。年少的馬偕從小浸淫在這個世界觀當中，它們強力影響他的志業和對服事的理解，並且幫助形塑出馬偕最終在北台灣拓植的基督徒群體。

　　19世紀初，蘇什蘭平民的宗教結合了新教的教義和習俗，以及傳統蓋爾人的民間信仰和社會模式。強烈的社群意識持續存在，因此慷慨對待陌生人以及那些需要幫助的鄰舍，形成一個核心宗教原則。麥肯錫及羅斯牧師在描述他們湯格區的信徒時，就指出無私的慷慨是他們最明顯的特徵。儘管收入有限，他們「從未獨享食物。他們對旅人打開好客的門，使寡婦心中歡暢，給予貧困者心之所欲。」[5]佐拉最早的定居者之一蓓西·馬偕·羅斯，就

是以「揮霍的善意」聞名，人們甚至說「蓓西‧羅斯會把她最後一塊麵包給別人，而大衛絕不會說不。」[6]

　　蘇什蘭人認為自然世界是美麗而奇妙的。雖然異教的宗教系統已經不復存在，但高地人民仍舊在某些河川、湖泊、高山和谷地中感受到使人充滿敬畏之情的神祕力量。在這些戶外場地敬拜，是他們靈修生活中重要的部分。儘管加爾文主義教導亞當和夏娃的墮落損害了所有的受造世界，但平凡的百姓仍舊視自然世界為神所充滿的場域——大自然就像有力的講章般，對他們傳講造物主的莊嚴。麥肯錫和羅斯牧師觀察到，「當一個不識字的人思想起大石互相堆疊、大片的石楠、狂暴的海洋等等，都會用難以形容的表情驚呼：『祂的名理當稱為奇妙！』」[7]

醫治性的魔法對付疾病

　　平民百姓所持守的一些信念，有時會被理性主義的神職人員嘲笑為原始的迷信。雖然蘇什蘭的人民從宗教改革後就接觸到長老會的宣教士，而國教會也長久存在於人民的生活中，但在大清洗行動之前，幅員遼闊的教區和四散的居民使牧者無法有效地照顧到每個家庭，即使對少數精力充沛的佈道家牧師來說也是如此。因此，傳統的民間信仰，特別是那些看似與《聖經》相容的，很容易與改革宗的教理問答和信仰告白並存。相信巫術和鬼魔活動幾乎是普遍可見的；類似某種陰陽眼的「第三隻眼」（the second sight），也是許多高地人認為理所當然的。人們會藉著護身符和各種儀式來尋求不受詛咒的傷害。醫治性的魔法在平民的

生活中扮演了特別重要的角色，因為他們身邊沒有受過訓練的醫生或藥師，因此必須自己尋求資源來對付疾病。[8]

　　19世紀初牧養老馬偕家族所住的法爾（Farr）鄉間的大衛・麥肯錫（David Mackenzie）牧師，就在他的報告中記載，許多教區的信徒都相信附近的莫那湖（Loch-mo-nar）有神蹟性的醫治效果。根據當地的民間故事，曾有一個靈巧女人從印威內斯（Inverness）或羅斯郡來到此地，把具有魔法的小石頭放在飲用水中，用來治病。某晚，她借住一位農夫家休息，卻發現主人想要偷走她的石頭，於是她跑到湖邊，把石頭都丟入湖裡。從此以後，蘇什蘭、羅斯、凱瑟尼斯，甚至是印威內斯和奧克尼（Orkney）的病患都會在5月和8月的第一個週一來到法爾。醫治的儀式是在午夜到黎明之間三次進入湖水中、喝一口湖水並丟擲一枚錢幣。為了得到醫治，病患必須在第一道陽光照射在身上之前，離開莫那湖到看不見湖泊之處。「有識之士必然會覺得不可思議，教會群體中竟會有人尋求並相信此種方式；但事實是，有許多人前來。」[9]

　　儘管麥肯錫公然表達懷疑，許多出生於高地的神職人員卻與信徒同樣相信魔法。那些擁抱福音主義的牧師──也是最能打開百姓心房的──在《聖經》中找到許多肯定超自然界域、鬼魔力量和魔法爭戰的存在的神蹟故事。知名的加拿大作家、本身也是高地牧師之子的查爾斯・高頓（Charles Gordon），筆名為雷夫・康納（Ralph Connor），曾回憶自己的父親喜愛講述令人毛骨悚然的鬼故事。「即使在學校和大學都已經盡了最大的努力，我的父

親仍然從未確定鬼魔或魔法是否存在。畢竟，誰能辨別呢？他看
到奇怪的景象，聽到奇怪的聲音。他從未與神祕主義的根源切斷
關係過。」高頓認為父親相信靈界的存在，是他在高地能成為一
位成功牧者的關鍵。他確實相信天堂與地獄、天使與鬼魔，而這
「使他的講道有熱情」，能觸動那些單純的羊群的心。[10]

高地的傳統民間信仰與福爾摩沙的連結

　　高地蓋爾人相信魔法的世界觀也在佐拉鎮生根：魔鬼和女
巫、護身符和治病儀式都是鎮上生活的一部分。如同高頓的父
親，馬偕雖然經過數年正式的學校教育，但在他裡頭「神祕主義
的根源」依然完整堅實。馬偕強烈相信鬼魔的存在以及靈界爭
戰，令他來自城市的同事華雅各（James B. Fraser）感到困惑。
但是這肯定幫助馬偕與華人之間更能連結，因為他們所生活的世
界，就像蘇格蘭高地的農民一樣，同樣充滿可怕的鬼魂和鬼魔，
會驚擾沒有適切遵行某些儀式或規矩的村落家庭。

　　長久以來，蘇格蘭低地地區和英國的新教徒積極在高地地
區宣教，希望掃除此類的民間信仰，在此區域傳播正統的基督
信仰，「教化」那些被他們認定為「野蠻」的蓋爾人。加爾文派
的宣教士早在宗教改革時期，就定期到高地地區進行宣教工作，
而長老會的佈道家在 17 世紀時也定期走過這個地區。1709 年
後，隨著愛丁堡的「蘇格蘭傳播基督真理協會」（Scotland for the
Propagation of Christian Knowledge, SSPCK）的建立，宣教工作
因而更加系統化。協會創建慈善學校，廣發英語和蓋爾語的信仰

小冊和《聖經》，並在各方面協助教區牧師。SSPCK 強烈反對蓋爾文化，並希望使高地地區民英語化。協會認為使蓋爾人受教育，終將能擊破傳統文化並引領人民接受英國的生活方式。這個協會的努力帶來極為混雜的結果。蓋爾人的識字率提高反而使蓋爾語更不易消滅；傳統的民間信仰未完全消失；而高地人自視為獨特的民族意識也一直持續到維多利亞時期。不過，18 世紀中期以後，許多高地人民因此熱切擁抱《聖經》和長老會的教義。到了 19 世紀初，高地地區許多地方已經成為長老會福音信仰的堡壘。[11]

◀ 約翰·諾克斯（John Knox，1517-1542）。諾克斯是蘇格蘭的新教改革領袖，他教導基督徒官員，若統治者企圖推行違反聖經教導的措施，就必須抵抗皇室權威。他也強調由平信徒來掌握地方教會的重要性。（圖片來源：維基共享資源）

福音派長老會的世界觀其知識核心是以《聖經》為本、並以1560 年的「蘇格蘭信仰告白」和 1647 年的「韋思敏思德信仰告白」以及相關或大或小的要理問答對《聖經》的詮釋為根據。到了 18世紀末，多數的高地教區已經有一般由受選的長老擔任且支薪的要理講員在教區內巡迴、有系統地教導成人和兒童。家庭中的領袖也會被提醒每日主領家庭禮拜，並反覆教導孩子牢記《聖經》和「要理問答」。「很難找到……未能覆誦小要理問答的信徒，」湯格區的麥肯錫牧師在《蘇格蘭統計報告》中說，「筆者也不曾看過在家沒有進行每日的家庭禮拜的地方農民。」克萊茵的馬偕牧師（Rev. George Mackay of Clyne）也同意這個觀察，認為儘管百姓們雖鮮少受正式的教育，但仍能快速地「發現教義中的錯誤，並以驚人的迅捷和準確度引用《聖經》支持他們的論點。」[12]

　　19 世紀初，多諾赫教區多數的居民從小就學會背誦短篇要理問答。他們藉著強記，將要理問答牢牢地印在對改革宗基督信仰最基本的教條記憶中。牧師、要理講員、敬虔的父母和學校老師之後會在孩童年紀漸長、也更能理解複雜的概念時，逐漸講解這

些教導：

問 1：人生首要的目的是什麼？
答 1：人生首要的目的就是榮耀上帝，並以祂為樂，直到永
　　　遠。

問 2：上帝賜給我們什麼準則，以指導我們榮耀祂，並以祂
　　　為樂？
答 2：記載於舊新約中的上帝的話語，是指導我們榮耀祂，
　　　並以祂為樂的唯一準則。

問 14：罪是什麼？
答 14：罪就是不遵行或違背上帝的律法。

問 84：每個罪該受什麼處罰？
答 84：每個罪在今生和來生都該遭受上帝的憤怒和咒詛。

問 85：我們逃避因自己的罪所當受的烈怒和咒詛，上帝對我
　　　們有什麼吩咐呢？
答 85：上帝為叫我們不逃避因自己的罪所當受的烈怒和咒
　　　詛，吩咐我們信耶穌基督，悔改得生，並殷勤使用耶
　　　穌基督藉以將救贖恩惠賜給我們的一切外在工具。

　　高地地區的長老會信徒也重視 1560 年的蘇格蘭信仰告白
（Scots Confession of 1560）的權威。這份信仰告白是受蘇格蘭國
會委託，作為他們新確立的國教宣言；以愛丁堡傳道人約翰·諾
克斯（John Knox）為首的六人委員會，在短短幾天之內即寫成宣
言。在所有宗教改革時期的教條宣言中，這份宣言可能是最基本
和最平易近人的，是平信徒和神職菁英都能掌握的簡潔又明晰的
傑作。它闡明幾世代的長老會傳道人跟英國君主抗爭時所奮力堅
守的原則，因為 200 多年來，英國君主力圖掌控蘇格蘭的教會事
務。這些原則的核心包含了改革宗教導中的神的主權和墮落的人
性；神對其獨一的真教會所永恆的揀選，而這教會是由各年紀、
地域、種族和語言中被揀選的人所組成；所有的信徒皆祭司；耶
穌的中保身分，單憑信心稱義，是救恩唯一的根基；而《聖經》
中神的話語，對教會及所有人類組織皆有「無錯誤」的權威性。
蘇格蘭宣言指出區分真「教會」與偽教會的三個標記：真實傳講
上帝的道，正確執行聖禮，以及按照《聖經》持守教會內的規
訓。[13]

　　蘇格蘭信仰告白中，也許沒有其他任何一點比響亮地宣告
「基督是萬王之王、也是教會唯一的主」對蘇格蘭和加拿大長老
宗未來的歷史更為重要。這份宣言教導忠信的基督徒要記得審判
之日將到，「世上君王的威嚇，以及對眼前的危險或暫時的死亡
的恐懼」都不能使他們棄絕以耶穌基督為唯一的元首、為律法的
賜予者、為至高的祭司、為保惠師和中保的真正教會。「倘若有
人或天使膽敢擅入基督的榮耀和職分，」宣言如此作結尾，「我

們將因著他們褻瀆至高的管理者耶穌基督，而對其全然憎惡及厭棄。」[14] 到了馬偕的時代，蘇格蘭長老教會已經為維護這些原則持續了 200 多年的抗爭。馬偕深知這段歷史，也因為這份宣言深刻地影響馬偕的世界觀，所以我們有必要簡略地檢視其中較大的爭議。

「基督的君主身分」衍生的政治意涵

從約翰·諾克斯以後到維多利亞女王統治的時期，蘇格蘭長老會一直掙扎於「基督的君王身分」所衍生出的政治意涵。基督是「唯一的元首」到底蘊含的意義為何？在蘇格蘭國會與羅馬天主教會在 1560 年決裂後的那個世代中，大多數的蘇格蘭教會領袖逐漸往長老宗——將權威置於地方、區域及國家的教會委員會——的體制移動；而這些委員會則由受按立的牧師和受遴選出的平信徒代表組成。地方教區是由牧師及幾位會眾選出的長老所組成的小會（session）管理。由牧師及數個聯合教區的長老代表組成的中會（presbytery）則作為地方堂會之上的上訴法庭。兩個以上的中會代表再組成大會（Synod），每個大會的牧職及平信徒領袖不定期召開總會（General Assembly），這也是蘇格蘭教會的最高權威。長老宗的政體授予這些代議制的教會委員會有唯一權威，在界定教義、按立並免職牧職及在所有層級的教會治理上做出決定。[15]

1581 年到 1688 年間，英國的斯圖亞特王朝不斷運作，想要削弱長老教會這套管理體制，想由皇室任命的主教根據皇室政策

來管理教會事務的主教體系強加於蘇格蘭之上。詹姆斯一世在統治期間，不斷與長老教會的領袖搶奪教會和政治上的權威。1598年，詹姆斯一世頒布《基督教君主制度的真正律法》（ *The True Law of Christian Monarchies* ），斷然否定許多長老宗牧者所支持的理論，此理論認為君主與人民之間存在著契約關係，必須在契約的限制下來執行其權威。[16] 早在 1583 年，當詹姆斯一世已是蘇格蘭國王時，就已經在蘇格蘭教會中重新建立主教制度；1603 年以後，當他將皇室朝廷遷往倫敦並成為聯合王國的國王時，他增加蘇格蘭主教的人數，並引進許多被多數蘇格蘭長老會視為「可鄙的」聖公會的革新。

查爾斯一世（Charles I，1625-1649）在繼續推動其父親的聖公會化政策上更加強勢。到了 1637 年，查爾斯一世因其公開自稱擁有絕對權力以及欲以英格蘭的樣式重新塑造蘇格蘭的高壓手段，已經與蘇格蘭神職人員和貴族完全分道揚鑣。1637 年，當查爾斯一世試圖在蘇格蘭教會中強硬使用聖公會的《公禱書》（ *Book of Common Prayer* ）時引發暴動，於是反對國王將蘇格蘭基督教聖公會化的武裝抗爭行動也由此而生。此次抗爭運動的象徵核心是「國民聖約」（National Covenant），這份由數萬蘇格蘭民眾所簽屬的文件，宣告基督是教會之上唯一的君王，並籲請簽署者必要時以武力維護「君王耶穌」的榮耀。這些後來被稱為「聖約派」（Covenanters）的信徒，力求以「蘇格蘭信仰告白」中嚴格的長老會精神和改革宗信仰原則來統一蘇格蘭教會。儘管他們表明對君王的忠誠，卻強硬堅持「基督才是萬王之王」，且是教會唯一的

元首。聖約派抗拒所有自 1581 年之後來自英國在教會政體上的革新和做法，並要求國王與國會批准追認「國民聖約」。[17]

聖約派成為馬偕世界觀的中心思想

其後的半個世紀，聖約派信徒一直是蘇格蘭和英格蘭血腥內戰的中心。1637 到 1649 年間，聖約派的勢力達到頂峰並掌握蘇格蘭的政治，在推翻查爾斯一世的事件中扮演關鍵的角色。但隨著查爾斯二世（Charles II）在 1660 年的復辟，聖約派的命運很快被轉變。查爾斯二世再次引進主教制度。「國民聖約」被宣布是非法的誓約，所有公職人員都必須聲明放棄這份文件。查爾斯指派詹姆士·夏普（James Sharpe）為聖安德魯斯大主教（Archbishop of St. Andrews）及蘇格蘭首主教（Primate of Scotland），數百位拒絕承認夏普權威的長老會牧者被免職。當某些較激進的舊聖約派試圖以君王耶穌為號召聚集時，卻發現大眾已經疲於世代之久的暴力和政治紛擾，不再熱切為此爭戰。在其後 20 年間，無數的反抗行動中，也是以「殺戮時代」之名留存在馬偕那個時代的長老會信徒記憶中的那段期間，查爾斯二世的武力總是輕易獲勝。因為無法藉由武力抗爭帶來政治的改變，某些聖約派的長老會信徒就離開國教會，在秘密的集會處非法聚會和崇拜。上萬名聖約派信徒——也許有 1 萬 8000 名之多——為了捍衛他們的原則而死。[18]

到了 19 世紀，聖約派被浪漫化的故事成為蘇格蘭地區長老宗民間故事的重要部分。聖約派在之後蘇格蘭各種抗爭運動變成強

力的象徵，特別是對抗不公義的政治權威。對高地地區的福音派長老宗信徒來說，聖約派象徵甘心為了持守對抗不公義的世俗權威的基督王權而殉道。[19] 在這個意義上，聖約派成為馬偕的世界觀中一個重要的元素：他有時會將自己最欽慕的對象比作聖約派信徒，也在 1870 和 1871 年預備福爾摩沙的宣教旅程時，到蘇格蘭與聖約派殉道者相關的地點去朝聖。

▼ **瑪諾赫（Marnoch）的牧師薦選。**「薦選」（intrusion）是蘇格蘭地主為其土地上的教會選擇牧師，有時他們所選擇的人選並未得到人民的支持。雖然這個作法違反長老教會的原則，卻受到國會立法批准以及英國法庭的支持。「溫和派」的長老會牧者選擇順應政府及地主，通常會包容薦選，但福音派人士則反對此作法。在某些情況下，如同這幅 19 世紀的版畫所描繪的，高地區堂會的會友會全員退出他們的教區堂會，也不願接受強加給他們的牧者。（圖片來源：布朗牧師 [Rev. Thomas Brown]，《大分裂記錄》[*Annals of the Disruption*]，1893）

聖約派運動也代表了「對地方教會自主性」以及「反對新興的現代國家集權傾向」的信念。許多蘇格蘭長老信徒都認定古時的教會體制是民主的；儘管英國保皇黨成員不斷企圖透過君王及主教的階級制度，將皇室主權強加於此體制，它仍完整存留。[20]他們以人民的神學和意志，來對抗政治及教會菁英階級「以上帝之名」為人民做決定的壓迫勢力。他們火熱堅持新教「信徒皆祭司」的教義和「呼召」（call）的概念——被神所分別出要成為教會領袖的會被神的子民認可及召喚。這個信念具體呈現在蘇格蘭教會的《規訓一書》（*First Book of Discipline*，1560）中，此書主張「選出他們牧者」的權利屬於「人民以及每個堂會」。

「牧師薦舉權」爭議不斷

整個 18 及 19 世紀，對於「牧師薦舉權」（patronage）這個原則的爭議不斷被考驗，並攪動蘇格蘭地區的民心，最後終於在 1843 年於蘇格蘭教會中引發一個被稱為「大分裂」的動亂。這個擴散到加拿大的分裂，使每個位於大不列顛的殖民地中都有「蘇

格蘭自由教會」和「自由教會」的出現。在大分裂一週後出生於
加拿大的馬偕，從小就浸淫在自由教會的世界觀中。但是自由教
會本身是長老宗內許多不同派系的聯盟；馬偕特別被說蓋爾語的
高地福音派的文化吸引並將此內化於心。此派別在 1843 年時，集
體反對當時的蘇格蘭教會，而某些歷史學家視此為階級的戰爭，
也是神學的抗爭。

　　「牧師薦舉權」是中世紀的習俗，允許世襲的貴族恩主選出
蘇格蘭教會中的教區牧師。新教改革者認為此權力威脅到長老宗
政體的純粹性，因此廢除這個原則。在斯圖亞特王朝長年的統治
下，這個習慣再次被恢復，但是隨著王朝的結束又被廢黜。1690
年，在一項長老教會總會的法案中，貴族「繼承人」可以向堂會
長老提議牧者人選，而後由人民決定是否接受。人民可以自由地
否定領主所提的人選，此種情況下中會將可與地方教會領袖商討
並決定牧師的人選。這個遴選牧師的方式在 1707 年受英國國會的
「聯合法案」（Act of Union）追認，保證蘇格蘭教會的體制將被保
留在新建立的聯合王國中。

　　儘管有這個保證，但英國國會在 1712 年的「牧師薦舉權法
案」（Patronage Act）中背叛了蘇格蘭長老教會，恢復蘇格蘭地
區由世襲貴族恩主選擇牧師的作法。結果就是其後超過 100 年的
蘇格蘭草根反對行動，人民不斷企圖否決由貴族所提議的牧者人
選，並要求回歸長老宗嚴格的「堂會呼召」（congregational call）
的體制，讓每個教會會員都可以在牧師的遴選中發聲。當地人民
企圖阻撓「他們所反對的牧師就任」的案例高達數百件，有許多

次地方仕紳甚至必須召集騎兵隊來鎮壓民眾的擾亂。牧師薦舉權的衝突使蘇格蘭教會在 1733 年和 1752 年引發了兩次大分裂，異議者退出教會組成「分離教會」（United Secession）和「救濟教會」（Relief Churches）。到了 18 世紀末，數十萬名（大多是低地地區）蘇格蘭長老會信徒與這些分離主義的宗派結盟。分離與救濟教會全然拒絕建立國教會的概念，只接受教會與國家之間純粹自願性的關係，認為如此才能保護地方基督徒的權利免受政治干預。[21]

　　儘管有此爭議，18 世紀因為許多蘇格蘭神職人員仍是透過此薦舉制度來獲得職位的，就支持貴族恩主控制牧職的權力。又因為異議者離去進入分離主義的宗派中，這群通常被稱為「溫和派」（The Moderates）的勢力便大大提升。從 1750 年起，蘇格蘭教會因為恩主舉薦牧師制度的爭議、日漸分歧的神學觀點和對牧職事工不同的觀念而分派。掌控格拉斯格、愛丁堡和亞伯丁各神學院的溫和派，認同啟蒙時代的理性主義，不喜宗教中有過多的情感，強調道德更甚於典型改革宗對於罪、悔改和救贖的教導。政治上，溫和派則支持蘇格蘭與英格蘭的融合，與地主維持溫暖的連結，並培育能進入英國統治階級的仕紳。一直到 1833 年，他們在蘇格蘭總會中都是多數。[22]

　　在長老會平信徒中，反對黨「大眾黨」（Popular Party）無疑享有更大的支持，卻因重要的社會及意識型態的歧異而分裂，因此難以組成足夠勢力去挑戰掌控總會的溫和派。弱小的佃農、城市中產階級的工匠及製造商以及工廠的工人，通常都是憎惡薦舉制度的，但這些群體常常互有衝突，也鮮少能夠有凝聚彼此的共

通點。一直到 18 世紀，橫掃大不列顛的福音運動出現，他們才找
到能共同聚會的場所。[23]

福音派興起，聖靈澆灌全世界上帝子民

在 1730 年和 1740 年於威爾斯、英格蘭、蘇格蘭和美洲殖民
地部分地區爆發的福音主義（evangelicalism），被戲劇性復興所
點燃，興起成為一股極具活力和創造力的國際性宗教運動。福音
派強調常被稱為「實驗性的宗教」的需要。他們尋求「經歷重生
以及救恩」的確據，認為那是使個人充滿新鮮的喜樂和信心的全
面性的意識轉化。福音派有意識地轉向外界，積極打造能促進宗
教復興和能轉化有罪人類社會的國際網路。福音主義這個跨宗派
的運動，冀望能使個人——最終是全世界，都歸信耶穌基督。他
們對未來心懷樂觀，相信上帝正以新的方式將聖靈將澆灌在祂的
子民中，為要擴展祂在地上的王權。為了達到目標，福音派運用
各種創新的方式，例如以跨宗派的協會改善社會風氣和差派宣教
士到國內外的異教地區，以宗教性雜誌散播復興的新聞，以及以
融合更多感情的講道和敬拜風格來觸及人們的心腸、並賦能使他
們也成為牧者。[24] 18 世紀末和 19 世紀初，福音派的復興運動在蘇
格蘭高地許多教區中爆發，也包括馬偕家族所居住的蘇什蘭。

在湯瑪斯·查麥士（Thomas Chalmers）這位受敬重的長老宗
牧師、也是 1809 和 1812 年間深刻歸信福音派基督信仰的神學
家，在他的的領導下，福音派在 1833 年取得蘇格蘭總會的掌控
權。他們很快就廢除恩主舉薦牧師的制度，主張教會有免受世俗

政治權威干預的屬靈自主權。但民事法庭及英國國會駁回此主張，引發長達十年之久的法律衝突，爭執蘇格蘭教會到底該由長老會總會或是英國政府來掌控？這場「十年戰爭」的高潮落在 1843 年 5 月 18 日，大多數的福音派代表退出蘇格蘭教會，建立一個新的全國性教會——蘇格蘭自由教會。最終，有 470 位牧師（約為 40%）以及近半數的長老會平信徒離開並進入福音宗派中。[25]

　　蘇格蘭教會的這段歷史對馬偕和他在台灣的整個宣教聖工是很重要的。馬偕從出生就被宗教性濃厚的社群圍繞，這個社群曾深刻浸潤在蘇什蘭福音派福音運動中，對抗特別引起民怨的牧師薦舉制度。牧師對薦舉制度的不滿，難免會與對殘忍的大清除行動的憤怒相結合，使蘇什蘭變成民粹宗教異議分子的溫床。18 世紀末 19 世紀初時，蘇格蘭其他地區都沒有像在蘇什蘭女伯爵手下的各教區那般有如此多溫和派的神職人員進入教會。[26] 平民百姓對此情況深感不滿，以各種方式挑戰這些不受歡迎的牧者的權威。最終，抗議運動的部分領袖移民到加拿大的佐拉鎮，在那裡引導蘇什蘭移民的宗教生活，並為當地的長老會群體印上強烈的民主印記。

18 世紀末到 19 世紀時，在不顧蘇什蘭人民反對被設立的牧
者的牧養之下，他們心煩意躁。在最好的情況中，這類牧者盡心
負責，努力要贏得原先不滿他們的教區信徒的信任。但在最糟的
清況下，明顯不適任的人佔據牧職數年之久，完全怠忽職守。

不適任的牧者佔據牧職

　　薩吉牧師記得一位蘇什蘭的牧者克萊茵的羅斯先生（Ross of
Clyne），對其牧養的責任鮮少用心，常常只是誦念他人講過的講
章。薩吉牧師描述羅斯「既世俗又褻瀆神」，是「完全不可靠」
的，但承認他是一個能幹的生意人。當地仕紳波諾根的洛斯爵士
（Sir Charles Ross of Balnowgan）十分仰慕羅斯在財務上的天賦，
將自己的地產交給他管理：

　　他完全了解賺錢致富之道，在國內及農村經濟方面，沒有人
能勝過他。他是一個農人、牛販、管家和第一流的冒險家；他也
知道怎麼用這些不同的工作型態來獲利。[27]

　　18 世紀杜內斯（Durness）偉大的蓋爾語詩人、也是「馬偕家族中最卓越」的羅伯‧杜恩（Rob Donn，1714-1778），寫下許多尖銳諷刺詩以嘲諷像羅斯這樣的世俗神職人員。蘇什蘭的百姓記誦杜恩的詩句，直到 19 世紀初都還在吟唱：

> 如果你加入他們的社團和群體，
> 就會發現他們當中大多數的人
> 適合去當小販或水手，
> 適合去當畜販或經銷商，
> 適合去當又辛勤又精明的農夫，
> 去當管家也不浪費；
> 適合一切卓越的事業，
> 除了他們所發誓要回應的牧職呼召。[28]

　　此類世俗的牧者很難應付高地教區大片多山卻人口稀少的需要，他們所要牧養的單純人民，在當時階級明顯的社會制度中地位遠低於這些牧者。一個成功的鄉村高地牧師要能夠說流利的蓋爾語，並了解農民的生活方式才會適任。從低地地區來的那些受高等教育的大學畢業生，或甚至是在牧師家庭中長大並從小就讀英語學校的高地人，一般都無法說流利的蓋爾語，也沒有（或鮮少）能力與平民打成一片。然而這些就是蘇什蘭女伯爵所偏好的人選。根據薩吉牧師的回憶，到蘇什蘭蓋爾語教區的牧者只會說英語，或是所說的蓋爾語實在太差，講台下的聽眾根本聽不明白。

　　無法說百姓的語言以及帶有上層階級的舉止並不是阻礙他們
有效能牧會的唯一障礙。高地的牧者隨時都需要預備——能在沼
澤和山中，不論晴雨走上數哩的路來照顧信徒的需要。以服事格
拉斯哥的窮人而聞名的諾曼·麥克勞德牧師（Norman Macleod，
1812-1872），在高地的牧師家庭中長大，也寫過一本關於父親服
事的回憶錄，日後馬偕在淡水教學時還曾引用過這本書。麥克勞
德回憶自己的父親經常不在家，一週又一週地跋涉廣大的教區，
探訪病患、主持婚禮、喪禮、給年輕人上教理課；有時一天甚至
要走上 30 哩。當天黑前無法回到家時，經常就得在雨雪中夜宿野
地。[29] 這樣的生活很難吸引到大多數溫和派的神職人員任職，因
為他們偏好學術的研究以及和仕紳階級的社交網路。因此不出所
料，許多上層階級的牧者會發現，他們與平民間的鴻溝大到難以
跨越。

高地教區捨棄牧者：自己舉行禮拜

　　於是許多高地郡縣的百姓捨棄了長老教會，選擇加入浸信會
或者是加入 18 世紀晚期出現的其他不遵循國教會的復興運動。[30]
但在蘇什蘭地區因為沒有其他教會可以選擇，百姓必須在現存的
教區系統中尋求能支撐其屬靈生命的方式。在某些情況下，他們
可能採取暴力的形式來表達對國教會體系的反對。19 世紀初，當
蘇什蘭女伯爵選擇「世俗」且不受歡迎的卡麥隆·莫多（Cameron
Murdoch）作為克里希（Creich）教區的區牧時，「眾人」都反對
他的就任。多諾赫中會試圖要召開會議解決這個爭議，但教區信

徒「全體起來阻擋中會進入教會」。蘇什蘭志願軍在肯尼斯·馬偕（Kenneth Mackay）上尉的指揮下維持和平與秩序，但在接下來的暴動中，一位超過七旬的老嫗向馬偕上尉丟擲石塊，把他的劍擊成碎片。雖然不受歡迎的卡麥隆最終還是就任，百姓「之後卻從未參加卡麥隆先生所主持的聚會，而是聚集在米格多（Migdal）的石地或湖岸邊，聆聽受尊崇的老麥肯錫（Hugh Mackenzie）長老的講道。」[31]

因為這些非正式的分離主義群體，多諾赫附近的區域因而惡名昭彰。當被迫要接受他們所反對的牧者時，許多蘇什蘭的人民會像舊時的聖約派一般，從教會聚會缺席，自己舉行禮拜。通常他們會由一或多位對體制不滿、但享有敬虔之聲望且講道有果效的長老來帶領。薩吉牧師曾經回憶在他父親於基爾多南的事工剛開始時，也有這樣的分裂出現，當時有幾位較有份量的平信徒站出來反對他，「他們的反對……是比較消極的。他們不參加教會的聚會，在主日時會自己聚會，因此成功地離間了我父親教區會友對他事工的信任。」[32]

然而，多數心懷不滿的長老會信徒在名義上仍舊留在蘇格蘭教會中，只是會尋求具有較多《聖經》知識並結出特殊聖靈果子的平信徒的屬靈引導。強調「信徒皆祭司」以及「平信徒領導者角色」的長老會傳統，為受挫的福音派信徒提供豐富的機會，在現存的長老會系統範圍中發展成不同的屬靈支援。實際上，在每個教區中都有許多平信徒男女是群體中受信賴的屬靈領袖，人們仰賴他們的教導、禱告、勸勉、教理問答教學和建議。當牧者在

執行其教區責任但未能令信徒滿意時，這些平信徒領袖剛好能夠也願意維持其教會的活力。

備受敬重的老師成為教區內重要的屬靈權威

教區內的學校教師通常扮演特別重要的宗教角色。根據麥克勞德的描述，多數的教區都選出教師作為教會的長老，而因為他們是讀書人，常常也會擔任小會書記和領唱者。[33] 在多年教導教區孩童的歷程中，這些教師熟知當地的家庭情況。因為學校的學期時間短且分散，教師自然也會承接其他的工作或責任。牧者通常會把教導教理的工作交給他們，他們也時常會擔任教區內的郵政局長。這些工作使他們得以進入教區內每個村落。麥克勞德回憶在他兒時的老師：

> 要描述他所幫補的許多需要和他所分授的祝福是不可能的。鮮少有婚禮⋯⋯受尊崇的賓客中沒有他。在疾病、悲傷或死亡時，他一定會在場，帶著低調的態度、溫柔的憐憫和基督徒的勸勉。若有人想要在某事上尋求建議，但似乎不至於嚴重到需要找牧師商討，那麼「老師」就會被請來。若將死之人需要一位遺產受託人能和善且誠實地安排其妻兒生活，一定也會指定老師。他認識教區內的每一個人和清楚他們所有的財產，正如馬場的人詳細知曉他的馬兒和牠們的血統一樣。[34]

作為教師、教理講員和受信任的朋友，學校老師有機會給予教區

中的人民關於《聖經》和神學的基本教導，並在會友需要時提供牧養關懷。在一個牧師不被教區的人歡迎的教區中，備受敬重的學校教師很容易就成為重要的屬靈權威。

　　而所有的長老會長老在某種程度上也是如此。每一個高地教區都有數名被任命終身服事的長老。高地的會眾則選擇群體中總是以誠實和敬虔受敬重的年長者來擔任。這些長老會負責執行教會的訓誡、主持團契聚會、分擔探訪和教授教理等牧養工作、協助公眾禮拜和主持聖餐。他們與牧師一起組成教會的小會，有管理教區的權威。因為不是經由富裕的領主選出，而是由人民自己所選出的，長老在教區內是一股深具影響力的力量，是有心於事工的牧者不能忽略的。

長老自視為教義的守護者

　　高地地區的長老們在行使他們的屬靈權威上從未遲疑過。薩吉牧師回憶起他父親身邊的長老們，實際上是積極領導教區內所有宗教生活面向的。比方說，邊羅利（Rory Bain）這位「最為嚴厲的管教者」就是「會眾在信仰行為準則上的監督」。有一次，一位名為唐諾·蘇什蘭的會友在禮拜中睡著，邊羅利抽出他的手帕，起身擊打這個睡著的人，「手帕拍掃過他光禿的頭上，使他突然驚醒」。當一個「可憐的婦人」第三次「做了社會不允許的行為」而被小會命令「要披上麻布衣服站在講台前」時，邊羅利先是「在天氣冷冽時」將衣服泡進溪水中，再把布衣「濕漉漉地丟在她頭上，讓她穿著這身布衣達三個小時之久。」薩吉牧師也描述波普

牧師所牧養的雷伊（Reay）教區中的長老常用「激烈的原則」來
維持規訓。例如雷伊小會曾要求一位在外與情婦生養兩個孩子的
會友，要在會眾面前認罪。當此人拒絕時，身體最健壯的三位長
老就在接下來的主日，「在一番激烈掙扎後」用繩子將他綁縛強
行帶到教會去，再塞住他的口讓他坐在全會眾面前。[35]

　　蘇什蘭地區的長老通常因為也比他們的牧者更偏向福音主
義，且自視為教義的守護者，因此會評斷講道的神學內容，並對
會眾暗示自己是否認同牧師的教導。未能仔細預備禮拜或傳講與
改革宗信仰告白相反的牧師，很快就會被挑戰。薩吉牧師注意到
18 世紀晚期時，地方長老在禮拜時會在教區信徒面前「刻意賣
弄」，而且已經變成一種普遍的風俗。薩吉牧師父親的教會，長
老會坐在會眾面前，「幾乎是不間斷地低聲交談」，互相評估正
在聆聽的講道是否合乎正統。會眾看著他們的屬靈領導者的反應
就能輕易辨認是否應該信任講台的信息。多諾赫一位深受喜愛的
長老麥庫洛（MacCulloch），在貝圖牧師牧會期間，每週在自家
舉行團契聚會，並且因著他的事工建立了一大批「特別受他造就」
的信徒。然而麥庫洛長老並未組織分離派的群體，反而認為他有
責任忠實去聆聽貝圖牧師「枯燥的講道」。薩吉牧師回憶道，人們
會看著麥庫洛長老，而「他會藉著躁動的舉止，讓人知道他沒有
被造就。」[36] 薩吉牧師也描述，他父親教區中有一位名為瑪薩的婦
人，總是在講道時盯著正在低語的長老們。如果薩吉牧師的講道
讓長老們不滿意，「瑪薩就會搖頭皺眉，像一隻準備起飛的鳥兒
般坐立不安。」不過，假若長老們專注聆聽，瑪薩也會仔細聽道。

一旦長老們對薩吉的講道表現出任何認同或敬慕的外顯跡象：

　　瑪薩會立刻進入一種虔誠的狂喜中；面容會完全地扭曲，大聲地呻吟，眼珠子像暴風雨中的鴨子般亂轉，身子像鐘擺一樣前後搖晃。[37]

　　蘇什蘭人民在主日的禮拜不只侷限在教堂中的聚會。在大清洗行動前，許多人散居在教區內陸的小村落中，因此他們固定走上數哩往返教會。正如生活其他的部分，每週走路去參加禮拜是一種集體儀式，群體中的每個人都是重要的角色。從日出前到日落後，守安息日包含了屬靈的朝聖旅途，而長老們會在人們前頭以教師和牧羊人的角色領頭。安格斯·麥吉瑞（Angus MacGillivray）描述 1800 年時瑟索內維（Strathnaver）地區主日的情況：

　　他們很早起，因為許多人的住處離教堂有七、八哩遠。早餐和家庭禮拜後，他們就準備好要出發。領路的基督徒會先離開自己的家，其他所有的人則聚集在他們周圍，念誦一段《聖經》後，開始與信仰有關的談話。年輕人通常保持沉默，但當受人敬重的長輩一個一個由衷地從基督的愛說到將滅亡的罪人和聖靈在靈魂中的工作時，他們也帶著興味聆聽。走到半路時，眾人坐下休息，在宜人的天氣中唱幾節聖詩，禱告祈求聖靈的澆灌、求神祝福他們將要聽的道、以及祈求基督與奉祂名傳道的人同在。最後

所有的團體匯聚，800 人一同聚集在神的家中……禮拜結束後，不同的團體各自返回他們的村莊，簡單用餐後，會在其中一位領袖的家中再次聚集。領導的人以禱告和讚美開始，而後請會友覆述今天所聽到的道理，他也再補充一些實際的觀點……複習過部分的要理問答後，以禱告結束聚會，會友才返回自己的家中，在家裡敬拜上帝。[38]

Na Daoine「那群人」善於即席講道

有些平信徒領袖被會眾冠上 Na Daoine，「那些人」的名號。如同許多流行的稱號，這個名號含義模糊，也很難與任何具體的運動或群體有確切的連結。溫和派的神職人員，甚至是某些低地地區的福音派，時常會誤把 Na Daoine 當作狂熱的分離主義者，以為他們引誘信徒離開其牧者、加入在野地或私人家中的激動敬拜。戈爾斯皮的麥弗森牧師（Alexander Macpherson）因為是在多數教區信徒的反對下就任的理性主義份子，就不快地抱怨：

地區中一群不識字、狂熱且沒有秩序、自認為宗教教師的人，用其狂野且神祕的說詞，毒害控制低階層人民的無知心志，並且不只在這個地區，高地的其他地區皆然。[39]

羅斯郡的約翰・甘迺迪牧師則是支持 Na Daoine 的死忠福音派，他宣稱對「那群人」的敵意多數是源於害怕這些人對民眾巨

大影響力的溫和派牧師，以及不說蓋爾語的低地地區福音派圈中常見的反高地偏見。許多低地地區的蘇格蘭人和英國新教徒因此誤以為「那群人」只是「一群迷信又頑固的人，會看見異象和作異夢，以為自己所處的貧困圈子包含了世上最有活力的基督信仰。」[40] 甘迺迪強調，這些指控都是對高地平民最糟糕的描述。

日後寫過蘇格蘭大分裂的歷史的湯瑪士·布朗牧師（Thomas Brown），認為 Na Daoine 中有兩個相異的階級。布朗宣稱其中一個少數階級的確傾向分離主義和高度情緒化的禮拜方式。但大多數的「那群人」仍選擇留在現存的教會中，協助牧者、分擔他的牧養責任。他們的特徵是深度的敬虔、具有豐富《聖經》知識、以及能夠在公眾聚會時作有說服力的演說。在他們當中當然有許多是受任命的長老，在教區內忠心服事多年。布朗說，他們經常會穿著一件長布衣外套，頭上綁著斑點棉布巾「作為代表他們地位的標誌」。他們通常是來自農夫階級，且只受過基本的學校教育，卻善於即席講道，自由地添加他們記誦在心的經文和引用某些「受喜愛的清教徒作者」的作品。他們優越而自然的領導技巧和修辭能力，似乎也印證人們認為他們是特別受聖靈恩膏的想法，因此許多信徒樂意跟隨他們並相信他們的判斷。「那群人」最終留在蘇格蘭教會或者選擇成立分離的群體，也許是取決於他們與教區牧者的關係。蘇格蘭自由教會中傑出的領袖羅伯·坎德利（Robert Candlish）就相信，「那群人」是神給教會的禮物，並觀察到他們「真心樂意與他們所尊敬的牧者合作。」[41]

受高地人尊敬的牧者類型

　　而什麼樣的牧者令他們尊敬？18 及 19 世紀受到復興運動觸及的高地人民，慣常在每週的團契聚會中禱告、唱聖詩、作見證和彼此鼓勵。偏向理性主義的溫和派牧師通常反對這類的聚會，並試著要勸阻，但人們還是會繼續聚集。根據為高地長老會記錄過歷史的約翰·甘迺迪的說法，在這些聚會中，扮演重要角色的便是 Na Daoine。如果牧者反對這些受信徒歡迎、且被認為是受聖靈引導的聚會，那麼「那群人」仍舊會違反牧者的意願，聚集並繼續教導。但這並非故意要在教區內造成不睦，而是忠實地回應他們作為長老的呼召。當牧者支持信徒，並為這些團契聚會祝福時，長老就會歡喜地給予牧者全然的支持，並運用他們的影響力來協助分擔牧養事工。甘迺迪說，Na Daoine 唯一真正特殊的角色，在於他們在團契聚會中的領導權，而他們與牧者的關係，也端賴牧者是否願意承認並祝福他們這個作為神的僕人的獨特角色。溫和派的神職人員傾向自視為教區內唯一的合格教師，因為他們具備較優越的教育以及職位上的法理權威。此種聖職專權難免令許多單純的高地人民不滿，他們認為這類的神職人員是傲慢的篡奪者，因此質疑他們牧者呼召的正當性。同樣地，人民通常會尊敬並注入情感給認可他們所選擇的平信徒領袖以及樂於在儀式或團契中與他們分享的牧師。[42]

「那群人」也在高地的「長聖餐」儀式中扮演特別重要的角色，而分離主義的例子通常來自於牧者與長老對於「如何守聖禮時節」（Sacramental season）的歧異。聖餐無疑是蘇格蘭長老宗最獨特的儀式，在高地社群中所扮演的角色——再怎麼誇大都不為過。傳統的蘇格蘭聖餐是一場「神聖的集會」，既是宗教儀式，也是社群節慶和家庭團聚，在將近一週的筵席、講道、社交和靈命的更新活動中，將來自許多教區的數千名信徒凝聚在一起。牧者們通常是安排一年一次舉行聖禮時節，而不管在何時舉辦，主辦的教區總會尋求鄰近教區的牧長來協助數千名參與聖會的敬拜者。從主餐（Lord's Supper）之前的週四開始連續幾天的時間，受按立的牧師以及平信徒長老會在戶外進行講道以及勸勉。安息日的晚餐則擺設在擺有杯盤的長餐桌上，符合資格的領受聖餐者在整個會眾面前以莊嚴肅穆之心近前。長老會「護衛」（fence）聖餐桌，宣布只有配得的人能夠參與這個筵席，並提醒人們要悔改，帶著清潔的心來到桌前。領受聖餐者必須出示所屬教區教會的「代幣」才能坐在桌前，因為這些代幣表示他們已接受過地方

長老的檢驗、是配得參與聖禮的。在漫長的聖餐時節中，信徒很容易經歷不尋常且強烈的哀傷或喜悅，更明顯感悟到自己所犯的罪以及所得的赦免，也更容易出現跳舞、大笑、流淚讚美等忘形的宗教行為。

「長聖餐」激發出來的宗教復興熱潮

聖禮時節有時會點燃蔓延到整個區域且持續數月或甚至數年之久的宗教復興。最著名的例子就是 1742 年坎伯斯朗（Cambuslang）的復興；這次的復興搖撼了整個蘇格蘭，也在英國各地的教區激發出無數個其他的福音派復興運動。羅斯郡在高地地區成為 1742 年之後的福音運動中心，而馬偕兒時所屬的群體中多人的家鄉蘇什蘭的羅格特教區，也在其後的數年以對福音運動的熱心聞名。[43]

有些學者認為「長聖餐」儀式以及一段時間後所醞釀出的復興和露天集會，都是屬於和菁英文化相對的民間信仰有關且較廣泛的儀式類別。從這個觀點來看，民間文化是人人皆可參與、沒有階級之分的，體現於開放的、難以控制和短暫的儀式中。鄉下的民間信仰通常表現在田野、神聖的樹林、河岸或湖邊、山邊或墓園以及其他在人們心中具有歷史意義的地點。當鄉間的人們移居到城市時，他們的民間信仰通常會經歷轉化，而後表現在街道的遊行、社群的節慶、朝聖、營帳復興聚會和其他的群體活動。與在受正式牧職掌控的既定聖堂或教會中所舉行的儀式，相對的是，這些聚會的意義包含整個社群的主動參與，以及信徒在日常

生活空間的神聖化（sacralization）。[44]

　　人類學家關·納維爾（Gwen Kennedy Neville）認為，蘇格蘭的「長聖餐」是民間基督教與國教會「階級形式」相對的一種形式。根據納維爾的觀察，蘇格蘭的民間百姓熱切擁抱這個儀式，因為這個儀式容許他們使用符合以群體為中心的傳統生活方式的形式來敬拜，「戶外禮拜的形式是老百姓把握要表達其文化認同的機會，而這是與……城裡的國教會傳統、室內、階級式的敬拜形式相對的。」[45] 在社會與政治上最少融入都市化資本市場經濟的鄉村地區，持續了最長的時間。19 世紀時，此習俗早已從城市中消失，卻仍在高地教區遙遠的區域以及加拿大邊疆的高地居民中仍持續一段很長的時間。在馬偕的童年時期，「長聖餐」也仍是佐拉鎮長老教會生活中的中心儀式。

　　在這些神聖的高地集會中，總有許多的 Na Daoine 出席來勸勉人民、帶領禱告、給予那些需要的人屬靈的指引以及協助牧者進行戶外的聖禮儀式。「長聖餐」最受歡迎的部分，則是傳統上被稱為「那群人日」（The Men's Day），是主餐前的週五；此時會有數百甚至是數千民眾聚集聆聽 Na Daoine 講解由民眾提出的《聖經》問題。這個聚會被稱為「針對問題而談」（speaking to the question），且通常會持續數小時；長老們會接連起身以《聖經》來回答人們提出的問題。如此，彼此鄰近的不同教區中的「那群人」更加認識彼此，而廣大高地地區的平民百姓也能認出並信任具有才賦的「那群人」。[46]

　　即使是由不受歡迎的溫和派牧師來主持，蘇格蘭的「長聖餐」

儀式仍舊會吸引大批群眾。薩吉牧師憶述，雖然幾乎每個安息日都要面對幾近完全空蕩的教堂長椅，克里希教區受鄙視的卡麥隆·莫多牧師「卻總是邀請受歡迎的福音派牧者」來協助他進行聖餐儀式。不過雖然這個策略吸引大批群眾參與聖禮，卻也突顯出一個牧者及信徒皆清楚的事實：克里希教區真正的屬靈領袖是受歡迎的「那群人」，而不是教區的牧師。[47] 早在 1843 年的大分裂之前，蘇什蘭的長老制就已經是由平信徒領導的普遍運動。

▶ **戶外長聖餐。**在高地地區，平民習慣參加每年一次且為期一週的聖禮聚會，或稱「神聖聚集」（holy fair）。這些聚會吸引來自許多教區數千名民眾，提供參與者與遠方朋友重聚的機會，並使他們能投入在以蓋爾語進行、充滿狂喜的宗教敬拜中。「那些人」在這些聚會中扮演重要的角色。到了 19 世紀中期，長聖餐儀式已不見於蘇格蘭多數地區，但這個習俗繼續留存在加拿大佐拉的高地移民社群中。（**圖片來源：**維基共享資源）

蘇格蘭大分裂以及自由教會的誕生，在整個高地地區都受到
長老會福音派人士的欣喜與歡迎。在 1843 年 5 月 18 日蘇格蘭總
會開幕時，蘇格蘭國教會中的福音派這方就對政府和溫和派的牧
者拋出震撼彈：他們放棄對國教會法理上的支持，退出蘇格蘭教
會，組成一個新的「自由的」蘇格蘭教會。抗議者相信他們所打
的仗，與他們的蘇格蘭祖先在對抗古時斯圖雅特王朝的壓迫時所
打的仗是一樣的。一位自由教會的牧師堅稱，他們是為了「聖約
派的……原則，以及……耶穌寶血所帶來的自由且豐滿的救贖」
而爭戰。[48] 在蘇格蘭低地地區，自由教會在工匠、小農以及新興
的商業階級中獲得最大的支持。[49] 然而，大分裂在高地地區明顯
帶有一種人民革命的色彩。在許多教區中，恩庇薦舉制度的議題
難免與近期大清洗行動苦痛的回憶混雜，點燃人民心中深沉的怨
恨，使他們大多成群離棄國教會，儘管某些堂會總共也只有四、
五個人。

　　大分裂在蘇什蘭地區則有階級之戰的味道，只有地主及大羊
農留在國教會中。一位忠於蘇格蘭教會的蘇什蘭區土地經管人向

凱特尼斯（Caithness）的辛克萊爾男爵（Sir George Sinclair）抱怨：
「比起在蘇什蘭的我們……您們好過許多。我們各堂會的人數都變
少了。某個大教區竟然沒有信徒；我先前去參加……一位新牧師
就任的另一個教會，只有兩個人出席；整個……廣大的郡縣都是
相同的情況。」[50]

自由教會成立的經過

　　有別於較早面對大清除行動時神職人員普遍的被動性，蘇什
蘭所有的牧者在 1843 年都放棄了自己的生計且加入自由教會，這
種情況就顯得特別驚人。他們當中有些人，如法爾教區的大衛‧麥
肯錫（David Mackenzie of Farr））牧師，顯然與平民同樣厭惡地
主。[51] 加入自由教會的薩吉牧師憶述了「能夠脫離對領地恩主去
委屈遷就的依賴」的感受：

　　20 年來……我一直是國教會的牧師，在領取薪俸的分毫時，
無不是帶著恨意、甚至是一邊咒詛我的恩主。他們拖延給付的期
限，為了拖延所給的蠻橫或無禮的藉口，以及我為了要求給薪所
受到的侮辱和爭論，都是可以數算得出的……他們以為把當屬我
的給我，是施予我恩惠，因此我應該以他們所樂見的任何方式來
表達我的感激。

薩吉牧師也欣喜地回憶，自由教會使他能夠脫去「令人惱恨且不
聖潔的依附關係」，以負債和貧困來換取心靈的平安。[52]

Na Daoine 以其雄厚的影響力托住了自由教會。湯瑪士·布朗牧師在其對大分裂的歷史紀錄中，宣稱「那群人」在聯合許多高地教會對抗國教會上，扮演了重要的角色，他們也時常會對不甘願的牧者施壓，要他們支持分裂。也許有些蘇什蘭的牧師選擇離開蘇格蘭教會，是因為他們深知如果繼續留下，他們的教區內會沒有信徒。克萊茵教區的喬治·馬偕憶述某位搖擺不定的牧者同工，在整段爭議期間都沒有向人民傳達自己的觀點：

在主日上午，也是大分裂的前一天，他被迫要表達意見。在接近禮拜的地點時，他遇到所有會眾——不是如往常那般聚集，而是緊密地站在教會外面；當他走近時，長老們成群走向前對他說：「先生，如今你必須向我們宣布你的決定。你將留在國教會中、或者加入將要離去的忠信群體？因為我們已經全體決定，假如你選擇留下，從今天起絕不再服在你的牧養之下。」[53]

包括蘇什蘭地區在內多數的高地領主都鄙視自由教會，最初也拒絕給予土地讓人民興建新的教會或牧師館。牧師們一旦宣告選擇自由教會，就必須簽署一份正式文件，放棄他們的牧師館或津貼。雖然查麥士已經建立一個系統，讓自由教會能募款建造新的教會、支持牧者以及進行宣教工作，但款項的籌募需要時間。短期之內，自由教會的牧師及家人只能仰賴其信徒的慷慨，會眾們則盡全力撐過這段過渡時期。因為沒有興建新教會的土地，自由教會的信徒通常在戶外或在私人的家舍和穀倉中做禮拜。甚至

在冬季也仍舊舉行的野外聚會，這些成為自由教會故事中的重要部分。許多自由教會的牧者日後懷念起這些早期的聚會時，都會感覺這些記憶喚起了舊時聖約派及其秘密聚會的回憶，並且就像復興聚會那般強烈：

　　在那些日子裡，沒有人抱怨天氣的寒冷，對不舒適的姿勢也全無不滿。在主日上午先抹去座位上的白色霜雪才坐下，幾乎是理所當然的。在其他情況下絕不會貿然暴露在這種自然狀態下的嬌貴人們，也會不計後果地來做完整場的禮拜。事實上，他們覺得這是主興起的，能夠見證這樣的聚會是他們的榮幸。那些都是美好的時刻，將永遠被人記得。耶和華大能的手蔭庇並環繞我們；我們能感受祂的大能。人們的靈魂渴求上帝的話語。講道變成是愉快的，很少人會想到疲倦和暴露在外的困難。[54]

▶ **自由教會第一次總會。** 在與英國政府為了牧師薦選權爭議不斷爭執十年後，在 1843 年的「大分裂」中，蘇格蘭教會中有將近半數的牧者退出總會，抗議政府對教會事務的干涉，並高舉基督為王。他們在鄰近的大會堂聚集，組成「蘇格蘭自由教會」。這場分裂很快就延燒至加拿大；到了1844 年 6 月，也就是馬偕出生後一個月，佐拉的教會也與其他將近 20 間堂會聯合成立新的加拿大自由教會。（圖片來源：布朗牧師，《大分裂記錄》，1893）

在加拿大的蘇格蘭移民，包括馬偕和他們佐拉鎮的鄰居在內，都密切關注大分裂前在教會組織和法理上的爭議。家鄉的蘇格蘭教會分裂後，許多人也很快選定立場。1844 年，一位在新斯科舍省巡迴的自由教會代表喬治·路易斯牧師（George Lewis）很驚訝地發現，竟然有移民者能夠逐字引用爭議的文宣。許多加拿大的牧者才剛從蘇格蘭過來，他們在家鄉也參與議題的論辯，而且事實上是因為無法在蘇格蘭獲得穩定的恩主資助，才投入在宣教工作中。殖民地的教會報紙詳細報導蘇格蘭總會與英國法庭的法理之爭，因此加拿大長老教會的信徒很輕易就能關注這場危機的變化。也難怪當蘇格蘭教會 1844 年時派麥克勞德牧師到殖民地區向當地信徒解釋其立場時，他發現「在蘇格蘭擾動家家戶戶的憤怒精神，也撼動了未墾之地的每個屋棚。」[55]

　　因為爭議中的「恩主舉薦牧師權」在加拿大境內是不存在的，某些歷史學家也抱持與京士頓（Kingston）牧師約翰·馬加爾（John Machar）同樣的觀點，認為教會的分裂在加拿大是完全不必要的。雖然馬加爾與多數北美殖民地的長老會牧師同有福音派的

熱忱，他卻希望能在面對更強大的聖公會與天主教群體時，加拿大長老教會能維持統一。對馬加爾來說，在蘇格蘭內那些可能必要的分裂，在加拿大這個完全不同的殖民處境中無法被合理化；因為儘管此地的長老教會名義上仍與蘇格蘭教會相連，但本質上已經是獨立的。[56] 許多歷史學家也呼應馬加爾的觀點，他們認為蘇格蘭的國家主義在加拿大自由教會中甚至勝過加拿大的國家認同，而這是英屬北美地區的長老教會可嘆的失敗，因為他們沒有擁抱自己身為加拿大基督徒的更新且獨立的身分。甚至有學者認為，加拿大的分裂是由外來的煽動者所挑起，他們特意來到加拿大煽惑移民者，使他們加入蘇格蘭自由教會的陣線。[57]

許多人認為該怪罪的是格拉斯哥殖民地協會秘書（Secretary of the Glasgow Colonial Society）羅伯·伯恩斯（Robert F. Burns）。此協會是 1825 年由蘇格蘭福音派所發起的宣教組織，為加拿大快速擴張的蘇格蘭社群提供牧師的人選。格拉斯哥協會差派許多說蓋爾語的宣教師到上加拿大區，而他們當中許多人與伯恩斯有私交。1844 年初，新的蘇格蘭自由教會請伯恩斯去訪視北美殖民地，向支持他們的移民者尋求財務支持。伯恩斯在 4 月初抵達尼加拉瀑布，其後兩個月拜訪從哈米爾頓（Hamilton）到哈里法克斯（Halifax）的主要移民區。他在每一處都挑戰加拿大的長老會信徒，要他們與蘇格蘭國教會斷絕一切關係，清楚宣告他們是與蘇格蘭福音派教會聯合的自由教會。[58]

伯恩斯確實是一根避雷針，所到之處都吸引熱切的歡迎和苦毒的惱恨。當京士頓教區的聖安德魯教會牧師馬加爾拒絕讓他使

用講台時，伯恩斯轉而在鄰近的衛理公會的教堂講道，吸引了大批的群眾，包括從鄰近的皇后學院（Queen's College）來的許多長老教會神學生。其中一位是來自佐拉的年輕教師拉賀蘭·麥弗森（Lachlan McPherson），日後他也成為馬偕的朋友和溫暖的支持者。皇后學院的校長湯瑪斯·利戴爾（Thomas Liddell）警告學生最好忽略伯恩斯，並視之為「散布破壞種子的危險狂熱份子」。根據麥弗森的回憶，利戴爾給學生的最後通牒是：「如果各位支持自由教會的原則，未來將很難繼續享受皇后學院的裨益而不感到矛盾的話──因此身為誠實的人，諸位必須拿起帽子走人！」麥弗森和大多數同為熱烈擁護自由教會的同學，把利戴爾的話語當真，真的從學校退學。[59]

佈道家布朗發起自由教會運動的《旌旗報》

在加拿大大分裂前幾個月，出生於蘇格蘭的佈道家彼得·布朗（Peter Brown）也惹動了一番激烈的情緒。布朗先是在紐約住了一段時日，在 1843 年移居到多倫多，並致力於發起自由教會運動的《旌旗報》（Banner）。布朗認為蘇格蘭大分裂是歷史上最重要的事件之一，所代表的是良心戰勝壓迫人民的貴族政府的無比勝利。布朗自認其使命是要警告加拿大人，在蘇格蘭箝制福音派信仰主張的英國暴政，勢必也會企圖壓迫加拿大人的權利，除非他們勇敢主張自己的自由。布朗希望使加拿大的長老教會信徒看見危險，並說服他們宣告反對英國政府對教會事務的干預以及他們成為真實獨立的加拿大教會的決心。《旌旗報》週週猛烈地攻擊蘇

格蘭國教會，並與擁護蘇格蘭建制派主張的對手多倫多《英屬殖民地報》（*British Colonist*）論戰。[60] 對某些加拿大的蘇格蘭牧者來說，公開談論一個獨立的教會頗有美式民主的危險氣味。皇后學院的古典文學教授彼得·康柏（Peter Campbell）就認為布朗是一個莽撞的好戰份子，並認為《旌旗報》純粹是煽動的媒介。康柏指控，布朗的「報刊風格只適於你晚近才離開的國家氛圍，而你在教會圈或加拿大中，根本沒有任何人在意你何時會為了自己或我們的利益，再回到那個國家。」[61]

　　不過，更了解許多蘇格蘭長老會移民心理的似乎是布朗，而不是康柏，特別是那些在多倫多以西新開墾地定居、講蓋爾語的高地人，而自由教會也在他們當中獲得壓倒性的支持。例如，移民到佐拉鎮的蘇什蘭人不需要伯恩斯或布朗這樣的外在煽動者，就對蘇格蘭國教會懷有怒氣；他們先前在蘇格蘭的經驗，已經足夠使他們義憤填膺，同理自由教會的主張。雖然伯恩斯的巡訪旅程離佐拉鎮最近時，也只到哈米爾頓，佐拉的長老會信徒仍在 1844 年 4 月底時聚集、為蘇格蘭自由教會奉獻，並寄給伯恩斯 170 元的奉獻，納入自由教會建造基金，這對相對貧困的移民者來說，已經是非常可觀的數目。[62]

　　1844 年 7 月在京士頓召開的加拿大長老教會大會中，多數的牧師和長老投票決定維持與蘇格蘭國教會名義上的關係。但大約有 20 來位的牧長仿效蘇格蘭大分裂中的福音派抗爭者，退出大會，成立一個嶄新且獨立的加拿大自由教會。許多不滿的領袖是來自多倫多西邊邊疆地區的教會，包括佐拉鎮的馬堅志牧師。雖

然現代的學者一般認為，這些異議者是盲目跟隨蘇格蘭的發展，
加拿大大分裂（Canadian Disruption）的文獻卻顯示更為複雜——
且真正屬於加拿大的脈動。在一封教牧書信中，異議派牧者強
調，加拿大長老教會必須擔負見證蘇格蘭國教會之罪惡的先知角
色，因為蘇格蘭教會對法庭所主張能夠規範教會政策的權威，做
了罪惡性的讓步。而與蘇格蘭教會聯合之加拿大大會沈默不言，
未能譴責蘇格蘭教會並支持自由教會的原則，就是拒絕了與建制
派分離的蘇格蘭福音派的立場。加拿大自由教會的領袖堅持「每
個基督徒都應該準備好支持真理和正義的主張」，不管他們是位
在大西洋的哪一端。攸關最後結果的爭議是，本地基督徒在教會
的事務上，是否有跟隨自己良心的自由？還是必須受沒有權柄的
政治菁英階層的統治？

　　長久以來，我們摯愛的蘇格蘭被揀選成為主的子民，為真理
征戰的戰場……如今諸位則得此榮幸，被神呼召……參與我們的
先祖長年所做的征戰。

　　加拿大自由教會的領袖展現出與蘇格蘭自由教會的團結，駁
斥認為他們無視加拿大長老會信徒的利益、盲目模仿蘇格蘭異議
者的指控。他們堅稱，繼續支持蘇格蘭國教會的弟兄未能向家鄉
宣告獨立，而且所採取的行動只高舉加拿大教會對蘇格蘭認同，
因此傷害了殖民地的長老教會：

　　像加拿大這樣的國家，長老教會的人口是由世界各地的移民
所組成，認為本地大會應該倚賴蘇格蘭國教會的想法……阻礙了
本地長老教會往大公教會及全面性增長的發展可能……而這是她
若獨立於蘇格蘭教會所可能達到的目標。否則一直以來她並沒有
比蘇格蘭的教會，或者我們可以說，比蘇格蘭國教會，更好到哪
兒。

　　他們認為，加拿大自由教會的使命，是要成為「真正且完全
自由的獨立大公教會……而所有的長老會信徒也能聚集於此，因
為她是適於所有人、也是為所有人而建立的。」[63]

大分裂氛圍影響馬偕的宣教觀

　　馬偕出生在這個教會性鬥爭中，所受的信仰教導和滋養都
來自於加拿大自由教會的創建者。他所處的佐拉群體，帶著蘇什
蘭反對傳統的印記，支持本地基督徒應有選擇自己屬靈領袖的自
由，以及當他們察覺教會犯錯時，有與其宗派權威持不同意見的
自由。此根深蒂固的世界觀不只強烈影響馬偕對其蘇格蘭祖國以
及加拿大故鄉的理解，也影響他日後的宣教工作。自由教會的世
界觀激勵他成為一個真正的加拿大長老會信徒，忠於自己的祖
國，也忠於他蘇格蘭及父母的傳承。這個信仰最深的根本，就是
教導他單要服事君王耶穌，以及他必須反抗所有會阻礙基督徒在
屬靈上單要順服基督的世俗權力。身為一個現代的聖約派，馬偕
對自我的理解是，他是基督精兵，隨時預備在必要時為他的主赴

死。這個士兵受命要將福音帶到他偉大的指揮官差派他去的地方。最後，當那個地方確定是台灣時，馬偕就傾其一生打造出一個獨立的本地教會，一個「福爾摩沙的自由教會」，隸屬於台灣當地的基督徒，而不是加拿大的長老教會。

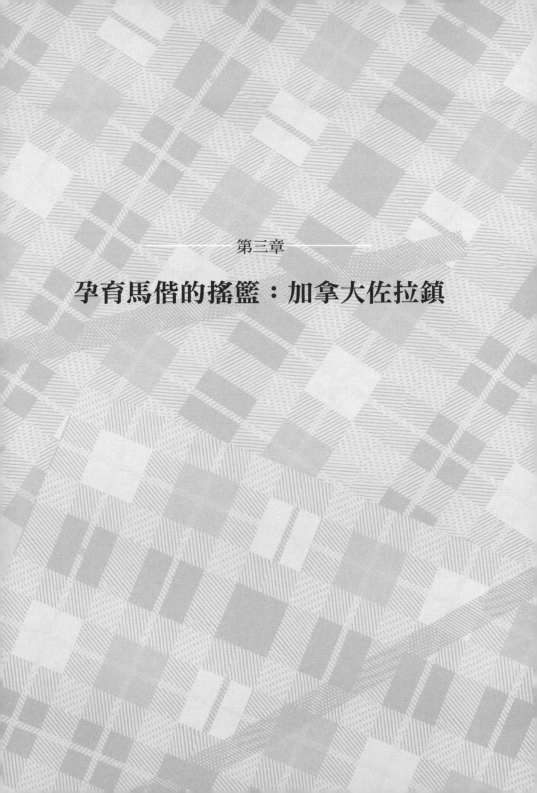

第三章

孕育馬偕的搖籃：加拿大佐拉鎮

1883 年的 8 月 1 日對加拿大安大略省煙布羅（Embro）這個平靜的村落來說，是個異常忙碌的一天。佐拉鎮的 40 多位遊子從各省的鄉鎮——多倫多和金卡丁（Kincardine）、布蘭特福德（Brantford）和艾爾摩沙（Eremosa）——以及遠從美國的傑克遜維爾（Jacksonville）、伊利諾和達柯達州，都一同返鄉參與一個盛大的團聚。其中包括醫生、律師、大學教師和牧師等具「學識專業」的成功人士，都是在以煙布羅為中心九哩方圓內長大的。另外還有 20 位無法出席因為健康、距離或要務纏身之故無法出席。不過，計畫團聚的委員會仍為能收到如此正面的回應欣喜不已。這個活動不只是要表揚這些遊子的成就，更是要對他們或死或生的父母傳達敬意，感謝他們使佐拉鎮成為社群領袖和忠心門徒的搖籃。[1]

煙布羅大團圓：移民社群文化期待再次匯聚

鎮民們精心策畫這個為期兩天的盛事。婦女們早在 7 月中就已經開始協調各個公開茶會的烹飪和烘焙工作，以及在老唐諾·馬提森（Donald Matheson）家中的大草地上舉辦的夜間花園派對及餐點預備。夜間派對是此次活動的高潮，數十盞燈籠點亮活動場所，上千名佐拉鎮民暢談歡笑，與好友舊識互報近況、回憶從前。羅伯和威廉·亞伯納西（Robert and William Abernethy）吟唱甜美的蓋爾曲調，風笛手古恩（Sergeant Gunn）則用「蘇格蘭民族樂器奏出動人的音樂，隨著晚風於各地飄逸著。」[2]

在諾克斯教會的開幕會中，團圓委員會的主席蒙羅牧師（Rev.

Gustavus Munro）誦讀無法出席者的信息。最後也是最感人的一則來自馬堅志牧師的訊息——這位牧養了兩個世代的佐拉鎮長老教會會友並與他們歷經歡喜和悲傷時刻的牧者。生命將盡的牧師已經幾乎握不住筆，只潦草寫下取自哥林多後書的祝禱詞：

「還有末了的話：願弟兄們都喜樂！要做完全人，要受安慰，要同心合意，要彼此和睦，如此，仁愛和平的神必常與你們同在。願主耶穌基督的恩惠、神的慈愛、聖靈的感動，常與你們眾人同在！請代我……在聚會時誦讀這段話。願主耶穌基督在你們眾人當中、也在你們每一位的身上大得榮耀。主內的弟兄，馬堅志。」[3]

馬堅志的短箋凸顯出此聚會的關鍵目的：為要提醒佐拉鎮民「生命不只是個人對財富、權力或享樂的追求」。因為一些活動計畫者擔心這個社群團體已經瀕危，因此把聚會設計成一個更新的儀式，來使鎮民有機會重新委身於隨著最初的移民者逐漸凋亡而急速消失的重要原則和風俗。

擔任主講的是胡士托查麥士教會的威廉·馬偕（W. A. Mackay）牧師，他是約翰·馬偕長老的長子，而他們五個兄弟都為了服事於長老教會而曾於神學院就讀。馬偕牧師反省，他們的聚集並不是要「相互吹捧」，而是要喚起往昔的回憶，好能一起思考「值得保存和傳給後代的事物」。他認為，佐拉鎮的父執輩一直是未被世界看見的「沉默工人」，而他們「喧鬧的孩子們」雖

較少成就，卻反而得到更多關注。被人稱為「國王湖之子」（Man of Righ-lochan）、也是「佐拉之子」中第一位擔任牧職的普魯斯田教區的約翰·盧斯（John Ross of Brucefield），也以同樣的主題演說。盧斯在加拿大長老會圈子裡是有名的現代聖約派，在 1875 年時，他和同為佐拉出身的拉賀蘭·麥弗森牧師曾孤單反對長老教會的聯合，因為聯合的章程並未明白宣告基督才是教會唯一的主（譯按：1875 年加拿大長老教會由四個不同的長老會教派合而為一）。如今盧斯與麥弗森形成一個小的分離派團契，繼續高舉他們認為是由佐拉父祖們所傳下真正的改革宗信仰。在聚會中，盧斯以他一貫的熱情提及馬堅志無可比擬的付出以及第一代移民者的美好敬虔態度，而令人難過的是這些傳承並未受到子孫的重視。

煙布羅大團圓像是一張快照，清楚顯示出一個文化獨特性正快速流失的移民社群的歷史關鍵時刻。這個群體由將近兩世代前移居至加拿大的高地區農民所建立，在他們——也就是這些「子孫」所聚集要尊崇的世代身上，蘇什蘭許多重要的社會和文化模型仍清晰可見。直到 1822 年，佐拉鎮才由數個聯合帝國的保皇黨（譯按：美國獨立後，許多效忠英國的保皇黨成員們紛紛離開美國移居加拿大）家庭以及馬偕兄弟組織而成，當時只有數百畝開墾過的土地，直到 1829 年才迎來第二批大量的蘇格蘭移民。許多早期的蘇格蘭移居者缺乏足夠資金去馬上購買土地，因此必須租用田地，或先借貸，再花上幾年的時間清償。[4] 居民每年至多能開墾四至五畝地，等到他們所生產的遠大於大家庭所需，但這也要許多年的時間。正如凱薩琳·帕·特爾（Catherine Parr Traill）與蘇

珊・穆迪（Susanna Moodie）等著名作家在她們的回憶錄中對此年代的描繪，從安大略湖岸建設完善的城鎮並往內陸森林區前進，可見加西社會的急遽變化。[5] 馬偕兒時的世界，舊時的佐拉鎮，當時仍是林地，尚未融入正在維多利亞時期加拿大快速發展的多元與資本市場導向的社會。[6]

　　大多數可敬的「佐拉之子」在小型的農業社區或如曼尼托巴（Manitoba）或達科他領地（Dakota Territory）中已是專業的成功人士。他們心中理想的世界仍是清教徒和聖約派式的「屬天共和國」，由家庭、教會和學校共同努力打造鄰里的互賴網絡，彼此分擔重擔。而維多利亞時期加拿大的資本市場經濟顯然與此理想化的農耕願景相悖。但佐拉的子弟無疑是帶著一點使他們無視於過去不完美景況的懷舊目光，想像他們的父母已經成功打造出這樣的群體，卻在他們這個世代快速消逝。

　　他們當中的牧者尤其希望如此為活動定調。幾位牧者一起寫了一封致馬堅志牧師的信息，刊登在地方的報紙上。這個信息是一篇懺悔的禱文，文末有每一位榮譽子民的簽名，明顯是要激勵整個群體悔改、回歸其高地祖先的信仰：

　　我們無法忘記您無私克己的精神……您用年日和氣力對我們宣揚上帝完全的話語；在我們中間出入時，設立言語和行為的典範。我們若在生活中有任何程度的成就，都要歸功於您的教導和敬虔的生命楷模。然而遺憾的是，我們必須承認自己實在過於遲鈍而無法學好。若我們能更早留心您所教導的上帝話語，時代的

光景也許會更好；但我們相信靠著上帝的幫助，我們將能活出配得我們早先優勢的生命。我們將會勉力……畢生盡力吸取……您所要我們留心的上帝寶貴話語中的精神。[7]

前工業化時代價值觀的衝撞

草擬這份懺悔書的兩位委員──威廉·馬偕與詹姆斯·慕瑞（James L. Murray）──是馬偕兒時的玩伴，也是終生的朋友。另一位起草人盧斯牧師，在馬偕出生之時已開始就讀神學院的課程，預備日後的宣教工作。但馬偕與盧斯仍建立溫暖的友誼；馬偕一直把年紀較長的盧斯牧師視為「親愛的友人」。他深深敬慕盧斯不願在信念上妥協的堅決，和他隻身反對整個長老教會的勇氣。盧斯讓馬偕想起「高貴激昂的」先知以利亞，是獨一無二的。[8]

這些牧者對於「舊時佐拉」的懷思和對加拿大社會的憂心，是馬偕在思想和情感上深有共鳴的。十年之後，也就是 1894 年，馬偕以長老教會總會議長的身分在《家鄉教會》（*Church at Home*）發出與友人同樣的信息：當教會棄絕先祖們的生活方式、追求現代的流行時，也就喪失了自己的身分。若要說馬偕曾明顯屬於哪一個教會派系，那就是與他同有對舊時佐拉社群，以及如威廉·馬偕所說，相信「佐拉是我們所唸過最好的大學」的這一小群人。[9]

佐拉團圓活動舉辦時，馬偕可能不在淡水，因此無法寄送祝賀的電報，而這樣的狀況使整個週末都在熱切等待電報的主席蒙

羅牧師失望不已。[10] 不過人們感覺馬偕彷彿在場似的。在開會演說時，蒙羅說馬偕在所有前往世界各地的本地男孩中，「是我們所樂於尊榮的那一位，是佐拉最高貴的子弟……在福爾摩沙高舉十字架的旌旗……獲得現代宣教士少有的成功。」[11]

　　佐拉「最高貴的子弟」為什麼不是律師、醫生、大學教師或甚至是安大略省中最成功的牧師，而是馬偕呢？或許此時代給宣教士的極大敬意，小部分反映了在英國、加拿大和美國所經驗的、且讓許多福音派信徒深感不安甚至是有罪惡感的經濟和社會的急遽變化造成的。不同於商人、律師或醫生，維多利亞中期的宣教士自願放棄利益和物質生活的舒適，去擁抱一個——至少在流行的論述中——較接近許多反現代份子所理想化且消失中的前工業化世界的生活方式。此外，比起在家鄉牧會的牧者——通常藉著從較小型遷移到更大更富裕的堂會來追求「階級爬升」——宣教士在大多數中產階級新教徒逐漸興盛且安適的時代，似乎更體現傳統福音派的自我犧牲以及完全順服的價值觀。計畫煙布羅團圓活動的委員在馬偕的宣教足跡上，看見佐拉先祖信仰的驗證，因為這些似乎正是逐漸變得複雜、忙碌、官僚和執迷於快速變換的流行的加拿大（和長老教會）所迫切需要的。

懷舊佐拉時光喚不回

　　團聚活動進行將近一週後，一起神秘的事件清楚地證實了古老的生活方式已經在佐拉消失：幾個「邪惡的人」把煙布羅墓園中一座深受喜愛的家庭墓碑推倒，並偷走「一位母親敬虔且謹慎

地放置在孩子安息之處」的花束。這些愚蠢的行為「殘忍地」傷害了這個家庭，更凸顯昨日那個理想化的社群與現代社會的敗壞自私之間的對比。胡士托的《衛報評論》（*Sentinel Review*）在煙布羅的通訊記者哀嘆，「很難想像會有做出如此惡行的敵人，特別是在一個安靜且多為基督徒的社群中」。也許該是時候呼召「我們部分的宣教士……回鄉，在自己所屬區域的野蠻人中作工了。」[12]

　　形塑馬偕早期的佐拉社會模式與習俗，到了 1880 年代已經消失無蹤，且沒有任何團聚活動可以再將這些美好時光喚回，但它們將永遠留在馬偕的回憶中，如同與他一同進入長老會事工行列

◀ **北方使徒。**費倫塔許的約翰·麥唐諾是馬偕的「屬靈祖父」。麥唐諾可說是 19 世紀初在高地區最有影響力的長老會牧師；他在北蘇格蘭地區巡迴舉行復興聚會、禱告會和長聖餐。他時常拜訪多諾赫和羅格特，並與兩個教區的「那群人」有緊密的關係。許多蘇什蘭的平民都視麥唐諾為理想中的牧師，因此在他們移民至加拿大後，也四處尋找麥唐諾的學生來牧養他們。然而，批評者認為麥唐諾是狂熱分子，並稱其追隨者為「狂野派」。（**圖片來源：維基共享資源**）

的許多兒時玩伴，他不斷努力要延續火焰般的熱情。馬偕在福爾摩沙時，思緒時常飄回到佐拉的歲月中，特別是當他發現他兒時的世界與上帝安置他的奇異新世界，有明顯的相似之處時。

例如，1875 年一個愉悅的 4 月晚上，馬偕在八里坌（Pat-li-hun）度過數個「榮耀的」時辰，與在小教堂中「坐滿到門邊」的初信者們一起唱詩篇和聖詩。之後他欣喜地在日記中描述，「穿著自家織的褐色麻布衣、眉宇間盡是歲月風霜的年老漁夫，憑藉聖靈所唱出的詩歌，會讓許多形式主義者慚愧。」

馬偕憶述，老漁人所唱誦的，「於時代、於曲調都不符合現代的流行」，但他隨後又憑著一股明顯的懷舊之意補充說，這些與「我們年少時在親愛的佐拉鎮所聽見的一樣美好，只是那些年日已經永遠逝去。」[13]

我們無法得知早期所有移民至佐拉的人名，以及他們之間的複雜關係。多諾赫和羅格特教區的租賃表單標記出家庭領袖的名字以及每位佃戶每年的租金。1829 和 1830 年，蘇什蘭的土地經管人則記錄許多的馬偕、慕瑞、蘇什蘭、盧斯、麥唐諾和其他一些家庭「去了美洲」、「到美洲」、或只是寫上了「最後租金」。[14]高地人有個說法是同一個玄祖父母的表親仍是親戚；在租賃清單上這數十位馬偕、蘇什蘭和盧斯，許多人可能有姻親關係，並認為彼此是家人。但早期的加拿大回憶錄以及地方歷史只能幫助我們辨認出極少數的關係。開啟移居行動的安格斯·馬偕將他的父母喬治及伊索貝爾帶至新世界。他的姊妹蓓西·馬偕及丈夫大衛·盧斯和未來成為布魯斯田牧師的兒子約翰·盧斯也一同遷過去。安格斯及其兄弟威廉是否還有其他一同移民的手足並不清楚，而他們與許多其他跟隨他們到加拿大的馬偕家庭的關係亦然。馬偕在他後來的日記中提及曾拜訪鄰近的伯叔親戚，顯示他父親的兄弟在某個時刻也移居到佐拉鎮。馬偕的母親海倫·蘇什蘭·馬偕是亞歷山卓·馬偕唯一的姊妹，而亞歷山卓在 1830 年移民，並且在煙布

羅東邊買了農地；此地後來被稱作「蘇格蘭教會山丘」，因為他的兒子羅伯和約翰‧蘇什蘭都成為長老教會的牧師。

佐拉及附近地區成為早期蘇格蘭移民聚居地

第一批移民在 1829 年安頓下來後，接著引爆了延續 20 年的移民潮，使得東和西佐拉以及鄰近的東尼蘇里鎮（East Nissouri Township）成為加拿大最大的蘇格蘭聚居地。[15] 佐拉的移民與蘇格蘭家鄉的父老通信以保持聯繫。威廉‧馬偕曾回憶，由蘇什蘭寄來的信件抵達佐拉時是多麼令人興奮，總會吸引許多鄰人一同來聆聽消息。[16] 留存至今的少數信件提到大西洋兩端的生活家居細節，例如結婚、天氣、農作、土地價格和鎮上的八卦。這些信件有助維繫家庭和友情的連結，也使移居到佐拉的可能性對留在蘇什蘭的人們一直保有吸引力。家庭和社群的重要性——以及維繫蘇什蘭和佐拉人民的關係——如威廉‧馬克里歐（William McLeod）在 1845 年寫給他留在羅格特的兄弟的信中清楚顯示：

一星期前我還在約翰‧慕瑞的家中。昨天我與詹姆斯聊天，問候詹姆斯‧盧斯與家人之餘，並告訴他約翰‧戈頓（John Gordon）很好⋯⋯他們在這邊的朋友也都很健康。柯林‧蘇什蘭和他妻子逐漸老邁衰殘——我真摯問候湯瑪斯‧阿姆斯壯，也請告訴伊莎貝拉，加拿大對女孩們是個好國家，特別是對漂亮的女孩們。請轉告柯林‧馬偕，他的家人都很健康。請轉告唐諾‧戈頓，安格斯和大衛都很好⋯⋯我每日都會見著他們。你會覺得要問候所有人是

件麻煩事，那就也代我問候戈頓的女兒們，這也許能使你的擔子
輕省些……。[17]

　　聽到關於佐拉肥沃土地的傳聞以及知道他們熟悉的朋友和親
人在那兒等待他們，使得許許多多諾赫和羅格特的人民放棄他們
的佃地，特別是在 1847 年馬鈴薯欠收引發高地地區飢荒之後。
1848 年高爾特（Galt）一份報紙報導，「從由蘇格蘭蘇什蘭公爵
土地遷出的 400 位移民在本周抵達哈密爾頓，其中一大部分立即
前往他們意欲定居的佐拉鎮。」此報導描述「這些苦難與貧困的
人們、特別是這些孩童的痛苦和窮乏」是「令人非常沮喪的」。[18]
　　在此 20 年間，從家鄉移出的新移民浪潮使蘇什蘭當地的風
俗和社會模型在加拿大得以延續。新移民不斷帶入蓋爾語以及在
1830 年和 1840 年間瀰漫蘇什蘭地區的熱烈福音運動；當時如「北
方使徒」約翰·麥唐諾（John MacDonald）等長老教會福音運動人
士在蘇什蘭有極大的影響力。但這樣的景況沒有持續太久；不可
避免的，舊時佐拉的社會秩序大約只延續了一個世代。形塑馬偕
及其同儕的是一個過渡的時代，也是他們終身都會以懷舊之情將
之理想化的世界。這個世界與孕育其他許多維多利亞時期蘇格蘭
和加拿大自由教會牧者的世界觀相當不同。與馬偕同年紀但在蘇
格蘭低地都會區——或甚至是在京士頓或多倫多舒適的中產階級
區中——長大的年輕人，彼此間擁有非常不同的童年，所看到的
自由教會及教會使命的模型也會完全不同。
　　佐拉鎮培育出的牧者，常是奮不顧身地依附某些人所認為是

「保守」或「反動」的傳統。他們令人想起古老的聖約派，而他們也確實視聖約派為英雄。在他的宣教生涯中，馬偕多次因為不顧社會傳統以及孤身與其他宣教士持不同意見而招致批評。他挑戰多倫多的決策者的權威，有時則忽視英國領事的建議，並且對加拿大的種族主義宣戰。過程中他被貼上狂熱份子、獨裁牧師以及自義的專制者的標籤。假若他那時因批評而讓步，台灣早期基督教運動的整個進程將會完全不同。而他拒絕屈服，部分也反映出佐拉社群在他兒時對他與約翰‧盧斯、威廉‧馬偕和拉賀蘭‧麥弗森等同伴的影響。他們的世界觀是可類比先知的，奮力抵抗教會所受的威脅或社會的不公義。因此，若要更清楚的評價馬偕在福爾摩沙的工作，我們必須仔細探究為馬偕立下一個不朽的基督徒群體模範的「親愛的佐拉」。

▲ **馬偕的雙親。**佐拉的移民中包括喬治與海倫‧蘇瑟蘭‧馬偕，他們是原本居住在多諾赫教區的佃農。他們與其他數百位來自多諾赫及鄰近的羅格特教區的移民，一同建造出近似他們所離開的蘇格蘭世界的群體。雖然馬偕是在父母移民十多年後才出生，他童年時所處的群體仍繼續使用蓋爾語，並保存了蘇什蘭獨特的宗教風俗。（**圖片來源：**W. A. 馬偕，《**佐拉的拓荒生活**》[*Pioneer Life in Zorra*]，1899）

馬偕的父親喬治·馬偕是一位佃農，所受的教育甚少。[19] 他的祖父母大衛和伊索貝爾·馬偕在 1792 年聖誕節結婚時，仍住在多諾赫，但至少我們知道他們曾搬遷到凱特尼斯的雷伊鎮，因為喬治·馬偕在 1799 年的 3 月 17 日在雷伊鎮受洗。[20] 直至喬治在 1827 年與海倫·蘇什蘭在多諾赫結婚前，我們沒有其他關於他的資料。喬治（或他的妻子）與其他同樣階級的農民們相比並無特出之處，因此他們沒有特別的美名或惡名。我們無從得知喬治或海倫在婚前住過什麼地方，也不知他們是否四處搬遷或是在多諾赫一起長大？喬治比海倫稍長幾個月。根據馬偕一位友人多年後的描述，海倫「體態壯碩」，比她的丈夫更實際也更有商業頭腦。[21] 他們決定移民至加拿大時已年屆 30，且尚無子女。

馬偕父母渡海移民之路

他們遷往佐拉的旅途十分艱辛。從蘇格蘭到加拿大，移民家庭從 4 月 1 日起大約有六個月的時間，且通常會盡早出發，好在冬季來臨之前可以找到穩定的住處。蘇什蘭的居民必須先跋涉超

過 300 哩的距離到格拉斯哥。如果他們是走陸路步行或駕馬車，只有極少的路徑可走；如果坐船，費用又高出許多。在引入蒸汽船之前，橫越大西洋到魁北克要一個多月的時間，這對不習慣航行的人們來說，通常是痛苦的經歷。1829 年，與父母和祖父母一同渡海當時只有八歲的約翰・盧斯，但餘生一直清晰記得在大西洋中途遇到隨之襲來且整夜咆哮的暴風雨；他的母親只能不斷安撫他，試圖驅走葬身海中的恐懼。[22] 一抵達魁北克，喬治與海倫・馬偕可能就依著 W. A. 盧斯（W. A. Ross）所描述的路徑前往佐拉鎮，盧斯自己的父母親是在 1830 年初期從多諾赫渡海而來。由聖勞倫斯（St. Lawrence）搭船到京士頓後，盧斯家族下船走公路到多倫多，在那裡休息數日，購買所需的日用品。從多倫多走到當時稱為哈密爾頓和倫敦路而至胡士托。剩下的最後幾哩路，他們沿著一條穿越森林的小徑向北至煙布羅。[23]

根據多諾赫的安格斯・甘迺迪牧師的紀錄，在 1829 和 1830 年離開教區的人們，大致上處境都很「安適」，暗示他們並非真的家徒四壁，且還能設法存夠到加拿大的旅費。但是當他們抵達佐拉時，如果不是已經耗盡所積攢的，也已花用掉大部分的積蓄了。大多數的蘇格蘭移民在抵達加拿大後就需要找到工作以賺取購買（或租賃）土地的資費。

根據 1836 年英國政府的僑民駐外代表（Agent General for Emigration）J. D. 皮諾克（J. D. Pinnock）的報告指出，健康的農務勞工在上加拿大區每年可以賺取 25 至 30 英鎊的合理工資，日工則有三至四先令且供膳食。[24] 1829 和 1830 年離開多諾赫和羅

格特的數百名蘇什蘭人裡，少數人直接前往佐拉鎮，如安格斯·馬偕及其雙親。安格斯那時已經在美國和加拿大工作過數年，且在第八租借地的第八號地上蓋好一個住宅迎接他的雙親。但是其他人就得先在其他地方工作一段時間，才有錢購買自己的土地。這也包括馬偕的父親喬治——他在東牛津鎮附近工作兩年後，才在1832 年取得第十租借地第 12 號地的農地。這塊地離煙布羅東邊數哩，是一片平緩的坡地，其上主要是楓木、榆樹和山毛櫸，地界則是一條流入鄰近馬德支流（Mud Branch）的小溪流。

喬治和海倫·馬偕餘生都在第十排的「老屋舍」耕作和養育家庭；1845 年，佐拉鎮一分為二時，這裡成為東佐拉。他們的大兒子約翰是在他們買下農地的那年出生。很快地，四個兒女相繼來到世上：詹姆士（James，1834）、依莎貝拉（Isabella，1835）、瑪莉（Mary，1838）和亞歷山卓（Alexander，1840）。喬治·萊斯里（George Leslie）在 1844 年 3 月 21 日出生，使這一家成為八口之家；全家人住在 12 乘 18 平方英呎的小木屋中。與大多數的鄰居一樣，一直到定居 20 多年後，喬治·馬偕才蓋起第二間更堅固的房舍。開墾土地以養活家人的辛苦工作，必然比改善家務更優先。

許多已出版關於加拿大林間農耕生活的回憶錄書籍，內容聽來都十分耳熟。馬偕和他的手足必然也經歷過同一個群體中和其他蘇格蘭移民子弟日後詳細記述的鄉間工作。馬偕年幼時隨著姐姐和母親種菜、做家務，年紀稍長時便與父兄去墾地、餵食牲畜、屠宰、種植和收割穀物。根據一本 1912 年的傳記提及，馬

偕和哥哥亞歷山卓將大塊石頭擊碎成小石，來建造一間新的石頭屋舍。兄弟倆與幾個鄰居孩子用一整天的時間收集樹枝，然後在大石上生火，再以鎚子把燒熱的石頭敲碎成建築用的石塊。天黑時還有一塊大石未敲擊，而馬偕雖然年紀最小，卻堅持在成功擊破石塊前絕不回家。這則軼事雖然可能經過修飾，以傳達某種宗教性信息，卻可能是一個真實的故事。以火使石塊碎裂的方法在加西很常見，且東佐拉鎮的普查回應顯示，在 1851 年到 1861 年間，喬治·馬偕確實將他的木造房舍改為一間一層樓的小石屋——這是在整份普查紀錄中極少數的石屋之一。[25]

林間工作、農務勞動的赤足馬偕

1851 年的普查，為馬偕的兒時世界描繪出清楚的圖像。在 20 年的闢墾之後，大多數的農人只開墾出土地的三分之一至一半左右，因此相鄰的農田仍有林木阻隔。馬偕時代的佐拉鎮孩童在這些林木間工作玩耍，到了 1870 年代，這些樹林就從地景中消失了。每年冬季，農民會以斧頭或「環割」或砍和燒等較漸進的方式，額外砍伐一些樹木，對抗森林的生長。在幾個鄰近家庭共同組成的「伐木會」將木材拖曳在一起後，有些木材被用來當柴火、圍籬、或建材。[26] 馬偕熟悉這些工作，也熟悉早春煮楓糖和晚春種植地方作物（豌豆、小麥、燕麥、印地安玉米、馬鈴薯和蕪菁）等例行任務。

喬治·馬偕與他許多鄰舍一樣，在屋舍旁闢建一塊果園，也幾乎可以確定有養了常見的數種牲畜——雞、鴨、羊、豬、牛，也

許還有一頭公牛，是在所有關於上加拿大林間農地的記敘中都會提及的。在剛開墾完的土地上，種植作物一定要用手將作物種在殘樁之間，而這些殘樁通常要數年後才能完全拔除。小麥和燕麥以鐮刀收割、玉米以手摘取後，再將殘稈積聚成堆。佐拉的生活是勞力密集式的，兒童沒有上學時，也是重要的勞動力來源。

佐拉的開拓者起先與外界的商業交流十分有限。多數家庭的日用所需自給自足，以物易物則是取得無法自種或自造物品的常見方式。開拓者通常整年穿著自家紡織的衣服，且沒有足夠的錢為不斷長大的孩子買鞋，因此孩子通常從春天到秋天都赤著腳，有時進入冬季也如此。大多數的成人有一雙可供主日禮拜穿的鞋。為了讓這些寶貴的資財盡可能延續生命，成人除了安息日外很少穿鞋；去教會的路上也都把鞋拎著，離教會數百呎前才套上鞋子。

W. A. 盧斯就曾回憶，人們在晚秋時，喜歡把腳踩在牛隻剛躺臥過的草地上來取暖，而鄰居們在寒冬中也只會穿著襪子去砍樹。有一位第一代佐拉移民的姪子梅文・卡地（Melvin Cody）曾憶述，「鞋子的匱乏⋯⋯並不太讓我們煩心。我們男孩們常常為了好玩就跑到雪地上互相追逐。」[27]

1880 年，馬偕在一次訪談中曾提到，這些兒時經驗對他在福爾摩沙工作上的重要性：他在福爾摩沙花費許多時間幫助跟隨者建造教會，所牧養的也多是依循類似季節性勞動模式的佃農。[28]種植、除草、收割以及每日餵養牲畜，都是他所熟悉的。因為有這樣的基礎，馬偕能輕易同理在福爾摩沙的農民，自然地與他們

建立起默契。這些農夫的生活方式是馬偕所熟悉、接納且樂在其中的，因此他最終也在淡水買下自己的田地作為退休之用。雖然受過多年的高等教育，馬偕心底仍是一個農村的孩子，總是喜愛用雙足（很重要的，是**赤足**）在戶外踩踏泥土。1875 年 4 月，當他穿越福爾摩沙的山丘時，就把鞋子扔在一旁，在日記中寫著他像一個玩耍的小男孩般、以近乎狂喜的語言吐露：「我們都是如此快樂……再次成為孩子……讓我的靈魂歡欣享受健康、空氣、海、沙、溪流、蟲和鳥。」[29]

　　因為赤足，馬偕與學生們走過北台灣所有土地而聞名，這個特點也同時吸引了華人及外國觀察家的關注。事實上，這變成是他所引領的宣教運動最突出的特點之一。很明顯地，鞋子對馬偕不只是一件物品——鞋子對他而言具有一種象徵意義，伴隨著參與在商業市場經濟所增加的財富和物質上的安適，但也與自然疏離、簡樸的失去。

　　馬偕在剪貼簿中保存了一篇關於美國作家威廉·格雷（William C. Gray）的自傳記敘說，格雷兒時在俄亥俄州的墾荒生活與馬偕年少在佐拉的許多經驗相似，其中的一個類似的經驗就是「自由自在的赤腳」：「從未赤腳跟在犁後頭走的人，不會曉得走在犁溝中冰涼、鬆散而濕潤土地上的奢侈，或是墨丘利（Mercury）提起腳跟、將冬季穿的木鞋踢到一邊時的感覺（譯按：墨丘利為希臘神話中眾神的信差，穿著有翅膀的鞋、戴著有翅膀的帽子，手持雙蛇杖）。」[30] 馬偕選擇赤腳與學生巡迴佈道，試圖要更貼近中國農民和原住民，同時也表達出他心底作為驕傲的農民之子的自我

認同和汲取年少時在佐拉的美好回憶。

馬偕迅速融入於福爾摩沙原住民部落的原因

馬偕年少時在佐拉的歲月也影響日後他對福爾摩沙部落原住民的認知，不管是已經高度接受漢人文化的平埔族（pepohoan）或他喜愛去拜訪、還未融入漢人文化的高山部落人民。馬偕發現福爾摩沙和北美的原住民之間有許多相似處，他自己則是在讀小學時第一次接觸北美原住民同學。當時每年夏天會有一群來自布蘭特福德保留區的莫霍克（Mohawk）和達拉威（Delaware）印地安人，他們從布蘭特福德向北旅行至佐拉，並從馬偕家步行到能搭營的溪流岸邊。比馬偕小一歲的 W. A. 盧斯日後回憶，佐拉的男孩們很喜歡造訪印地安人的營地，他們被允許在裡頭自由閒晃、隨意查看並跟印地安孩童們玩耍：

我們對印地安人的習慣和風俗愈發感到興趣。我們每天都到他們的營地去，並漸漸與這些印地安男孩、女孩們認識。我們欽佩他們使用弓箭的技術。我們會圍在他們的營地旁，看印地安女人編織籃子，也跟著年長一點的男人在帳篷附近晃蕩；他們邊抽菸邊用自己的語言交談，在營區四處遊走，檢查吊掛著的許多鹿皮和鹿肉火腿。

在上下學的途中，我們常會遇到某個印地安人用椴木樹皮做成的轛拖著一頭鹿，樹皮轛具就套在他的肩膀和腰上。這景象起先看來很怪異。當他休息時我們會圍著他仔細地瞧……印地安人

不會理睬我們；但此時我們已經習慣他們淡漠的態度了。[31]

　　許多年後，當馬偕第一次遇見福爾摩沙那些穿著鹿皮、拿著弓箭的原住民時，就想起了他兒時所碰見的布蘭特福德印地安人：「我不是很吃驚，因為我過去常看見北美的印地安人……莫霍克人，達拉威的印地安人等等。」[32]

　　到了 1870 年代，布蘭特福德的印地安人早已不再拜訪佐拉；如同消逝的森林，他們也只存在於處於時間長河裡，一個短暫時刻中那些知曉這地方的人的記憶中。雖然對逝者作心理分析是有風險的，但馬偕的行動和著作暗示出，他在福爾摩沙時，可能**感覺**自己再次發現某個「他在加拿大不能再輕易找到的熟悉且寶貴的事物：一個意外與他兒時所愛的、相似的世界。而他一生也都帶著懷思之情，將兒時所愛的社群理想化。

▲ 簽訂民族聖約（National Covenant，1638）。英格蘭、蘇格蘭及愛爾蘭的君王查理一世（1600-1649）因為企圖在蘇格蘭長老會中強加聖公會的儀式，引發愛丁堡城內的暴動。暴動之後，數萬名蘇格蘭人簽署民族聖約，誓言高舉蘇格蘭信仰告白，抵抗國王對教會的干預。民族聖約是蘇格蘭兩個世紀之久的政教緊張關係的開端。（**圖片來源：維基共享資源**）

青年馬偕：在台宣教的根柢

　　馬偕出生的時代，正是加拿大早期雜亂的教育系統正逐漸過渡到「由稅收資助」的省立義務教育時期。但馬偕年幼時，學校仍然由地方控制。早期的蘇格蘭移民習慣於家鄉那種由教區和宣教士所辦的學校教育方式，十分看重學習的價值，只是所接受的教學方式是比較老派的。馬堅志牧師作為當地的教育行政官，必須確保教會和學校教師能緊密合作以培育孩童。直到 1860 年代，佐拉仍舊缺乏界線分明的學區，移民們在只要有足夠家庭數目得以支持學校之處，就建立學校。學校教師的年紀從青少年到老年人都有，由教育行政官及理事雇用，但由家長支持，每月照約定給付教師六到八元的薪資，並輪流提供他們房間住宿。早期所有校舍都是一房的木頭房舍，建造在農人所捐獻的土地上，格局跟省區內其他校舍看起來都一樣。裡面有劈開的木頭做成長椅，單或雙排放在房間的兩邊，男孩、女孩各坐一邊。寫字桌是由釘入牆中的木釘撐起打磨過的木板。房間的盡頭有壁爐可在冬天提供熱呼呼的暖氣，孩子們輪流用每個家庭所供應的木頭添加柴火。教室的家具還包括一張簡單的教師桌；書架、黑板、視覺教具，其他像

地球儀、天象儀和地圖等用具則要到社區發展較為後期才出現。[33]

　　馬偕家舍約半哩外就有一間如此簡單的校舍，而馬偕也在1849 年（五歲）時正式上學。一位當地的男孩日後描述這間學校時，說它的建築「特別醜陋」，是由未刨削過且「佈滿」青苔、黏土的木頭及不規則的粗糙地板所搭建而成的。這所看起來「彷彿蓋好就已經舊了」[34]的學校有兩扇小窗，陽光幾乎無法照進來。數十位年紀從五歲到青少年階段的男孩、女孩，就在這樣陰暗的空間中鑽研基礎課程，如拼字、閱讀、寫作和數學。大多數的孩子——也是馬偕在其家庭外的第一個社交圈——來自附近的蘇格蘭長老會家庭，因此教會與馬偕兒時的同儕團體是相疊合的。除了他的哥哥亞歷山卓以外，至少還有六個孩童是來自其他姓氏也是馬偕的家庭，包括未來胡士托的牧師和戒酒改革運動者威廉·馬偕，他比馬偕更大一屆。這群孩子也包括兩位不同的約翰·麥肯錫和兩位約翰·麥唐諾，以及休和威廉·麥唐諾兄弟。他的同伴多半只有男孩的名字被記錄下來：西門·佛雷瑟（Simon Fraser）和威廉·馬克里歐（William McLeod），威廉·羅斯（William Ross）和約翰·布魯斯（John Bruce），約翰·楊恩（John Young）和喬治·羅布森·帕圖歐（George Robson Pattullo）——最後這位喬治·羅布森·帕圖歐日後成為胡士托《衛報評論》的擁有人，且在興建福爾摩沙牛津學堂的位置上扮演了關鍵的角色。[35]

好勝的馬偕「無所畏懼」

　　一位同學回憶時說「馬偕是一位細心且殷勤的學生」，也許

「比某些人更有毅力」，但是「學習速度不如其他人快」。他很好勝且督促自己成為班上第一。有一次，他的哥哥亞歷山卓取代他得到第一名，馬偕就請求哥哥「不要告訴父母」。因為年幼，馬偕時常被比他年長的男孩們嘲笑，而這顯然「是他十分憎惡的」。雖然馬偕不喜爭吵，但維護自身權利時卻是「完全無所畏懼」，也時常使嘲笑者後悔去捉弄他。[36] 馬偕會和同學玩簡化曲棍球、競賽和其他孩童會玩的運動；比利·葛飛斯（Billy Griffith）曾經對他惡作劇，而他「狠狠修理了」比利一頓。

馬偕第一個老師也叫喬治·馬偕，是在佐拉鎮長大的年輕人，只比學校年紀最大的學生年長幾歲。同時間在鄰近的木造學校就學的 W. A. 盧斯也面臨類似的情形。盧斯曾回憶，他的老師感覺到男同學熱切想要與他「稱兄道弟」，反而更迫使他任意使用樺樹木棍以強調自己的權威。喬治·馬偕老師可能也是如此，因為馬偕的朋友和同學威廉·馬偕曾經回憶，老師每天都「以偵探般的目光」找尋做錯事、需要導正的學生：

老師認為所有無法用記憶強記或頭腦推理出的知識，都可以用打的方式將知識打進指頭或背脊裡。雖然當中有些人得穿過樹林、爬過朽木、涉過小溪走上兩哩來上學，但不管是男學生或女學生，只要遲到就會挨打。上課低聲講話、或是在寫字板上畫畫、或不能正確背誦出……不規則詞性變化表，都會挨打。[37]

不過上學的記憶並不是都只有在可怕的被奴役狀態。午餐時，馬

偕和同學有很長的休息時間可以玩球或跑過田野森林。有一次，整群的男孩、女孩都在一場棒球比賽中玩到忘情，以至於沒有注意到老師將在一點時會回到學校。最後他們遲了 15 分鐘才進到教室，每個學生也挨了 15 下鞭子——多玩一分鐘打一下。

「老舊的木造校舍」中的課程是設計要來教導基本的認字和算數，並加強學生在家中和教會裡所受的宗教教導。來自非長老會家庭的孩子（有數個英國聖公會、衛理公會和浸信會的家庭也住在早期的佐拉鎮）可以不用背誦韋斯敏斯德要理問答，除此之外，所有學生都要學習基督新教教義。從典型的每日課程計畫可看出課程以宗教為中心，和不同年紀及程度的學童一同學習會產生的挑戰：

1.　老師帶領禱告。
2.　讀經。
3.　小要理問答問題。
4.　a: 老師製作並修理鵝毛筆，較大的學生忙著寫功課，多數
　　　是寫作的功課。
　　　b: 年幼的學生閱讀並拼寫 b-a，ba；c-a，ca；d-a，da 等
　　　這類的字。
5.　讀新約。
6.　英文讀本課程。
7.　文法。
8.　拼寫本。

9. 算術。[38]

木造學校裡的課程倚重強記死背和反覆練習。例如，學生藉著不斷抄寫以下這類道德格言來學習寫字：

——近朱者赤，近墨者黑。
——不要說謊遮掩過犯。
——功名代價高。
——娛樂須保純真。
——堅忍終能戰勝難關。
——真理顛簸不破，戰無不勝。
——智慧比精金更寶貴。[39]

要理問答、算術及拼寫以及閱讀功課的評量，都是口頭背出所記誦的課文或事實，無法正確背誦的，則有被皮鞭或木棍伺候的威脅。學生們全神貫注，腳趾頭緊張抵著地板木片間隙，或是單獨或是群體背誦出所學，老師則邊聽邊找錯誤。學生有時會坐在長椅上一起誦讀不同的課文，而在亞歷山大·馬提森（Alexander Matheson）的記憶中，這簡直就像「群魔亂舞」。老師來回走動聆聽，「你只會聽到每種課程中的兩三句，但根本聽不出個所以然」：

你是老神父威廉
B，A，ba；B，E，be

小小羊，小小草，小羊吃小草

人活著的目的是

九乘以七等於 63

讓熊和獅

布倫亨戰役

Con 是「一起」，Kephale 是「頭」

挖出彼此的眼睛

Ba；威廉神父；主要目的是……

　　馬提森憶述，當吵雜聲漸漸進入安靜昏沉時，老師就會大喊「學習！」然後群魔就會再次出聲。[40]

　　而要駕馭有抽象神學及古老用語的韋斯敏斯德要理問答，必然更加痛苦。威廉·馬偕日後就曾回憶，無效地逼迫孩子正確無誤記誦一份教導愛與恩典的文件，是何等的矛盾：「噢！長老會信徒多麼嫉妒其他宗派不用背誦要理問答的特權啊。這是衛理宗派的獎賞；假如可以讓『我們男孩們』選擇，所有的佐拉男孩今天都會是衛理公會信徒。」[41]

馬偕學閩南語的技巧與華人方法疊合

　　威廉·馬偕和馬偕長大後，至少在某種程度上都接受維多利亞時期教育盛行的教育觀念，以較自由派的浪漫角度看待童年，因此威廉·馬偕對「皮鞭」的使用是明顯不認同的，且稱強記死背是一種會扼殺學生興趣「過度機械化」的方式。墾居地的教師「錯

在致力於壓抑學生身上的惡，而不是發展他們的善。」[42] 馬偕則認為學校教育應該要有趣，他也厭惡「填鴨」，希望讓學生在遊戲及手作的實驗中有學習動機。

然而，馬偕自己時常也倚賴反覆練習和強記。這個方法在他學習閩南語時派上用場，有時他也在日記中記下，「沒有比反覆練習」更能記住訊息的方式了。「覆誦」在馬偕為台灣基督徒所創建的學校中也扮演重要的角色，與華人傳統的教學法是一樣的。而雖然威廉·馬偕認為「兒童背錯」要理問答時要加以處罰是「很糟糕」的，但他也為佐拉的小學教師辯護，說他們都是立意良善且大有信心的人，教學效果比許多空有當代「理論」裝備卻無屬天真理的現代教師更好。威廉·馬偕相信，佐拉單純的學校因為看重「宗教和道德與智識的能力」，因此能成功塑造出整全的個人，而現代加拿大教育家卻未能建造學生的人格：

今日孩童在學校是否確實發展所有的能力？《聖經》如今有否像過去一般被研讀？而作為文明社會基石的道德原則是否忠實地被教導傳授？恐怕沒有；其結果可見於現代社會中的不敬虔、不順服和尋常可見的不守法。難道我們沒有理由害怕教會本身也正變得膚淺而不嚴肅，重視感官而不重視屬靈嗎？[43]

威廉·馬偕和馬偕都曉得這些修辭性問句的答案是明顯的：他們相信，不管是加拿大人或華人，所有人都需要接受像舊時佐拉曾有的那種道德教育。

一位傑出的加拿大宗教歷史學家約翰·韋伯斯特·格蘭特（John Webster Grant）曾觀察，佐拉是「保守主義的堡壘」。[44] 格蘭特思索的是加拿大長老教會在 1860 和 1870 年代關於「禮拜中引入聖詩及樂器」的爭議。根據蘇格蘭的傳統，長老教會在敬拜時會清唱有音韻的韻文詩篇，由一位領唱人使用音叉來帶領會眾。然而到了維多利亞時代中期，多數的長老教會愈發喜愛流行的基督教聖詩；中產階級家庭通常會在客廳擺放一台鋼琴或管風琴，家人和朋友能一同聚集歡唱如《快樂地》（Happy Land）、《照我本相》（Just as I Am）等詩歌。這類比韻文詩篇更能激發感情且能造就人的音樂，何以不能成為敬拜的一部分？基督徒又為何不應該用美好的樂器和聲音來敬拜神呢？

　　維多利亞時代中期，許多城市教會——蘇格蘭、加拿大和美國皆然——都無異議地引入聖詩和管風琴到禮拜中。但在某些社群中，樂器的使用卻帶來痛苦的歧異，在各中會、大會和總會中造成憤怒的衝突。如同格蘭特觀察，煙布羅的諾克斯教會在此議題上成為加拿大教會中最保守者；當其他長老教會堂會都已接受

改變後，他們仍力抗流行之風超過一個甚至是兩個世代之久。煙
布羅小會在 1867 年決議，聖詩不像大衛的詩篇，**不是**聖靈所感
動，因此**不**應該使用於敬拜中。這個決議並沒有禁止在其他場合
上使用聖詩——比方說諾克斯教會詩班就在 1883 年的團圓活動中
吟唱聖詩。但煙布羅的長老認為禮拜是罪人與賜生命之聖道的神
聖會遇，只有上帝的話語能夠拯救將臨滅亡的男女脫離地獄。直
至 1894 年前，煙布羅小會都沒有解除對聖詩的禁令，到 1900 年
前也都未在教堂中放置管風琴。[45] 當我們在討論馬偕眾所皆知的
固執時，應該想到佐拉社群在面對改變的風潮時，對原則的頑固
堅持。作為一位宣教士，當馬偕拒絕調整自身的作法來順應其他
宣教士同工或加拿大教會領袖時，他所展現的固執，實是煙布羅
小會以及許多佐拉牧者所共有的。

佐拉多元的宗教共融與和平相處

在馬偕年少時期的社群中，長老教會的影響是巨大且全面性
的。不過，這不代表每個定居在佐拉的人都是長老會信徒。不同
於除了由 Na Daoine 所領導的分離派長老會群體之外就無其他宗
派的蘇什蘭，早期的佐拉有小部分的宗教多元性。來自美國各處
的移居者獲得土地的補助，也有相對少數的英國浸信會、衛理公
會、聖公會信徒在此區定居。[46] 有極少數的愛爾蘭天主教徒在鎮
上也擁有土地；1851 年，東佐拉鎮的普查清單中，甚至有一些摩
門教家庭。這些各異的宗教群體之間似乎享有相對和平的關係。
住在馬偕家附近一位聖公會農夫威廉·寇克斯（William Cox），就

娶了當地一位蘇格蘭女孩，而她一直保有長老教會的會籍。至於英國浸信會和衛理公會，他們與自由教會長老會淵源頗深，也有許多相同的福音主義世界觀，因此鮮少爭執。衛理公會擁抱美式的露天奮興（camp revival），並認為長老會的敬拜方式過於形式化和枯燥。雖然長老教會的戶外長聖餐儀式在某些方面與衛理公會的野營聚會相似，但仍認為他們「純潔的衛理公會弟兄」的禮拜缺乏端莊規矩，對聖潔上帝的莊嚴偉大不夠敬畏。[47] 但這時期時常在社群中造成紛擾的宗派競爭，在佐拉並不存在。如同在空曠沙地上各自玩耍的孩童，新教的各族群安靜並存，沒有太多直接的社交互動。

重要的是，佐拉西區環繞煙布羅村的中心地區幾乎都是長老會會友，更往北或東去，特別是東佐拉第十排以外的區域，其他的宗教就更多。因此，來自蘇什蘭和羅斯郡講蓋爾語的高地長老會友組成了馬偕年少時所處的**實際**社群，其中大多數的住民只來自兩個蘇格蘭教區。在同質性如此高的的群體中，馬偕年少時所有的權威人物都屬於同一個教會。不只是佐拉學校大多數的孩子來自講蓋爾語的長老會家庭，就連老師也是。威廉·馬偕曾回憶，木造學校的學生們無意間就習得許多蓋爾語腔調的英文和法文的錯誤發音。[48] 高地長老會友也主控這個年輕社群的社會和經濟生活。身為治安推事及布洛克區督察（Brock District Commissioner）、且出錢建造第一間木造教堂的戈頓「老爺」（"Squire" Gordon），就是來自羅格特教區的敬虔長老會友。他在蘇什蘭是一個雜貨店主，抵達佐拉時有足夠的現金買下 250

畝的土地。方圓數哩內的人們都會來看看他那棟在移民第二季就蓋起的兩層樓「雄偉」木屋，那棟房子許多年來都是附近區域最富麗的建築。戈頓的女兒嫁給煙布羅早期最重要的經濟勢力人物J. M. 羅斯（J. M. Ross），而羅斯也是敬虔的長老會友。羅斯先移民至美國，在那裡靠著建造運河積攢可觀的財富。人們稱呼他為「富翁羅斯」藉此來區別他還有其他不那麼富有的羅斯族人。1830年，有來自蘇什蘭大批的移民吸引了他往北遷移至佐拉；富翁羅斯一抵達，就在煙布羅南方的泰姆斯河的中支流（Middle Branch of the Thames River）河岸買下 400 畝土地，並在此建造一座大農場以及名為「斯高夏」的磨坊。[49]

▲ **木造教堂**。第一間佐拉教堂十分粗糙，甚至沒有一個講台，但移民對此教堂卻有深刻的情感。在另一座更大也更舒適的教會建造完成後，人們仍繼續使用「老教會」來舉行禱告會、小會及其他各種聚會。

在早期佐拉的社群中，教會與其他社會組織並無明顯的區別。威廉·馬偕日後在他的懷舊回憶錄中，就強調宗教和家庭與當地群體組成的其他各個面向皆緊密融合。長老教會不只是競相爭取人民的時間和忠誠度的組織之一；更確切地說，社群——或至少是認同長老宗派的大多數**即是**教會。教會會眾在安息日以及時常在週間夜晚會聚集敬拜，但從群體開墾與建造房屋、到學校課程和拜訪鄰舍，同樣是具有屬靈意義的活動；人們在當中表達對宗教真理的委身，而此真理不只是由馬堅志牧師、更是由父母以及一群傑出的領袖所傳授教導的，他們甚至肩負起監督最平庸的地方社群生活。這種完全浸淫在單一宗教文化中的現象，在群體成員和其他沒有共同價值觀、儀式和信念的局外人之間，創造出清楚的界線。這也就是社會學家所稱的**膠囊化**（encapsulation）。

馬堅志牧師帶領的佐拉「文化膠囊」社群

文化膠囊是世界各地小型宗教團體的特色，包括許多藉由宣教行動所建立的新的基督教社群；文化膠囊也是歸信過程的重要

元素。在某些情況中，文化膠囊可能採用的形式是藉著將團體成員移到小社區、禱告村或特殊學校，使他們與周圍的社會有實質的分離。在其他情況中，文化膠囊則採用經常性的儀式禮拜、社交活動和群體聚會，有效消耗所有成員可得的時間和精神。文化膠囊會過濾掉群體成員暴露在不同意識形態的機會，好確保年輕人不會發展出對持有相反信念的權威人物的依附感。[50]

在早期的佐拉社群中，文化膠囊兩種形式都被使用。這是一個拓荒開墾的群體，與廣大的上加拿大社會只有單薄的社會和經濟連結。社群由單一的民族和宗教文化所主宰，因此青年不會有許多機會接觸與教會和父母所教導的信息衝突的觀念。生活圍繞在宗教性活動的循環中，這些活動佔用了墾地者在田野林間長時間工作後所剩的任何時間精力。難怪在 1883 年的團圓活動中，唯一不是高地人的佐拉「子弟」約翰·戴維森（John Davidson）會開玩笑說，他的生命是受年少時一同居住和玩耍的高地家庭「無法察覺的影響」所塑造而成的。[51] 在 19 世紀中葉，展現如此高度文化同質性的鄉鎮，在加拿大是非常少見的。

當威廉·馬偕稱舊時佐拉為他所上過「最好的大學」時，他是將這種宗教與日常生活的無縫融合給理想化了。在他的思想中，佐拉鎮的每位父母都是宗教老師，將福音的真理應用在每日生活中，就是最重要的教學課程。用餐前必先向上帝祈求祝福，且每餐飯後還有一次正式的感恩禱告。就連鄰里間「明顯細瑣的」社交聚會（ceilidh），都被認定有上帝的同在：

　　當任何人，不管老或少，到鄰居家中時，他會先敲門。裡頭立即會有清亮的邀請聲回應，「請進」。拜訪者在門未開以先，脫下帽子，靜靜站立並祈福：「Beannaich so（賜福這地）。」很快地家中的主人就會回應：「Gum beannaich e sibhfein（願你同受祝福）」。拜訪者離開時也會說：「Beannaich leibh（願你受祝福）」。主人的回應也一樣：「*Beannachd leibh fein*（願你本人同受祝福）。」[52]

　　每日在「家庭祭壇」上的敬拜，是 18 世紀在高地長老教會中生根的習俗，在早期佐拉的家庭生活中也佔有一席之地。威廉·馬偕回憶，有一段時間，「在佐拉很長的一條土地線上的每個家庭中，早晚都要敬拜上帝」，父親則擔任家中「大祭司」的職份。馬偕日後在回憶時視為「自身靈命發展的重要元素」的每日家庭敬拜，是由唱誦〈詩篇〉開始，接著讀一章的《聖經》，「家中的大祭司偶爾會作一些觀察註解。」而後父母與孩子們討論經文內容，請孩子解釋他們所聽見的。最後父親以禱告結束敬拜，感謝神的一切祝福，並求祂祝福家中每位成員。威廉·馬偕回憶，他們總會為教會和主日的禮拜禱告，也為「我們所居住的國家」以及「我們所來自的親愛土地」禱告。[53]

　　孩童們藉由「敬虔的讀經」也得到基本的宗教價值觀。在 1843 年大分裂之前，「格拉斯哥殖民地協會」在魁北克一直保有一座倉庫，用來發送蓋爾語的〈詩篇〉讀本、《聖經》、要理問答和經典福音書籍。牧師或平信徒可以寫信索取這些材料，這

個訊息也在加拿大的報上廣受宣傳。1840 年代，胡士托的商人定期會在《牛津之星及胡士托廣告》（*Oxford Star and Woodstock Advertiser*）廣告蓋爾語的宗教小冊、《聖經》和詩篇：「書來了！書來了！書來了！剛從蘇格蘭抵達……家庭《聖經》、口袋《聖經》……蓋爾語《聖經》、詩篇小冊和新舊約。」[54] 此區域的長老會家庭對這些材料有大量的需求。根據威廉‧馬偕說，佐拉鎮早期多數的會友家中都有小型的圖書區，裡頭一定會有「一本蓋爾語《聖經》、一本蓋爾語的韻文詩篇、以及小要理問答」，通常還有一或多本舊的清教徒經典的蓋爾語譯本，如約翰‧班揚的《天路歷程》，波士頓（Thomas Boston）的《四重狀態》（*Fourfold State*），或培斯德（Baxter）的《呼召未信者》（*Call to the Unconverted*）。[55] 馬偕相信這類內容豐富的材料遠比維多利亞時期受許多美加福音派喜愛的主日學小冊，更能造就年輕人，因為後者缺乏參考加爾文主義的獨特教義，無法真正滋養成長中基督徒的屬靈生命。[56] 成長過程與約翰‧班揚、培斯德和波士頓的作品為伴的馬偕，後來在福爾摩沙教學時，也使用了這些他所珍愛的書籍中譯本為教材，將他在兒時所吸收的屬靈教導傳承給因他歸信基督的跟隨者。

父母最神聖的責任：家庭教師

鄰舍間的社交拜訪，則是許多主日傍晚和週間晚上的主要娛樂。根據威廉‧馬偕的回憶，所有的家庭成員不論老少都會參與聚會，而聚會通常聚焦在信仰以及信仰在生活其他方面的應用。父

母期待孩童能以敬畏之心聆聽長輩詳盡評論社區中各種事務：

　　……天氣、農作、稅收、上個主日的講道、下次的聖餐，或
是下次要理教導的時間地點。他們會紀念在蘇格蘭的朋友、追蹤
各家的紀錄、表達對於友人與友人家庭抵達佐拉的期待、討論新
聞內容……說說舊時的故事，有些是歷史人物、有些是宗教人物
的故事，但許多都是詼諧有趣的。[57]

多年下來，佐拉的孩童定期聆聽此類的對話，自然會得到所屬群
體所珍視的深刻價值觀和信仰，還有對他們獨特的歷史以及共同
認同的理解，以及用以分析時代社會及政治爭議的修辭技巧。
　　威廉・馬偕和馬偕都認為父母是最重要的老師，家庭則是基督
徒人格養成必須的重要學校。正式的學校教育是要補足並加強家中
所教授的功課，但不能取代家庭——即使是維多利亞時期流行的主
日學校，若是受父母過度仰賴，也都可能變成危險的根源。這樣
的信念讓馬偕在 1895 年對加拿大教會發出警告，要教會不可過度
強調主日學的課程以及如「基督徒奮進協會」（Christian Endeavor）
等教育提倡組織，因為這些被教會使用的「手段」，有「打破家
庭循環的傾向。好像孩童屬於這個協會，父母又屬於另一個。」[58]
　　1878 年，威廉・馬偕在胡士托查麥士教會的講道中，也作出
同樣的論述，提醒會友記得在墾荒時代的早期，父母在每日的家
庭禮拜中教導孩童信仰基礎的做法：「我害怕主日學已經漸漸取代
父母的教導，而家庭信仰也正快速消逝成為過往雲煙。」威廉・馬

偕宣稱，主日學是一個高貴的計畫，但若使父母逃避他們最神聖的責任，就可能為惡者效力。「家庭是一所學校，由上帝所設立，為了教導孩童信仰和道德，而敬虔的父母便是……神所指派的教師……。家庭是族長和先知、傳福音者和使徒受教導的學校。」[59]

教會「女性化」的開端

19 世紀時，工業主義和都市化不斷侵蝕傳統農業模式下的社群生活，孕育更個人主義且更趨競爭的世界觀。有些歷史學家也觀察到，兩性關係上出現巨大改變，是整個社會轉變的重要部分。他們認為，在中產階級的清教徒中，傳統的父權家庭快速崩解，因為男人愈發投入「家庭之外」的商業和專業工作中。於是家庭變成女人專職的領域，而合理化將兩性分化為「兩種不同的領域」的意識形態隨之浮現。有些學者認為在維多利亞中產階級家庭中盛行的福音派信仰，促使舊時農業群體價值觀的崩解。福音派信仰，特別是其復興運動的形式，一直被認為與反映出現代化的社會經濟軌跡、漸趨個人主義的靈性有關聯。同樣地，也有些學者認為，福音派信仰促成丈夫和妻子進入分開的領域以及家務和教會的「女性化」（feminization）。[60]

當我們在做此類概括一切的一般化論述時，必須非常謹慎，特別是在加拿大的例子中。工業化和都市化在加拿大發展的速度比英國或美國來得慢，而傳統的農業價值在加拿大中產階級中，似乎也比在邊界以南的美國中產階級來得持久。[61] 熱衷於研究維多利亞時期加拿大文化的學者馬格萊特·范迪（Marguerite Van

Die）曾記錄，在加拿大福音派家庭中，舊時的社群價值一直持續到維多利亞時代晚期；且男人、女人都深刻參與培育家庭生活。[62]很明顯地，農業社會價值觀瀰漫在佐拉這類的移民社群中，因為直到 19 世紀中期，農民仍持續抵達此地成為新的住民。對馬偕及其同儕來說，有功於引導人們宗教生活的，一直是「佐拉的母親和父親們」。他們期待父親的首要職份是「家中的大祭司」，而不是養家活口、向上移動的專業人士或商業及政治圈的領袖。最終，商業和專業生活的確將許多佐拉的男人拉離他們早先在家中所扮演的角色，而群體生活也在面對競爭的個人主義時漸趨薄弱；威廉‧馬偕及馬偕都抨擊此種改變顛覆了神對人類社會的計畫。因此在 1899 年世紀終了時，威廉‧馬偕如此哀嘆：

> 　　我們的時代是競爭、匆忙、興奮的時代，商業如戰爭，任何事皆要求公平。家庭生活多已破碎，而此種景況並不利於培養慈愛、安靜和對他人幸福的溫柔關切。有些男人對家人來說幾乎如同陌生人，他們無法知曉我們的父親所享受的美麗的家庭生活。[63]

同樣的，馬偕在 1895 年也曾抱怨，加拿大已經變得執迷於獲取「享樂、財富和金錢」，而時代的特色就是「在生意上、商店和工廠中的瘋狂匆忙。」馬偕認為，「匆忙的」精神，悲劇性地侵犯了「家庭圈子」，因此教會迫切需要回歸到單純時代的模式，使家庭有一起安靜默想神的話語的時間。[64]

如同我們已經討論過的，長老教會傳統中一個重要的特色，是信徒選出的平信徒長老也分擔了教會生命的監督工作。從定居加拿大開始，佐拉鎮的信仰就是一場平信徒運動：人們有數年之久在沒有牧師的情況下，安息日仍在信徒的家中或天氣允許的戶外聚會禮拜。他們依循高地福音派的「團契聚會」（fellowship meetings）傳統，每個月──後期是每週──固定有一場特別的禱告會。這些聚會由人們認定為敬虔且具《聖經》知識的男人來主領；關鍵人物起初落在喬治·馬偕身上，這位在蘇什蘭時任職長老、且以偉大信心聞名的「國王湖之子」。雖然已年屆八旬，這位「年邁的聖者」仍舊康健有力，而他的高齡只是更加深了會眾對他的印象；他雖「逐漸步入墳塋，卻是歡喜再歡喜」，期勉眾人要將生命獻給基督。[65]

　　1832 年，墾荒的居民決定要在煙布羅東方第七號租借地的墓地上建造一間聚會所。這座面積 48 乘 20 呎、高 18 呎的木造教堂，起初沒有講台、教堂長椅或火爐，所以只能在天氣溫暖時用來禮拜。教堂約可容納 400 人，但在聖禮典時，會有更多人湧

入，眾人一起坐在墊著磚塊的木板上。雖然只是用刨削平滑的木
頭搭建、沒有尖塔或鐘樓或任何裝飾的樸素建築，但這棟「老木
造教堂」對佐拉鎮的長老會友來說，卻一直保有重要的象徵意
義，因此他們持續使用此空間來舉行要理問答、小會的會議、禱
告會；即便數年後在煙布羅蓋起了一間更大、更舒適的教堂，他
們仍偶爾在此禮拜。1833 年，「與蘇格蘭教會聯合的加拿大大會」
（Synod of Canada in Connection with the Church of Scotland）給佐
拉會眾一筆 50 英鎊的補助，建造永久的禮拜場所。然而，居民決
定只用一半的補助來建造建築，其餘則用來為「老木造教堂」購
買火爐、長椅和講台。[66] 這個決定也反映出佐拉長老教會的民主
精神。不同於更新穎的煙布羅諾克斯教會，這間木造教堂代表了
他們本身屬靈的主動性和努力，也因此有著「民眾的教會」的強
烈意義。

歡喜步行是馬偕的屬靈價值觀

　　這間「老木造教堂」最初是散佈在廣闊區域上的會眾的信仰
中心，而這片區域範圍相當於數個高地教區，面積有 25 平方哩，
涵蓋泰姆斯福（Thamesford）、哈靈頓（Harrington）、金多爾
（Kintore）、布魯克斯戴爾（Brooksdale）、伯恩斯（Burns）區域
的居民。隨著人口的增加，這些外圍的墾地最終形成自己的「子
會」，但起初許多佐拉家庭都是得走上很長的路，才能參加主日
禮拜。威廉·馬偕說，「若說我們的祖先是上教堂的人，實在是過
於輕描淡寫了。」因為為了參加禮拜，「他們歡喜步行踏過林間

彎曲的小徑，走上三、六或有些人是十哩之遠。禮拜結束後，在同一天走回家。」居民依循高地的習慣，鄰近的人家會一起「上教會」，由最年長又最敬虔的長者領頭，然後利用這段長路做為信仰教導和靈修的機會。

改革宗信仰強調時間是神所賜寶貴的禮物，是要被「贖回」的、而不是浪費在愚蠢的思想和行動上。馬偕在 1895 年時曾批評某些基督徒隨著膚淺的流行行事、閱讀無屬靈意義的小說，不如走到戶外去思想上帝在自然界所作之工。「他們應該記得……時間正嚴峻且真實地從他們身邊流逝，沒有一刻能被浪費。分配給世上每個人的保釋期是很短的。」馬偕相信，利用時間最好的方式，是在行走時一邊思想永恆的真理：「想想我們父祖輩的基督徒人格吧！他們一邊走過高山低谷一邊默想。」[67] 持此信念的人並不認為步行到教會是浪費時間，而是敬拜經驗中的一部分。「從前的日子裡……沒有人會抱怨路程長，」威廉·馬偕堅持，「這是上帝所賜、讓我們彼此分享想法的機會。」與他的兒時玩伴兼好友馬偕一樣，威廉把步行理解為某種形式的禱告，上帝的子民在當中得以「看見自然之工的屬靈意義」，因此使自己的心靈仰望屬天事物。[68]

步行是文化也是身體的行動。人們以雙腳從一地移往另一地的方式，以及他們賦予步行的意義，隨著文化和時間而有所不同。馬偕家族與其加爾文的正統神學觀，是 19 世紀的產物，而他們對於步行之屬靈價值的熱衷，確實也部分反映出當時盛行對於「崇高」（sublime）的浪漫主義式情感以及他們對改革宗教義

的認識。如華茲渥斯（Wordsworth）等浪漫派詩人就認為，走過山丘或英國湖泊的湖岸，是與上帝的神聖會遇。威廉·馬偕在他對舊時佐拉的回憶錄中，也引用很受歡迎的英國散文家約翰·羅斯金（John Ruskin）為權威，說明漫步的道德價值。維多利亞時代見證了旅遊業的誕生，這些組織受益於中產階級和貴族家庭追求崇高經驗的渴望，以及他們能夠投入休閒旅遊的時間和財務資源。這個時代見證健行社團和登山組織的誕生，也看到都會公園及花園的建立，使有閒暇的階級能在美麗的環境中散步，暫時離開附近工業區的骯髒污穢。[69] 這些文化力量無疑也影響了馬偕，他終其一生都熱愛步行，旅行中不時享受著漫步穿過所遇到的公園、植物園和都市區的墓園。

「星空下的教室」是崇高的朝聖方式

不過對馬偕來說，步行還有另一個更深沉的意義，是許多與他同時代的人所沒有的。雖然為了休閒和靈性的豐富而步行，在19世紀中產階級中蔚為風潮，但若作為每日固定的交通方式就另當別論了。維多利亞時代多數的中產階級會仿效貴族的習慣，選擇搭乘馬車、計程車或電車作為每日在城市中穿梭的交通方式，城鎮間往來則會搭乘火車。長距離的「走路」令人聯想到缺乏以更快更方便的方式來旅行的鄉下農夫或勞工階級。因此中產階級的歐洲和美國人喜愛每週花幾個小時在公園中漫步（或到美麗的景點去度假、健行或爬山），但假如每日以步行上班或在城裡移動會使人流汗或耗費太多寶貴時間，他們就不會考慮步行。同樣

地，許多維多利亞時期到非洲和亞洲的宣教士，喜愛在休假述職或短期度假時四處漫步，但當他們必須在宣教禾場一定距離的旅行時，就會僱用苦力或僕役為為他們拉人力車或抬轎子；在熱帶氣候服事的宣教士更是如此，因為當時的醫學知識使他們擔心陽光和暑氣會令人「氣力衰弱」。對維多利亞時代的人來說，休閒的健行是與崇高事物會遇的方式，但若以步行作為每日的交通是浪費寶貴時間，在熱帶地區更會消耗維持健康和執行工作所需的精力。

　　然而，馬偕從在佐拉的兒提時代起，就已習慣每天走上很長的路。這樣的長路時常是集體朝聖的一部分，而人們在當中與上帝交通。不管是在蘇什蘭或加拿大，他的農夫族人不論晴雨都以步行來回田地、學校、教會和禱告會與家中。這既不是「休閒」，也不是浪費時間，他們用所擁有的神學資源，為每日的工作中注入屬靈的意義，並且歡喜接納花費在走路的時間，視其為蒙贖子民可以禱告和親近生命根源的禮物。這也是一個清楚區隔他們與社會菁英的活動。身為宣教士的馬偕，日後會因著他堅持巡迴佈道、又拒絕使用轎子而惡名昭彰。他也因「巡遊式教學」而聞名；他利用在路上的時間，在他稱為「星空下的教室」中教導學生。雖然馬偕日後的言詞有時候與標準的維多利亞時期文學關於崇高性的主題類似，但他對步行的熱衷實是根源於他的孩童時期，也是他努力要持守住的「親愛的佐拉」及其高地「父祖」信仰的另一方式。

1835 年，在馬堅志牧師定居之前和之後的歲月，佐拉的長老們會主動引導社群的屬靈生活。他們依循高地教區生活的習慣，將佐拉鎮分為幾區，每位長老負責傳授各個鄰里要理問答和監督家庭的工作。煙布羅的諾克斯教會的小會紀錄顯示，這些長老通常服事多年，他們也嚴肅對待自己的屬靈責任。他們定期探訪每個家庭，並且熟悉所負責區域中每個人特別的重擔和需要、他們的屬靈掙扎和個人道德上的失敗。他們每週及每月舉行禱告會。開小會時，與馬堅志牧師一起檢視洗禮和守聖餐的申請書、聆聽對不道德行為的指控、調查不當行為的陳述、並做出必須的管教。

維繫教會健康的必要手段

　　1847 年的一個夏日夜晚，一位諾克斯學院年輕的神學生威廉·蘇什蘭（William Sutherland）在前往某處講道時，行經佐拉，遇見了「其中一位在這個主要由蘇什蘭郡的人民移居的地區常見的銀髮高地人」。這位正要去參加每週禱告會的老人，敦促這位年輕旅人留下來數小時。蘇什蘭對此事件的敘述，正是對佐拉教會

的長老群生動光彩的形容：

> 在以生於蘇格蘭高地的人所熟悉的語言唱歌讚美耶和華，並讀完生命之道及禱告後，我們的注意力被導向約翰福音中那段鏗鏘有力的經文……那段充滿福音寶貴教義的經文。我可以確實地說……這群神的子民……表現出許多所應許的聖靈啟發智慧、教誨及引導的徵兆。這些年邁的長者解釋並闡明經文中的教義時的精確、恰當、智慧和嚴肅……特別的傑出，他們對《聖經》的認識和實際的信仰會令所有神學生皆感欽佩。啊，假使我們能有與這些人同樣心智的牧者和宣教士——像這群不受罪惡、極度、世俗野心權勢的轄制，充滿信心和聖靈的人們一樣，那我們就能期待上帝的祝福……會臨到祂的教會，轉化、教誨並安慰祂的子民。[70]

　　根據蘇格蘭教會的信仰告白，與《聖經》一致的管教是真教會的三個標記之一。然而，到了 19 世紀中期，長老教會在歐洲和北美許多地區都不再嚴格執行傳統的管教措施，「逐出教會」的舉動是愈發少見。與管教相關的問題難免與聖餐聖禮以及被允許參與主餐的標準有關。到了維多利亞時期，蘇格蘭低地地區、英格蘭和多數北美的教會一般都允許所有受洗會員接受聖餐，行為不相稱的基督徒不得參與聖餐這個「護衛聖餐桌」的舊時作法多已消失。不過，在印威內斯、羅斯、蘇什蘭和凱特尼斯等許多高地的鄉間教區中，福音派的牧師和長老仍持續護衛聖餐桌。在這

些地區，受洗比被允許參與聖餐所需的救恩證明更少；聖餐被視為與聖潔上帝的美妙會遇，參與者應帶以敬畏之心且嚴格檢視其良心、為意志上所犯的罪懺悔，而且應該受長老及牧師檢驗、確認展現明顯得救恩典。雖然其他地區的長老會時常批評高地此種傳統作法，視其為迷信甚至是假道學，但支持者仍視其為維繫教會健康的必要手段。

羅斯郡丁沃爾（Dingwall）教區的約翰·甘迺迪牧師曾為此作法寫過一篇激情的辯護。對多諾赫的長老教會有強烈影響的甘迺迪牧師指出，若牧師對兩個聖禮持同樣的標準，並允許所有受洗的會友參與聖餐，將會形成一個無解的牧養困境。因為許多誠心表明信靠基督的人在屬靈上仍是嬰孩，並時常落入世俗的罪惡中，牧師若不護衛聖餐桌，就無法負責地按照《聖經》處理這個狀況。要不就是這些由衷歸信的信徒必須同時被拒絕受洗和歸入教會來維持聖餐聖禮的純淨，要不就是教會必須允許配與不配的基督徒一同領聖餐但如此就棄絕了《聖經》的聖潔標準。甘迺迪牧師認為，舊時長老教會的標準在牧養上遠遠更有果效，因為這套標準容許牧者聚集所有表現對基督真誠信仰的人進入教會，不論此信心是如何未受塑造或不成熟，但同時能照顧到他們在信心和聖潔中持續成長的需要，使他們能更深進入與基督的交通，更完全經歷祂厚賜生命的聖靈。如同甘迺迪牧師所說明的：

教會在一個人為自己或他孩子申請受洗的情況下，應該要認可所有未因無知和不道德而不可信的告白；但若在溫柔及明智的

檢驗後，查驗不出任何可見的得救證據，就不應該允許其人參與主桌。或者如同麥唐諾博士過去所言，申請受洗者唯有在信仰告白**無矛盾**（uncontradicted）、而申請參與其他聖禮者的信仰告白則須**受認可**（accredited）的情況下，才能被接納。[71]

　　早期佐拉的開拓者保留了蘇格蘭長聖餐桌的習俗，長老們也仍舊「護衛聖餐桌」以確保聖禮的聖潔。他們仔細檢驗聖餐申請者、究察他們對《聖經》和改革宗教義的認識、他們在家中的靈命表現以及在外的道德行為。聖餐對這些人來說有神聖可畏的意義，因此許多會友因為恐怕自己還不配領受主的晚餐，一直延遲參與聖餐，直到多年後信仰更成熟之後才領聖餐。煙布羅教會起初成立時的 1000 多名會友中，聖餐名冊的名單不到 200 人，而長老們必要時也會定期檢驗並修正名冊。例如，馬偕的父母雖皆為虔誠的基督徒，直至 1844 年馬偕出生後幾個月，都未申請參與聖餐，那時他們都已 40 多歲了。[72] 在這樣的社群中，若被召喚至小會中回答關於不道德言行的指控絕非小事，因為可能遭受禁止參與聖餐這個最終極的管教。

懲戒背後的愛心

　　相對於現代認為高地長老會信徒嚴厲且好論斷的刻板印象，佐拉的宗教領袖並非特別苛刻挑剔的群體。他們一方面是敬虔的個體，嚴肅看待自己作為模範和教師的責任；在人們道德有過失、疏於進教會或信仰冷淡時——絕不延遲提出訓誡。另一方

面，他們也接受人們是時常難以達成《聖經》標準的罪人，因此在與鄰舍的互動中，他們願意以鼓勵及加強信徒的信心來予以牧養和關懷，而不是信徒一做錯就對他們發出懲罰。小會的紀錄顯示，長老參與在社群內各種私人事務中，但他們懲治道德不潔的動機遠不如對維護鄰舍間的和諧關係以及使犯錯者悔改的委身。受管教的會友在任何時刻展現出真實的懊悔，長老很快就會完全恢復他們的資格，並宣告事情已解決。

其父親為最初長老團成員之一的威廉‧馬偕，熟知早期佐拉教會小會中所有的成員。在他的回憶錄中，也生動描述長老對待較不熟悉《聖經》、較不敬虔的鄰舍的好心腸和耐心。佐拉的許多信徒從未成為完全的聖餐會員，但固定參加禮拜和要理問答教學，當中有些人也絕不是基督徒道德的模範。1840 年代初期，在煙布羅北方數哩處有一塊田地的古雷（Gourlay）四兄弟，因時常酒醉和好爭吵而惡名昭彰，但是「他們嚴格遵行外在的信仰形式。週間使壞⋯⋯是他們認為在週日就更要守法善良的另一個理由。」[73] 其他年長的蘇什蘭移民對加爾文教義或《聖經》中較細微的重點幾乎一無所知，因此受洗申請的檢驗並不要求詳細的神學知識。申請者可能因為看似缺乏真實信仰而被拒絕，但若他們展現真誠，其請求都會受接納，即使他們在教義上顯出極大的無知。一位為其孩子申請受洗的母親，無法正確回答小會所提的任何神學問題，但她的請求仍因她「無意中的美好」陳述而受接納：「牧師，我無法為我的救主說好聽的話，但我可以為祂而活，我也認為我能為祂而死。」[74]

律法與恩典之間的平衡

佐拉早期的居民仍保有深刻的高地民間傳統，因此聖餐會員經常會混淆《聖經》與神祕信仰。許多人宣稱看到鬼魔和凶兆、害怕咒語和詛咒、有第三隻眼、並參與「迷信」的占卜形式。威廉·馬偕就觀察到，佐拉人民幾乎做過「蘇格蘭萬聖節所有的儀式」，例如「焚燒堅果」、「在鏡子前吃蘋果」、「繞著穀草堆走」、「數犁溝」、「選甘藍菜頭」和「丟線索」。最後這個習俗在年輕人中尤其受歡迎，作法是：

> 獨自一人走入某幽暗僻靜處，在那裡的某個東西、如柴火堆或大木塊後面，丟下一球藍色毛線，然後從中再拉出一些線捲成新的毛線球。不久後某個東西便會拉住毛線那頭；然後這人便要問：「是誰？」看情況而定，黑暗中可能會有答案出現，告訴這人未來的丈夫或妻子的名字。[75]

佐拉的長老們對此似乎不甚在意。他們自己也是平民百姓，與社群中許多人有親戚關係。身為長老的他們被期待要熟習《聖經》，精通改革宗的信仰告白，行為上也必須是基督徒的典範。但他們並不要求其鄰舍有同等程度的知識和敬虔，也明白教會的成員——包括長老，時常無法活出與他們信仰告白相稱的生活。因此，威廉·馬偕承認，舊時的佐拉聖餐——時常吸引數千名加西的居民，會引來許多只是為了社交和「喝酒鬧事」的不敬虔人士。

麥子和稗子混雜。但是，他如此思忖，「即使我們有權力阻止這類人進到聚會中，我們也會猶豫是否要使用這個權力。」畢竟，社群中的每個成員都有寶貴的靈魂。

還有何處比好牧人用以餵養祂的羊群、而「紀念」祂的人奉祂的名和權柄聚集的「青草地」，更可能招聚其他「還未屬於這群信徒的羊隻」呢？[76]

佐拉長老們對待羊群的耐心寬容，反映在煙布羅的小會紀錄上。1842 年，羅伯·慕瑞（Robert Murray）將寡婦麥肯錫（McKenzie）帶到小會面前，指控她「詛咒他，說……『願神毀滅你的靈魂和身體』。」麥肯錫太太否認這項指控，但承認說出「他若不是一個毒害，不可能如此對待自己的妻子。」由於沒有其他支持的證人，小會並未根據慕瑞的指控發出行動，但卻根據麥肯錫太太自己的告白，使她暫停一次守聖餐，再隨即恢復她完全團契的資格。1843 年初，亞歷山大·何賽克（Alexander Hossack）和亞力山大·弗萊瑟（Alexander Fraser）被召至小會面前，解釋「不明的主日所犯的罪行等等」。在「嚴正訓誡及勸勉罪人要悔改」之後，兩個人被宣布 12 個月不得參與聖餐儀式。隔年，小會恢復弗萊瑟的完全會員身分，「觀察他對過去的行為表達深刻憂傷」，但投票卻決定「繼續何賽克被排除在聖餐外」的判定，因為「在長期與他說理後……他對惡性重大的罪並未表現出懊悔」。1846 年 6 月，約翰·伍德（John Wood）及妻子希望出生的第一個孩子受洗，

161

卻面臨一個尷尬的事實：孩子明顯是在婚前就懷上的。這對夫婦在小會面前承認自己的「婚前性行為」，並受到「嚴正告誡……以及應悔改的規訓」，此外，毋須為過失面對嚴重的後果。長老們要求他們等到數個月直至下次會議，到那時再次現身告白自己的懺悔。小會滿意後，就繼續下一步，檢驗他們對於洗禮聖禮的認識，並且無異議「允許他們的孩子接受聖禮」。[77]

但長老們在亞歷山大·麥肯錫（Alexander McKenzie）與妻子在 1849 年為他們的孩子申請受洗的案件中就比較嚴苛。社群裡流傳著關於麥肯錫素行不良的傳言。小會當面提出最嚴重的指控說，數個月前，麥肯錫曾與幾位青年在夜晚外出喝威士忌，稍晚就被發現他與妻子、另一位年輕女孩同在一張床上。據說麥肯錫被指控大享齊人之福時，回應「你這才曉得」這句話。究竟當時醉酒的麥肯錫只是在吹牛或是真有婚外的性行為？但他造成一件公開醜聞且未否認自己的行為或表現出懺悔之情，長老們就按理暫停他領聖餐，並「告誡他生活及言行務必警醒慎重」。沒有紀錄顯示麥肯錫再回到小會面前，或他的小孩接受洗禮。

早期佐拉鎮教區的管教案例影響馬偕

最痛苦的管教案例牽涉兩位小會成員，亞歷山大·羅斯（Alexander Rose）長老和唐諾·坎培（Donald Campbell）執事，兩位都是因誠實和虔誠信仰倍受敬重的人。坎培和羅斯性格明顯相異，因此儘管多年來小會不斷嘗試居中協調，兩人仍多有言語上的瑣碎爭執。1849 年小會暫停羅斯的職位，對羅斯錯誤指控坎培

偷竊事件進行完整的調查；但小會後來在羅斯提交下述的〈犯罪自白與懊悔書〉後，立即恢復他的長老職分：

> 我一直嚴肅思索我在上帝的教會面前的痛苦位置，而我感到自己必須在小會面前承認我真誠的憂傷與懊悔，為著我對唐‧坎培所用的不當語言，也為著我曾做出關於他個人或擔任教會聖職之誠信的所有主張或影射。我承認我因著憤怒之故而使用不當言語，此過失無可推諉。我必須再次補充，我過去與如今都相信唐‧坎培是一位誠實端正的人，我也十分願意請求他原諒我所說過違反此信念的一切話語……最後，我深深懊悔自己因不夠儆醒而得罪上帝，使祂的名和旨意蒙羞；若蒙赦免，我亦要倚靠上帝恩典的力量，藉此表達我的決心，在上帝與人面前行事必聖潔、為人模範，並藉此表達我衷心懊悔自己所犯之罪。

不幸的是，兩個人在一年後的禱告會上再次爭吵，小會也只能再次介入調停。儘管有這些人性的缺點和反覆的過失，兩個人仍持續多年以教會領袖的身分服事。威廉‧馬偕日後回憶時也認為，羅斯是真實信仰的典範。佐拉的信仰奠基在對改革宗在人類的罪性與上帝恩典的主權這個教導的真誠委身。羅斯與坎培之間持續的爭執，證明他們的罪性，並且需要耶穌，而祂的義遮蓋他們兩人，如同美麗的外袍遮蓋了兩人「骯髒的破布」一般。假使他們繼續展現對己身過失的懊悔，他們的群體也就繼續尊敬他們為聖者。[78]

佐拉早期的這些管教案例，也許能幫助我們更了解馬偕日

後在台灣所建立的宣教群體。維多利亞時期的長老會宣教士極用心思考在宣教禾場的管教問題：他們嘗試為新的歸信者劃定合理的行為標準，並在「決定該為誰施洗或允許誰守聖餐」時，盡力在律法與恩典中取得平衡。令人驚訝的是，宣教士時常會拿自己的規訓政策與鄰近宣教區的做比較，有時候也會展現出不只一點的驕傲態度。馬偕與他在台灣的同工也要對付此問題，而（認為自己的政策是嚴格的）馬偕有時會被其他宣教士暗中批評為過份寬容。馬偕看自己帶領的歸信者為未完成的工作：他們對基督也許有真誠的信心，卻缺乏對神學的深刻認識，且容易在道德上犯錯。但馬偕有信心，隨著歸信者參與在新的群體生活中，他們會漸漸在知識上成長；在此同時，麥子與稗子總是混在一起的。「親愛的佐拉」的長老們已親身示範過這個方法，也以同樣溫和的手來引領羊群。

第四章

馬堅志牧師及先知學校

　　1884 年 4 月 8 日，當煙布羅教區的榮譽牧師唐諾·馬堅志在他 86 歲過世時，就決定性地象徵出舊時佐拉時代的終結。的確，東、西佐拉兩個鎮的變化，已經讓第一代移民者都快認不出來了。馬堅志牧師在 1872 年從全職服事退休後，已搬遷到英格索爾（Ingersoll），之後十多年也鮮少在他投入生命大部分時光的佐拉鎮露面。但他仍舊是與一個消逝中的世界的重要連結——這個世界被他的後繼者蒙羅牧師稱為「我們在西安大略省的錫安」，因此面對他即將到來的死亡也使 1883 年的煙布羅團圓活動變得迫切且勢在必行。蒙羅牧師和佐拉許多的子弟總不厭其煩地提醒人們，馬堅志的教會所培育出的一群傑出牧者——數目說法不一——從 29 到 38 位都有——就是聖靈祝福馬堅志牧師帶領勞苦作工的明證。「馬堅志牧師在佐拉牧會期間，佐拉展現出與加拿大任何地方同樣的敬虔，」蒙羅牧師在為其前輩所寫的訃聞中如此讚揚，「而他熱心服事的果子就是，他的教會比自治領土中的其他地區裝備了更多學生參與服事。」當中的一位就是唯一受蒙羅牧師在頌詞中提到的「傑出宣教士馬偕」，但其餘「每一位在各自的領域中」，也都「見證我們已逝的父親是屬上帝的子民，是基督的使者。」[1]

先知學校的校長

　　有無數個時刻，孩提時期的馬偕聆聽馬堅志牧師充滿感情的蓋爾語和英文講道，參加由這位受敬重的族長所主持的「要理問答」的時間比其他還要更多。之後，馬堅志牧師是馬偕第一位古

典語言的家教，幫助馬偕完成學院教育的必要修課條件。[2]1880年
當馬偕返回加拿大述職時，他到英格索爾首位拜訪的對象之一就
是舊時的牧師，這也是在他回國述職期間，他的父親要求同行的
唯一一次拜訪。只比馬堅志牧師年輕一歲的喬治·馬偕，在煙布羅
教會擔任幹事達四分之一世紀之久，有將近40年的時間都仰賴馬
堅志牧師的屬靈引導。兩位老聖徒彼此熟識，也都已走到在世年
日的盡頭（後來他們相隔兩週過世）。喬治·馬偕似是想要再見見
老牧者一面。遺憾的是，馬偕並未在日記中記下這次感人的團聚
會面細節，但這卻是這三個男人在世上最後一次的齊聚。[3]

　　馬堅志牧師的健康情況在那時已急速衰敗中，他也因為太貧
弱而無法參加馬偕述職最後的公開餞行聚會。但他在請查麥士教
會的威廉·馬偕代為讀出的信息中表達了對馬偕的「愛意」。這位
老牧師如此告白，「對我來說，多年前曾經身為他和他父親家族
的牧師的他特別地寶貝。」

　　在馬堅志牧師心底，他一直是一位宣教士。在亞伯丁完成神
學院的教育後，他被羅斯郡的丁沃爾中會授與講道執照。而此區被
稱為「北方使徒」的偉大佈道家約翰·麥唐諾則敦促馬堅志擔起在
此時仍被蘇格蘭教會認為是「國外工場」禾場的上加拿大區蓋爾
族人中的宣教工作。在認真禱告尋求後，馬堅志牧師接受了這個
挑戰，麥唐諾則親自主持在1833年羅斯大會（Synod of Ross）的
宣教士按立儀式。定居佐拉多年以後，馬堅志仍勉力在牧養教會
責任以及他持續為大會進行的宣教工作之間維持平衡，定期離開
教會到殖民地西部區域巡迴宣教。馬堅志牧師或是步行或是騎著

他熟悉的灰馬，行跡遼闊，南至伊利湖（Lake Erie）、西及底特律河（Detroit River）、北達休倫湖（Lake Huron），之後再回到煙布羅講道、傳授要理問答、為人施洗、主持婚禮，並在此幅員廣大的地區招聚新的會眾。[4] 馬堅志深知這樣的事工所帶給他身體上的壓力和他需要付出的犧牲。但他相信，「忠心的十字架宣教士是世界的光和地上的鹽」，需要每位基督徒「合一的禱告」。馬堅志牧師在 1881 年時勸勉加拿大教會，「我們和馬偕博士即將分離，但我們不該『別離即情疏』，而要每天在恩典的寶座前紀念馬偕、他的家人和他的偉大工作，不只在家中如此，更要各自暗中如此。」[5]

19 世紀時，人們對於馬偕的敘述，經常提到他出身於馬堅志牧師所牧養的佐拉教會，是美好的「先知學校」中最傑出的一位，而此學校也是一座持守高地地區敬虔的堡壘。普魯斯田的約翰·盧斯相信，透過許多聖潔的子弟，舊時的佐拉對整個加拿大自治領地的社群有一股強烈的影響，而這些佐拉子弟是「馬堅志先生的事工的一個特殊印記」。[6] 現代的讀者很容易會快速略過這類的評論，認為這些只是情緒性的表達，是當代文學傳統的特色，而不是真正在述說佐拉群體或維多利亞時期信仰的重要性。

但這些對馬堅志牧師的讚詞，卻具有值得讀者更詳細檢視的重要意義。馬堅志牧師在其會眾中所受的極大尊崇，在維多利亞時期的蘇格蘭或加拿大的長老教會中，**並非**隨處可見。他一生在同一個教會牧會，所反映的是將牧職呼召理解為牧師與會友之間永久的婚姻關係的傳統，而這在 19 世紀的教會是愈見稀少的。牧師和會友時常會為某些議題爭執，從講道風格到神學觀點的歧異，

到對於薪資和預算的爭論；牧師在服事生涯將近時，一般都已經歷過數項指控，而牧會也被認為是專業職涯、而不是一生相守的婚姻。再者，馬堅志的教會中有如此多年輕人能在相對短的時間內成為長老會的牧師，**確有**其特殊之處，特別是在維多利亞時期牧職的社會地位普遍的下降，有才幹抱負的年輕人也有更多其他的專業選擇的背景下，更顯得難得。[7] 佐拉教會能有效成為「先知的學校」，為加拿大自由教會招募並培養出許多領袖，是一個不爭的事實。藉著探究馬堅志所作事工當中的動能，我們或許能更了解馬偕的宣教志業，以及他在福爾摩沙的工作特殊的牧養風格。

到加西省的蓋爾語宣教士。艾達尼（圖 1）、約翰·弗萊瑟（圖 2）和馬堅志（圖 3）都是費倫塔許的麥唐諾的門徒，都進入加西蓋爾語移民中宣教。他們的佈道風格與麥唐諾一致，也信任平信徒領袖。三位宣教士時常到佐拉講道，但馬堅志對此地的群體影響最鉅。馬堅志是馬偕的屬靈父親，也是他第一個神學老師。在馬堅志的牧養下，佐拉成為知名的「先知學校」，比加拿大其他堂會培育出更多的受按立的長老會牧師。（圖片來源：W. A. 馬偕，《佐拉的拓荒生活》，1899）

1798 年 8 月 2 日，馬堅志牧師生於這個靠近多瑞斯（Dores）
位於印威內斯鄉間及內斯湖（Loch Ness）東北邊的小村落。他的
家族受 18 世紀晚期風行此區的長老教會復興運動之火的影響，馬
堅志也在年少時就決志要成為牧師。日後他回想起自己對於「舊
時蘇格蘭長老宗信仰」的固執依戀時，認為這是不可免的。「我
還能如何呢？因為我在父母的遮蓋下如水飲之。閱讀、聆聽和欽
慕蘇格蘭殉道者的信仰和受苦，是我在主日傍晚的作息。」[8] 馬堅
志不只擁有敏銳的才智恩賜，他卓越的學習能力和敬虔態度同樣
令教會的長老們印象深刻，因此也才年僅 13 歲的他就被聘在教會
學校教書。在學校教書是貧苦的年輕人用來賺取大學學費的常見
方式，顯然也有助於培養日後在牧會事工上有用的技能。馬堅志
在學校教書的數年間，同時也研讀古典語言——也許是跟著他的
牧師的腳步——來預備進入大學。

　　1821 到 1825 年，馬堅志在亞伯丁的國王學院（King's
College）修習人文學程。他在那裡與著名的佈道家費倫塔許
（Ferintosh）的約翰·麥唐諾的兒子小麥唐諾成為好友。日後成為

自由教會差派至加爾各答宣教士的小麥唐諾，雖年紀比同學小許多，卻時常拿下班上第一名。小麥唐諾的語言、哲學和數學都是由他知名的父親在家中教授的，並常隨著父親在北方高地地區佈道，他14歲就以優異成績通過大學入學考，且修習過程中不斷獲得學術榮譽。根據為他寫傳記的作者記述，同學和教師有時會與小麥唐諾保持距離，因為認為他的父親是危險的「狂熱分子」，也是羅斯郡狂野佈道團的中心。[9] 然而馬堅志顯然對麥唐諾家沒有偏見。國王學院此時的紀錄將馬堅志列為羅斯郡的居民，而不是印威尼斯，可能是因為馬堅志已經歸蘇格蘭最福音派的大會照管，而他也可能已經與費倫塔許這位知名的佈道家認識。[10]

　　在完成亞伯丁的神學課程後，馬堅志待在聖安德魯斯（St. Andrews）一個學期，聽蘇格蘭最頂尖的政治經濟學家、自然神學家及社會改革者湯瑪斯·查麥士的講學。此時，馬堅志認識了另一位自由教會的宣教英雄亞歷山大·杜夫，因為杜夫是查麥士的得意門生。[11] 之後有數年之久，他在丁沃爾中會以見習生的身分講道——這裡是麥唐諾的家鄉中會，也是福音派長老宗信仰的堡壘。1833年12月23日，丁沃爾中會按立馬堅志成為羅斯大會差派至上加拿大區講蓋爾語的居民中的宣教士，而偉大的「北方使徒」則親自為按立典禮講道，講章經文取自〈使徒行傳〉二十二章21節：「你去吧！我要差你遠遠地往外邦人那裡去。」[12]

　　當代報章對馬堅志這位佐拉牧者的報導，都必然提及馬堅志與麥唐諾之間的關係，這也是深入了解蘇什蘭地區移居至加拿大的移民內心的理想出發點。費倫塔許離多諾赫只需要步行一天，

而蘇什蘭和凱特尼斯的人民也習慣在長聖餐和野外聚會、以及在麥唐諾探視祈禱會時，聽麥唐諾的講道。麥唐諾定期在兩郡的教區中巡視（通常未得到當地牧者的同意），他在 19 世紀後半葉對北方高地地區的影響，也比任何一位由蘇什蘭公爵夫人所選出的溫和派牧者都來得大。在安娜‧盧斯為丈夫普魯斯田的約翰‧盧斯所做的回憶錄中，提及「幾乎煙布羅附近所有的家庭，都是來自那些在世紀早期受到費倫塔許的麥唐諾博士、丁沃爾的甘酒迪先生、以及有特殊恩賜的牧者牧養的敬虔社群。」[13]

當馬堅志最初所牧養的遼闊的佐拉教會開始建立子會時，這些堂會也試圖尋找出於相同譜系的牧者。成為胡士托和史特拉福（Stratford）第一位長老會牧師、而後又移居至北伊斯霍普（North Easthope）的艾達尼（Daniel Allan），就是在麥唐諾的講道中歸信基督並受呼召進入牧職的羅斯郡居青年。而在麥唐諾在費倫塔許的教會中長大、並在 1845 年以自由教會宣教士身分來到上加拿大區的約翰‧弗萊瑟（John Fraser）也是。在成為泰姆斯福教會的牧師之前，弗萊瑟在省區中巡迴講道，範圍包括康瓦爾（Cornwall）到金卡丁。在馬偕小時候，這三位與北方使徒皆有密切關係、且彼此成為密友的男人，一同定期在佐拉的長聖餐節期中講道、交換講台並相互支援彼此的事工。假如約翰‧麥唐諾確實如他的批評者所指控的，是福音派「狂熱主義」的中心，那麼他的狂熱派圈子其實遠遠延伸至羅斯郡和蘇格蘭北方以外的區域，一路直到上加拿大區牛津郡未墾拓之地。[14]

麥唐諾與「那群人」

　　約翰·麥唐諾在 1779 年 11 月 12 日生於凱特尼斯的雷伊鎮。
他的父親雅各·麥唐諾（James MacDonald）沒有受過教育，而且
平生多數時日是眼盲的，卻因為有豐富的《聖經》知識和能夠
以不凡的熱忱來勸勉人而聞名。雅各受指派為雷伊的要理教學
教師，並且因是「那群人」中最為屬靈的成員之一，享譽整個
蘇格蘭北方。「雷伊鎮的盲眼要理講授員」成長於敬虔的家庭；
其父親約翰·麥唐諾是在 1742 年堪布斯蘭復興運動（Cambuslang
Revival）後，橫掃蘇格蘭地區的福音派大覺醒中才歸信基督
的，並且因是「敬畏神的人」而享有聲名，禱告時「必定雙膝
跪下」。[15] 因此，北方使徒約翰·麥唐諾是按著他虔敬的祖父來取
名，也因為他是 19 世紀福音運動與前一個世紀的福音派大覺醒的
連結，而備受各方尊敬。當他 1849 年過世時，自由教會雜誌中對
他的頌詞這樣哀嘆：「喬治·懷特腓（George Whitefield）的精神已
暫時從我們中間逝去。」[16]

麥唐諾只是當地長老會牧者所形成的較大圈子中最為人知的
人，這個圈子認同當時在蘇格蘭北方倍增的福音派異議者；他們
也致力於巡迴式講道，在建制派教會中煽起復興的火花。蘇格蘭
溫和派的牧職人員反對巡迴講道，麥唐諾與其福音運動的兄弟也
常遇到敵對的牧師將講台關閉。遇到這樣的情況，麥唐諾仍會在
田野或私人家中講道，由當地「那群人」中的某位成員主持聚會，
因為麥唐諾與「那群人」一直維持著特別緊密的關係。不過北方
高地地區四處散佈著對福音運動事工有同樣委身的長老會牧師，
他們支持彼此的事工，力圖使蘇格蘭長老教會從致命的屬靈麻痺
中甦醒。這些積極的長老會福音運動者在羅斯大會中最為密集；
不過也如同丁沃爾教區的約翰·甘迺迪牧師所觀察的，即使是在羅
斯大會中，牧者仍是「非常多樣的」。[17]

長老教會的這些復興運動者讓人們在除了異議派的巡迴佈
道家之外還多了另一個選擇。異議派牧者痛斥蘇格蘭國教會的腐
敗無能，因此力圖說服人們轉到其他教派中。這些異議派中，有
些是浸信會的傳道人，有些是公理會的「獨立派」，還有一些是
數十年前已經離開國教會的分離派長老宗派的代表。異議派傳道
者在村落與教區間快速移動，在田野、房舍或穀倉中，對著所能
聚集的聽眾傳講新生的信息。[18]多諾赫和羅格特教區的人們一定
都遭遇過這類異議派的傳道人，但他們沒有自己組成異議派的堂
會——事實上這是許多溫和派牧者在為《蘇格蘭統計報告》撰寫
的報告中非常樂意提及的——也諷刺地反映出像費倫塔許的約翰·
麥唐諾和丁沃爾的約翰·甘迺迪這些飽受批評的長老會佈道家的成

功；在許多方面後者受歡迎的風格和信息，都與異議派相似，因此給予平民百姓在長老教會中的另一個選擇。

麥唐諾牧師講道風格的轉變

　　費倫塔許的約翰·麥唐諾在亞伯丁就讀國王學院時，受溫和派牧者較細緻的儀態和知識品味所吸引。神學院畢業後，麥唐諾在 1805 年時到愛丁堡的蓋爾教會（Gaelic Church of Edinburgh）牧會數年。蓋爾教會是一間大型的都市教會，吸引來自高地地區各處、搬遷到城市裡尋找經濟機會的工匠和商人。身為愛丁堡的牧者，麥唐諾會收到邀請，進到領主和社會菁英階層的家中，並與某些蘇格蘭啟蒙運動的文人交往。繁忙城市的教會生活與他從小在凱特尼斯所熟悉單純而緊密的農人社群大不相同。在愛丁堡時，麥唐諾花費許多時間預備精采的講章，這也是教育程度高的會友對牧者的期待；其他的時間，他則投入在無止盡的教區會議和社交上，正是蘇格蘭國教會的都市區牧者的生活。

　　然而，幾年的服事下來，麥唐諾開始有所改變。原先他總是符合教義正統的講道，後來他開始專注聚焦在罪及屬靈重生的必要性，他拋棄原本偏向優雅的演說風格，擁抱一個較誇張、活潑和情緒性的勸勉形式，有時候他的身體會隨著抑揚頓挫的語調搖晃，「大大增添了他訴諸塞爾特情感的講道效果」。雖然某些會友喜歡這樣的改變，因為這些人認為，過去麥唐諾的從來沒有真正傳講過基督的福音；但其他多數會友顯然不認同他的新風格，認為這和狂熱的復興主義有所關聯。在愛丁堡的時日將近尾聲時，

麥唐諾回到他兒時的家鄉凱特尼斯拜訪父親，當地許多牧者競相邀請他去講道。他的舊友和鄰舍無不被這位「新的」約翰·麥唐諾所震懾——但他們是非常歡喜的。一位在坦恩（Tain）的年長聽眾所留下的敘述讓我們可以一窺麥唐諾萌發中的風格，不過也暗示出仕紳牧者與平民百姓間的深層嫌隙。這位老先生聽眾得知年輕的麥唐諾要在主日早晨講道時，先是感到失望，因為他認定愛丁堡的牧師沒什麼好期待的。禮拜開始時，他興致索然，思緒飄移，但是麥唐諾如電流般的講道很快就擄獲他的注意：

> 禱告結束前，我不再轉頭看講台外的地方。當講道開始，我已經忘記一切，耳裡只有牧師所講的教義。當牧師為講道的主題暖場後，動作變得激動；這時每隻眼睛都盯著牧師，並忍住不發出聲音，這證明了他講道的果效。他的第二段論述是如此激勵人心，聽眾都深深受到撼動。這就是我所期待嚴肅可畏的道理和熱切的講道風格。在他講完之前，每顆心都被刺穿了，教堂上的每片屋瓦都已震裂。[19]

之後，麥唐諾很快就離開愛丁堡，去到羅斯郡厄奎特（Urquhart）的鄉間教區服事；這個地區更廣為人知的名稱是費倫塔許，而當地形成的基督徒群體是由一位名為查爾斯·卡爾德（Charles Calder）的福音派牧者在長久以來的事工造就。費倫塔許的會友張開雙臂接納充滿熱情的麥唐諾，並溫暖支持他對北方高地地區的「失喪之民」展開復興外展運動的決定。麥唐諾認為那

些人「如同羊沒有牧人」，因為他們受理性主義派牧師的挾制，無法被帶來生命的福音之糧所餵養。此後，麥唐諾自 1813 年在厄奎特定居後的 30 多年，他每年至少花三個月的時間在羅斯、蘇什蘭和凱特尼斯巡迴，協助長聖餐，參加由「那群人」所主領的團契聚會，若當地牧師不願意開放講台，他就在戶外講道。而麥唐諾的講道被許多溫和派牧師認定是違法的行為。之所以能夠避開懲罰，是因為費倫塔許所屬的丁沃爾中會多數是支持他事工的福音派。

麥唐諾及其弟兄強烈不認同所屬中會裡的溫和派同工，認為他們是假教師，而不是正統的傳道人。麥唐諾等人獨斷堅守其福音派版本的使徒繼承世系，認為基督的屬靈權柄是透過忠信的佈道家來傳承。他們相信聖靈主要是藉由受揀選的先知來傳道，喚醒罪人看見自身所處的危險並呼召他們得救。真實的講道不可能在學校裡習得、或是像一門藝術被駕馭，因為講道是屬靈的恩膏；而一位佈道家如果有這個恩膏，其記號就是他能被聖徒認出，因為先知可以認出真實的預言。這些長老會的福音運動人士將蘇格蘭的神職人員分成兩個對立的類別：「屬靈的牧師」和「已死的牧師」。他們相信上帝祝福並將屬靈牧師信實的工作「蓋上印記」，賜給他們如甦醒的會眾、有力的講道以及許多信心的後裔等聖靈的果子。

「孩子」與「屬靈父親」的鏈結

高地福音運動人士常常稱「受歡迎的佈道家」為屬靈的「父

親」，而在歸信後也成為佈道家的自己則是他們的「孩子」。福音運動作家時常以此追溯牧者的世系，仔細注意屬靈父親的鏈結，探看上帝在何時何處興起特定的傳道人工作。因此，當約翰·甘迺迪稱羅斯郡這群佈道家為「羅斯郡之父」，或當煙布羅的蒙羅說馬堅志是許多將福音傳遍加拿大、甚至傳到台灣的屬靈「兒子」的「父親」時，他們的確希望藉此隱含的父子關係能按照字面被人理解。

因此這些長老宗福音運動人士時常引發圈外人的憎惡也就不令人意外了。對許多批評者來說，他們高舉傳道者個人的角色而且幾乎近似英雄崇拜，實在太過危險。同時是才華洋溢的蓋爾語詩人和傳道人的麥唐諾曾出版一篇輓歌以紀念他所愛的屬靈父親金尤西教區的約翰·羅伯遜（John Robertson of Kingussie）。麥唐諾以崇高的語彙描繪他的導師：

您的口一張開、傳講基督的福音，上帝真正的子民便看見一位父親、而不是孩童的形象。這是他們所言，且所言如此真實；因為基督藉著您所作之工……使您……熟知上帝子民心中的恩典生命，以至於您傳講關乎生命之道時，毋須多作摸索。您奉救贖者的名和力量，以勇士之姿現身。您果真是活躍而精銳的勇士，因為主如此成就。

麥唐諾以羅伯遜有力的屬靈事工與「已死的」牧者的事工作對比，他所用的語言一定得罪許多溫和派的牧者：

　　他們以冰冷的知識取代從天上來的光，甚至進一步教導其他人，對人們宣告他們自己都未認識的好消息。的確，他們的頭腦裡可能多有知識和學問，也有靈巧的唇舌。他們或許聲音宏亮，並且牢牢地將如刨過般光亮平滑的講章記在心裡。但是他們晦暗的理解、堅硬的心腸和麻痺的良知，如何能傳揚出福音的榮耀和大能呢？因為，雖然盲人或許能談論顏色，卻從未見過它們的美麗；鳥兒或許能發出字彙的聲音，卻全然不知其中的意義。[20]

浸信會或衛理公會的異議派在譴責溫和派長老會牧者時，可從未使用像費倫塔許的約翰·麥唐諾所用這麼尖銳的言論攻擊。

　　麥唐諾對理性主義牧者發出批評，並不代表他認為牧者就該無知。高地的福音運動人士雖然欣賞熱切的敬虔，但仍然持守傳統長老會要求神職人員須受高度教育的標準。雖然他們認定只有「屬靈的牧者」才能帶著能力和恩膏來宣講上帝的話語，但是他們同時也相信，這樣的人必是要對《聖經》與神學有深厚情感、對《聖經》的語言有全然的認識，而且深刻認識當代許多挑戰基督福音的虛假哲學的學生。事實上，所有的福音運動牧者都通過亞伯丁神學院的訓練，在正式教育方面都能與溫和派牧者媲美。約翰·麥唐諾本身是亞伯丁國王學院的傑出學者，而且成功在家教導自己的兒子古典語言，使他在 14 歲時就獲得大學獎學金，18 歲取得碩士學位。

狂熱的福音派與理性的溫和派

只是福音派牧者並不認為，學術上的預備或牧師的法律地位足夠成為基督事工的基礎。他們相信，假如學術研究與真實的信心連結，就能深化對《聖經》以及對世界的認識，但如果這些研究取代上帝的話語，就足以使人死去。福音派堅持，「屬靈的牧者」必須結合對《聖經》的忠實傳揚與聖潔和謙卑的生命，讓真道與行為同工，將福音傳給人。他們攻擊溫和派的弟兄只傳講道德或哲學，認為有太多「已死的」牧者口裡傳講《聖經》真理，同時又汲汲營營於世俗的生意、政治或權力的追求。他們也攻擊許多同工所展現的聖職至上主義，他們堅持，牧職不代表在屬靈上有任何勝過忠信平信徒的優越之處。「屬靈的牧者」會認清自己的罪性和不配，建立恆切禱告的生活，並專心一致，志在講章的預備及會友的牧養上。「屬靈的牧者」為了深觸所牧養的羊群，會倒空自己的驕傲，放下以自己所學令會眾讚嘆的渴望，而戮力單純並直接地宣揚上帝的話語來回應羊群的狀況，讓即使是未受教育的聽眾也能輕易明白真道。福音派相信，只有當牧者願意花時間去投入在羊群每日的生活中，親身去體會他們的需要與罪行、他們的失望與掙扎時，才可能做到這個地步。[21]

麥唐諾的好友兼傳記作者丁沃爾的約翰·甘迺迪，認為高地長老會的福音派信念不只使他們與批評他們的理性派不同，也與蘇格蘭低地地區許多福音派不同。甘迺迪抱怨，蘇格蘭南方的傳道人過分注重歸信的情感或「感性」層面，在罪人還未真正面對自

己墮落的深度或經歷真心的憂傷和誠實的懺悔前，太快鼓勵他們宣告救恩的確據。甘洒迪認為，罪人若是真實察覺自己靈性上的病況，就無法輕易宣告：「我相信並信靠基督。」罪人在誠實面對自己無可救藥的病況和棄絕任何自義的念頭之前，不可能有真實的悔改。因此高地的「屬靈牧者」會強調關於人類破碎性的可怕現實，罪如何徹底俘虜人心，以及對基督沒有真確信心之人是完全絕望的。

　　麥唐諾等福音運動人士相信，不論其內容或傳講的時機為何，每篇講道都應該引導聽眾看見，基督的救贖犧牲是拯救他們脫離罪與死亡的唯一盼望。因此甘洒迪認為，「羅斯郡的信仰」在外人眼中可能是無謂且過度的「陰鬱」，而高地地區的宗教復興也可能缺少「南方地區比較歡樂且自由的基督徒」復興運動中，那種外顯的喜樂和狂喜的表現。但這樣的對比只是更突顯出高地福音派講道中，基督在十架上的中保工作的中心性。「羅斯郡的父親」不希望他們的孩子倚靠膚淺的宗教情感或容易說出口的──縱然真誠──信仰告白。費倫塔許的麥唐諾等牧者希望人們是帶著深沉的憂傷和罪惡來到神面前，以至於他們能夠單單相信《聖經》中所應許的在耶穌基督裡的赦免。甘洒迪認為，這個應許是一個「客觀的真理」，更甚於是主觀的感受，罪人面對情緒不管如何變化，仍仰賴此真理：

　　高地的基督徒無法理解低地地區的信徒在向上帝祈求時，怎能有如此的確據……他不認為他的弟兄說話時所帶的信心能夠一

直存在心底；但假若沒有如此的信心，卻使用表達出此信心的話語就不可能是對的。當他需要帶領會眾、以會眾之名帶著確據禱告時，他無法想到要怎麼說才是誠實的。因此他無法不誠實；而這就是他與他的弟兄之間的差別。[22]

其他的基督徒經常指責高地長老會友狂熱的固執，但甘酒迪否認這個指控。受「屬靈牧者」講道所陶造的男女，深知要「辨明真實的敬虔」是困難的，他們自己的信仰告白也時常淪為空虛的盼望。這不是他們獨有的驕傲，而是高地福音派特有的適切「謹慎」：

這種謹慎態度，以及總是留心《聖經》對敬虔之標準的習慣，可能會給人一種專橫的印象；但他對他人其實從未及對自己的一半嚴厲。他已經發現……自己如此不誠實，也時常發現好聽的信仰告白其實虛假，因此才學會……在與被主名所呼召之人交往時須小心謹慎。[23]

這些福音派高地人展現出一種獨特但也有些矛盾的混和性格，既有宗教的熱忱，又恐懼顛覆的作為。在世界各地許多福音派人士積極消弭奴隸制度、抑制醉酒、提昇公眾道德、轉化社會時，「羅斯郡的父親們」展現出獨特的慎重。雖然同有對宣教外展的強烈委身和革新社會的想望，他們在採用創新方式來達到他們認為是教會該做的工作上，卻顯得猶豫。他們認為宣教唯一合

理的目標是福音運動，也就是將罪人帶到基督面前，呼召他們離開世界，進入教會，培養真實的敬虔生命，並多多結出聖靈果子。因此甘洒迪抱怨，「如今，主要的關注卻好像被消耗在建造一個社會性的基督信仰」，但是這將無法得到持久的果效，因為過於膚淺。相反的，「羅斯郡父親們的主要關注」是「栽植敬虔的種子」。甘洒迪觀察，他們所致力的是「個人性的基督信仰」，因為他們認清，若沒有聖靈在真實歸信的人們生命中所行出的大能，社會不可能改變：

> 他們並不急於只是在社會的表層敷上一層薄薄的信仰，而是從主的手中得到恩典大能的種子。他們也急著使用由主自己所預備的一切在祂的事工中。他們不以外在的忙碌來衡量工作的進步，這些忙碌總來自於事工媒介和方式的恣意倍增，但在其他地方倒可能興起一股膚淺的宗教熱情。[24]

信徒皆祭司：培養平信徒領袖

致力「栽植敬虔的種子」對他們牧養的風格有重要的影響。約翰·麥唐諾與其弟兄花費許多時間，指導看似具備不凡事工恩賜的個人。他們相信每位教會成員都具備某種重要事工的恩賜，而身為牧人，他們必須辨明這些恩賜，並使這些人能使用這些恩賜。甘洒迪觀察到，「那群人」並非如其批評者所想像的，是自封為分離主義者；他們當中有許多人領導會眾的屬靈恩賜是先被

福音運動牧者認出、然後刻意栽培而成的。福音運動人士嚴肅看待改革宗「信徒皆祭司」的教義，拒絕聖職專權，並刻意藉著系統性的發展平民領導人以及鼓勵有為青年探索其服事的呼召，來增加教會中牧者的數目。

　　雖然他們生於社會學興起之前，福音運動人士卻發現一個現代社會學家所證明為是的原則：潛在的歸信者（potential converts）最可能忠於派予他們明確角色的團體，而他們對其他成員的委身以及對獨特信仰教義的信念，會隨著他們參與在這些被指派活動中，與日俱增。當屬靈的追求者在探索一個新的宗教、或當人們經歷歸信後的「新生」時，具體指示他們建立新的行為模式，使他們盡快融入信徒間的關懷網絡來肯定並支持他們的新身分，給予他們確實已經成為「新的生命」的可見證明都是很重要的。這些目標能藉著「角色扮演」、給予他們機會練習新的語彙、新的儀式以及新的重要工作，同時由一位可信任的導師提供建議、溫婉的指正和正面的肯定來達成。同樣地，領袖的培養——將現存的成員移入擔負更多責任的新權威地位也仰賴積極的角色扮演以及刻意而為的導師制度。[25]

　　丁沃爾教區的甘迺迪牧師清楚描繪「羅斯郡的父親們」如何執行牧養事工中這個重要的部分。他發現，「當一位敬虔的高地牧師看出某個似乎已經真實歸信神的人具有可用的潛力時」，就會：

　　　　逐漸將他帶到一個更公眾的位置，先是在一般的聚會中請他

禱告，和「針對問題回答」。根據此人對自己的信心，有可能將他列入聖餐場合的「週五講者」名單。「那群人」就是如此被造就建立和組織起來的。[26]

甘迺迪相信，培養平信徒領袖——現代宣教的說法是「門徒訓練」界定了靈命塑造的事工，能夠試驗出一個人是否被呼召要擔任牧職。靈性已死的牧師因為對自己的權柄沒有安全感，會認為教導和傳道是受過正式教育及任命的神職人員專屬的工作。這些假牧人譴責由平信徒所帶領的團契和其他聚會「狂野」和「無規矩」。甘迺迪認為，這樣的牧者「以為持守牧職對他們有利，但他們的做法其實貶低了這個職分。」[27]

　　當時的都市教會通常多為經濟和社會地位逐漸攀升的中產階級家庭，他們也愈發要求教育程度高的傳道人要傳講符合他們洗鍊而世故品味的講道。19 世紀初，蘇格蘭低地地區成為工業中心，也是歐洲最都市化的區域之一，和仍舊是鄉村的高地地區之間的文化隔閡也因此隨之擴大。這或許能解釋甘迺迪為何要不斷聲明，南方低地地區的長老會信徒是無法理解或欣賞高地福音派的做法的，包括傳統長聖餐儀式、團契及其他由未受教育的聖徒所主領的聚會的重要性。甘迺迪提及，「許多人認為，像『那群人』那樣未受教育的人不可能講出造就聽眾的信息」，要求領袖「口語和智慧都要卓越」的品味人士，「在團契聚會中勢必無法滿意」。然而甘迺迪堅持，雖然高地平信徒領袖演說的技巧和儀態粗糙，但他們當中許多人卻極富教導恩賜：「少有人像他們那樣」

知曉《聖經》，並且比某些「神學院教授」更清楚「福音的系統」。
這些有恩賜的人不需要正式的教育，就能有效執行教會所分派給
他們的角色。他們「缺乏文人必備的所有條件」，卻因為「天上
之光」而「發出光芒」，能夠引領單純的聽眾直接進入「國度的
奧秘中」。甘迺迪的結論是，「學識的痕跡一旦與此光輝並立……
就成為幽暗的黑點了。」[28]

　　甘迺迪也發現，力求培養平信徒領袖且自在地將教導權柄分
派給受選的門徒牧者，也是最受信徒敬重且影響力最大的牧者。
分享權柄能夠增加牧者權力，而不是削弱福音派牧者的權力。具
有靈恩屬性的佈道家與信徒之間有一種必要的共生關係；平信徒
領袖的權柄來自於與受敬重的信仰「父親」之間的緊密關係，而
後者藉著忠心支持和協助牧養事工，回頭獲得先知般的正統性。
高地的福音派領袖每週在信徒的家中出入，參與禱告會、團契聚
會、要理問答教授和聖餐。雖然這些牧者將許多教導和講道的責
任分派給平信徒，讓平信徒共享靈恩魅力的外衣，但在這些聚會
中，他們仍然被認定為屬靈領袖。如同甘迺迪所堅持的，在福音
派教會中，牧師與「那群人」並不是敵人：「當屬靈的牧者支持
並指導那群人的服事時，他們的職分反而更加穩固。」[29]

這種牧會風格影響了基督教在北台灣的發展。馬堅志和他的同工艾達尼和約翰·弗萊瑟，都是雅各·麥唐諾和「羅斯郡的父親們」的屬靈孩子，而這也清楚反映在他們帶到上加拿大區並分授給如馬偕等他們的「屬靈孩子」的牧養風格。與他們熟識的威廉·馬偕，記得他們每位都是強而有力的傳道人，能使聽眾專注聆聽，藉著在罪和死、以及基督在十架上的寶血所買來的救贖等主題的重捶，使聽眾悲傷流淚。雖然按照維多利亞時期的標準，他們沒有一人的演說技巧可以稱得上純熟，但他們能以流利的蓋爾語講道，並遵循人們所認定是「屬靈」宣講的修辭模式。威廉·馬偕回憶，弗萊瑟「像樂師了解他的樂器一樣了解高地人民的心，並能像暴風轉動樹葉般感動他的聽眾。」

　　曾有一次，弗萊瑟在一場於煙布羅南方的小山坡邊舉辦的聖餐儀式中對「廣大的群眾」講道，突來一道閃電和轟隆雷聲使群眾大驚失色。弗萊瑟那次的講題是「最後的審判」，他立刻無縫接軌的將這場風暴融入講道中，用雷聲和閃電來說明神在將要臨到有罪人類那令人恐懼戰兢的「偉大日子」中，所要對仇敵發出

的憤怒。

　　當他以宏亮飽滿的聲音和嚴肅的語句描繪審判日的可怕，並呼喚樹木石頭見證他在聽眾面前陳明的生死之事時，效果是很驚人的。在大批的會眾中，到處可聽見嘆息、啜泣和呻吟聲，還有許多人好像審判已經來到般地顫抖著。「你可曾聽過比這更有力的講道——甚至是麥唐諾博士所講的？」一位年邁的……長老如此問道。另一位則說，「這場講道要不是使佐拉的許多人跌倒，要不就是使他們興起。」「我們還會再遇到的。」[30]

　　身材矮小但個性溫和幽默的艾達尼，一上台就像在「揮舞一把大刀」。「筆者曾經見他情緒滿溢，在前言時就已經不住流淚，」威廉·馬偕回憶，「在講道結束前，他的語調激昂高揚，嚴厲譴責當代的罪惡和虛偽，所用語句之憤怒有如五雷轟頂。」艾達尼將自己的新生命歸功於約翰·麥唐諾一篇以呼召聽眾悔改與歸信為中心信息強而有力的講道。「有時他像母親懇求自己的孩子那般溫柔；有時他的話語又像戰士的重擊。」年少時，時常聽艾達尼講道的約翰·盧斯，日後對他有極大的敬意：「許多的夜晚，您讓我無法入睡。」盧斯描述艾達尼的講道對他的影響，當時年輕的他感覺迷失在物慾與罪惡中：

　　你手中所射出的箭正中紅心，而它們的刺鈎使人無法拔出。一次，在禮拜後，我看著您走下講台，會眾接次與您握手寒暄，

我在心底對自己說，「很快就要換我跟閃電握手了。」[31]

　　而「高大、筆挺、眉型如君王」的馬堅志，不論在台上台下都散發一股莊嚴的氣度。威廉・馬偕曾經回憶，馬堅志在禮拜時的每個動作，從「他走上講台的沉重腳步和沉思的神態」，到他讀經和禱告的樣子，「都令人印象深刻」。他從未強調感覺，也未給他的聽眾救贖的確據，只緊緊抓住罪惡和耶穌救贖的十字架作為他不變的主題。「我講道總是由傳講律法開始，」他解釋：

　　「之後我會帶入福音；因為這就像一個正在縫衣的女人——她不能只用線縫。她得先用一根細針穿過縫布，然後才拉線。主對我們也是如此；祂先用定罪這把尖銳的針，也就是律法的針，刺入我們的心中，扎在我們心上，之後祂再拉出安慰的細長絲線。」[32]

馬堅志牧師講道風格影響馬偕

　　馬堅志牧師的講道通常是安靜地開始，幾乎是「帶著遲疑」、「用低沉微弱的聲音」來講說，而後隨著他的鋪陳進入最後的結論，逐漸變得活潑和大聲。他的聲音會膨脹滿溢，「變成最感人動聽的旋律」，會眾則「屏息」前傾，「全神貫注」地聆聽。傳講的信息的最高潮，「他的面容發光，眼睛如火炬，前額和頸上的血管像鞭繩一樣突起，他傳講的力道極為可畏。」後來成為安大

略省的教育部長的 G. W. 羅斯（G. W. Ross），也是一位佐拉子弟，多年後曾如此描述馬堅志的講道：

> 他一開始是說理的，安靜且明顯較為遲疑；但愈說愈發有力，有如眾多的支流灌入河流一般。愈接近結論時，聲量會逐漸增大……有時語氣中的急切和雄辯的力道幾近可怖。講到高潮時，他會突然停下，好像一支羅馬焰火筒在飛到最高處時會爆炸一般；而後，他又好像氣力用盡後無法再做什麼，會用最安靜的語調，簡短做一個禱告。[33]

馬偕似乎內化了這種高地福音派的風格。關於他述職期間的講道和公開演講的記述，常描述他是「激烈」、「熱切」、和「使人入迷的」。他能夠不使用筆記作兩個多小時的講道，讓有時多到「因為座位不夠而會有人無法入場」的大批聽眾「全神貫注」。華雅各描述他在福爾摩沙的講道像是白色的「烈焰」：他來回踱步，雙眼盯著群眾，福建話如洪水滔滔流出。馬偕多年來坐在「佐拉的父親們」的腳前，聆聽他們蓋爾語佈道講道的抑揚頓挫，這對他的演說和修辭方式的影響，幾乎可以確定比他在普林斯頓時所接受的講道和演說術的正式訓練更加深厚。也許更重要的是，馬偕內化了對平信徒領袖的信任以及訓練能夠分擔各方面事工的信徒的重要性。

1833 年夏天，木造教堂的建造是佐拉長老會信徒用來「找到並留下一位永久牧師」的第一步。在私人家中或野外敬拜數年後，他們如今已有足夠的空間讓人數頗多的會眾定期聚會。幾個月後，他們就組織聘牧委員會。1834 年的夏天，當羅斯郡新按立的宣教士抵達胡士托時，他們立刻邀請他到煙布羅來講道並與會友見面。1834 年 8 月 18 日星期二的早晨，馬堅志首次在佐拉現身；他騎馬穿過森林到煙布羅，尋找戈頓老爺兩層樓的屋舍，因他受指示要在那兒度過第一晚。路途中，他的馬陷入沼澤，他無法獨自將這匹受驚嚇的動物拉出。馬堅志穿著細紋平織的紳士服裝，帶著絲綢帽，如今全身濺滿泥巴，只好到附近「詩人」慕瑞（Murray "Bhards"）的家中求救，而慕瑞也趕緊召喚鄰舍進行救援行動。結果證明這個初次見面是幸運的，因為高貴的馬堅志在這次困難中，全程平靜沉默，使這群好奇的人們不禁懷疑他是個聖人。隔天晚上，馬堅志成功主領了週三晚間固定的禱告會。而當週其餘的日子他探訪會友時，也在信徒心中留下極好印象，認為他既有社交能力也有敬虔的態度。之後他在主日時講道了兩次，

一次用英文，一次用蓋爾語，「深深吸引了會眾的心。」[34]

　　不過，馬堅志拒絕了長老希望他留在佐拉的邀請，他感覺自己應該再多看看這個國家，才能決定長遠的落腳處。接下來的半年，他有時在城裡講道，也會做一個長途旅行，西至底特律河，東到多倫多北邊的貴林伯里（Gwillimbury），整個時間無疑都在禱告，尋求上帝賜下清楚的記號。1835 年的第一天，在一段深刻的內省中，他在上帝面前重新獻身，正式寫下一份誓約。他餘生也一直保存著這份誓約，而日後跟隨他腳步也成為牧師的兒子亞歷山大，則將此份誓詞分享給威廉·馬偕：

　　　　人類的保護者，我倚靠祢，將我每個氣息、每個意念、心底存的每個目的、生命中的每個行動交託予祢。憑我己身的名和氣力，我無法與偉大聖潔如祢的這位上帝立約，但我帶著榮耀的確據，是祢神聖的權柄所承認的確據前來。奉祢的力量，我今日許諾，未來的所有時刻都為祢所用，按著我所能領會的，遵行祢的旨意，憑藉我的知識和力量單純、忠實、純全地向人宣揚。求祢藉著祢良善的聖靈和恩典，指示、引導、聖化並保守我走過每個責任、試煉和生命的一切事件，預備我面對死亡，使我或死或生，身心靈皆屬祢。奉父、子、聖靈的名，1835 年首日，馬堅志。[35]

馬堅志與上帝之間私下的誓約內容清楚地顯明「高地福音派」敬虔的特色：認為自己不配以及對全能、聖潔卻充滿恩慈的上帝的

全然倚靠。他希求完全捨棄自己、成為基督奴僕的渴望；預備面對死亡以及這個世界之後永恆的需要；相信《聖經》中的上帝所應許的（「祢自己神聖的權柄」）是他確信自己屬於上帝的唯一根基──這些都是費倫塔許的約翰·麥唐諾和「羅斯郡的父親們」所傳講的偉大主題。曾在主日晚上聽聖約派殉道者生命故事的年輕小伙子，已經長大成人，如今也有同樣的抱負。對現代許多讀者而言，這種深刻加爾文式傾向的靈命可能顯得過於嚴肅──甚至在自我犧牲上有些神經質，威廉·馬偕卻認為馬堅志的話語具有「無可超越的」莊嚴力量。讀過馬偕日記的讀者也會立刻認出同樣的屬靈標記。

馬堅志牧師接下服事佐拉教會的擔子

馬堅志寫下誓約一個月後，他接到了來自在木造教堂會議全體一致的呼召。此會議由佐拉及周圍城鎮的長老會移民所組成，表達願意「服從」馬堅志，並承諾每年付上 90 英鎊聘請他為牧師。馬堅志顯然認為這個請求實是上帝的帶領，於是接受呼召，並在 1835 年 6 月 11 日上任，成為佐拉教會的牧師。在將近 40 年後，在一次歡慶他長久服事年日的公開場合中，馬堅志提及這段牧者與會眾間快樂而長久的合一是何等的難得，也將自己的成功歸功給佐拉早期的長老，因為他們從蘇格蘭帶來「對牧職的敬重」，並傳給他們的孩子。馬堅志說，「他們是信心和禱告之人」，而他們所立下的模範是「他們的孩子和孩子的孩子」。應該效法的，方能繼承蒙福的應許。[36]

　　對佐拉的長老會移民來說，馬堅志是最為理想和合適的牧者，他在思想和行為上都符合他們對屬靈牧者的概念。信徒敬重他的服事，因為他明顯也敬重他們，自由地與他們所選出的領袖分享權柄；這些單純的平信徒領袖雖未受過正式的教育，卻有能夠引導信徒靈命旅程所需的知識和恩賜。在威廉·馬偕以及其他人日後所寫的回憶錄中，馬堅志與他的長老一直共同牧養佐拉的會友。這是 19 世紀早期在蘇格蘭高地盛行的牧會風格，但到了維多利亞時代中期已在北美快速消失，因為多數的新教宗派——包括長老宗——都擁抱一個較官僚的組織模式，牧者的功能逐漸偏向專業的管理職，負責監督宗派事務、募款活動和特殊地方利益團體的工作：中會委員會、兒童主日學、婦女宣教附屬團、專業人士早餐聚會、以及看似無盡擴增的組織。佐拉最終還是會走上這個新的團體模式，但在馬偕的童年，此事尚未發生。在 1830、1840、和 1850 年代，佐拉的地方生活仍舊以群體聚會為中心——禱告會、團契聚會、長聖餐、要理問答傳授；男女老少、敬虔的聖餐會員和鄰里間的害群之馬（black sheep）都在一起。而部族的象徵領袖馬堅志牧師，總在他們中間，與長老們一同承擔牧會事工。

　　佐拉能成為「保守主義的堡壘」，確實要歸功於丁沃爾的甘迺迪所描述高地福音派的謹慎精神，也就是對現代都市環境中的基督教會的創新作法抱持深刻的懷疑態度，認為這些創新可能是出於會犯錯的人，而不是出於無謬誤的聖靈。當多數其他加拿大教會擁抱聖詩和器樂時，佐拉的長老會友不只堅持頌唱蓋爾語的

詩篇，他們也很慢才引入有組織的主日學、戒酒協會和其他被甘迺迪斥為「恣意倍增的事工媒介和方式」的流行宗教協會形式。因此，佐拉社群的某些圈外人會說，他們也毫不關心加拿大社會的屬靈景況。馬堅志被批評不支持當時的道德改革，且對兒童教育使力太少。但威廉·馬偕認為這些批評毫無根據，他在回憶錄中試著要糾正這樣的紀錄。比方說，馬堅志在年輕時就相信酒是大惡，但他選擇用個人的榜樣、講道、探訪和教會規訓來對抗酗酒的惡行，而不是透過教會外的戒酒組織。同樣地，威廉·馬偕堅稱，無人比馬堅志和佐拉長老更投入在年輕人的靈命塑造上，只是他們認為家庭和傳統的團契才是按著《聖經》形塑孩童的最佳方式。[37] 19 世紀中期，主導多數新教教會宗教生活的流行組織形式——志願性協會——在佐拉早期的領袖眼中是有瑕疵的。當社群依照年齡、性別和特殊利益被劃分歸屬不同的組織時，教會作為基督身體的有機性整體就會受到侵蝕，社會也裂解成目的通常相斥且互相競爭的組織。馬偕兒時的佐拉長老會會友則選擇了一條不同的路徑，堅守他們以及他們的父祖在蘇什蘭郡時就已熟悉的宗教形式。

威廉・馬偕把佐拉當地為數眾多的家庭描述為「支派」
（tribe）——暗示了他年少時所屬群體與舊約中的以色列相似。與
維多利亞時代典型的宗教禮拜相比，當佐拉各族一同敬拜或團契
時，更像是家族的團聚。比方說，他兒時的「要理問答傳授」就
是一個令人興奮的活動，大家庭中的所有成員都要參加。在聚會
前一週，接待的主人家要打掃房子，並重新安排家具，以騰出更
多空間給客人。家裡不論老少都希望留給鄰居良好印象，也希望
能一起更新「對要理問答和韻文詩篇的認識」。學校老師放下其他
的學科，專注在要理問答上，而「全區……許多家庭中，蠟燭或
油燈會一直點著，直到比平常都晚的時刻。」要理問答的當天，
學校會關閉，讓孩童能跟隨其父母一起去參加聚會。

　　威廉・馬偕回憶起佐拉教會參與要理問答聚會的各色人物時，
帶著深深的感情。有些幾乎不識字、對加爾文的教義只有最基本
認識的老翁老婦，與能夠背出整個要理問答和詩篇的鄰舍齊聚一
堂。熟記相關經文的「提詞員」（prompter）分散在房間幾個關鍵
處，協助需要的人回答問題，為每一個參與者保持住顏面。大多

數的問題由長老提問，馬堅志牧師在旁聆聽並觀察，偶爾適時做一些評論以釐清重點。威廉・馬偕回憶，有一次一位未受教育的老婦人因為正確地回答幾個困難的神學問題而驚豔全場。最後，知情的馬堅志帶著好意而巧妙地插話提問：

> 他沒有表現出任何的驚訝或不認同，靜靜地問道：「海克特・羅斯坐在那兒嗎？」當然，聰明且富同情心的海克特・羅斯就坐在那兒……協助這位可憐的婦人回答神學問題。[38]

要理問答深化佐拉人的信仰基礎

「要理問答」的目的不只是要將教義真理「填鴨」進入信徒的腦海中，更重要的是，這是讓人們在生命的問題和關注上互相協助的機會。提問的模式基本上以牧養為導向，鼓勵參與者將教導應用在生活中。馬堅志和長老溫和地與人們對話，引導他們更深刻思考每日所遭遇的屬靈掙扎，並鼓勵他們將自己的洞見與經驗與鄰舍分享。孩童（如馬偕或威廉・馬偕）很少說話（雖然威廉回憶他們有幾次如此），但他們在旁邊認真觀看，聆聽父母和鄰舍一起細心分解上帝的話語，並應用在熟悉的處境中。這也是為什麼威廉・馬偕會強烈相信「要理問答」遠比以維多利亞時期出版商大量印出的小冊為教材的主日學課程更有果效。要理問答不只是學校的課程，而是基督的身體一起探索其共同信仰的意義，以應用在個人生命及全體的存在上。

　　加拿大自由教會對宗教事務的報告顯示，到了 1870 年代，諸如「家庭祭壇」和集體的要理問答等傳統快速消失。而另一個以平信徒領袖為鮮明特色的傳統高地儀式長聖餐，到此時仍然存在於少數幾個地區。在馬偕童年時期，牛津郡當地教會所舉辦的野外聖餐儀式就聞名四方，每年吸引來自西部省區各地的大批群眾來參與。高地的民眾通常會走上 40 或 50 哩來參加持續一週之久的「怡神時刻」，威廉・馬偕則稱之為「其他活動之始的年度盛會」。馬偕回憶，「若問一位開拓者，『你去年幾時開始曬稻草？』他會回答『是聖禮之後……三或四週。』」[39] 聖餐週期間，地方的長老會信徒開放家庭接待訪客，讓這個「慶祝主的晚餐」的盛會成為四散於各地教會成員去認識新朋友、以及從上次聖禮後就沒有見面的朋友一個敘舊的機會。威廉・羅斯回憶，「約翰・馬偕的夫人，這位有偉大信心的女士，」會在聖餐時節招呼陌生人，對他們說：「跟我來，我家裡有容納十人的房間，心中則有給 100 人的空間。」[40] 鄰近教會的成員難免會大批來參加，數位牧者和數十位長老則每日從早到晚工作，整週帶領人們進行不同的活動和禮拜。

　　雖然人群在「聖禮時節」正式開始前數日就會逐漸聚集，不過第一場英語和蓋爾語正式禮拜在週三開始，而後一直到隔週的週一，每日都有一場禮拜。聖禮季期間，每天會有兩場大型的聚會，在合適的場地——通常是煙布羅南方小山坡邊的「丹特樹林」（Dent's Wood）——舉行，晚上時間，長老則會在私人家中或野外主領十多場不同的禱告團契聚會。場地的選擇是策略性散佈在鎮上各處，盡可能讓最多數的人能夠早晚都能參加聚會。與一般主

日習慣相同，聖餐時節中的每一場蓋爾語禮拜都由禱告和吟唱詩篇開始，由具有音樂恩賜的長老起音（領唱）；他的工作艱鉅，要引領數千名未受過合唱訓練的人們清唱詩篇的經文。*Toisichmid air aoradh follaiseach an Tighearna le bhi seinn chum a chliu anns a' naothamh salm thar a cheithir fichead*（「讓我們唱〈詩篇〉的八十九篇讚美上帝，開始公眾的禮拜」）：

> *Air tr'ocair Dhe' sior-sheinnidh mi*
> > *Is ni mi oirre sgeul;*
> *O `al gu h-`al gu maireannach*
> > *Air t'fh`irinn thig mo bheul.*
> （我要歌唱耶和華的慈愛直到永遠！
> 我要用口將你的信實傳與萬代！[41]）

從週四到週一，聖禮的每天都各有不同的靈命重點：週四是禁食日或是謙卑日（*La Trasgaidh*）；週五是自省日，或是「那群人日」（*La Rannsaichaidh*）；週六是預備日（*La Clluchaidh*）；週日是聖餐日（*La Communiaidh*）；週一是感恩日（*La Taingealichd*）。雖然長老在每一個場合都扮演了重要的角色，如帶領會友禱告、唱詩歌，主持晚上的團契、在主日協助主餐的進行，但週五是專屬他們的日子。根據高地的傳統，聚會的群眾會圍成一個大圈，聆聽長老「針對問題而談」，整場活動可能持續數小時，由長老輪流起身回覆某位出席牧者或平信徒所提出的

神學問題。聚會目的並不是要炫耀他們的學識，而是要為正在與罪爭戰的基督徒同伴提供屬靈上的建議，因為這是每位聽眾都會遇到的。某些方面來說，這些聖餐聚會就像長老每週固定在聽眾較少的禱告聚會中的教導和勸戒，只是擴大規模而已，但在聖禮——此儀式對高地長老會信徒來說，仍有與基督在靈性上有莊嚴、甚至是可畏之合一的意涵的脈絡中，「針對問題而談」還有更深一層的意義：自省日是要讓信徒聚焦在自己的罪惡上，並引導個人和群體悔改。長老們因為長年身為基督徒或有信心或掙扎的經驗，就被賦予至高的權力和責任，像先知和祭司一樣引導神的子民。

　　這類高地福音派的作法由移民帶到佐拉，但**不是**加拿大多數的自由長老教會所共有的。到了大分裂發生的 1840 年代，這些風俗在許多蘇格蘭的教區中已不復見，而加拿大也只有少數的長老教會仍持守這個傳統。馬偕和其他受按立的佐拉子弟——他們都是長老和執事之子——最終會成為一個有共同神學信念、但沒有同樣形式的聚會、禮拜儀式和風格的宗派中的牧者。鮮少有加拿大長老會信徒像他們一樣，同有歡樂的聖餐聚會的回憶，也鮮少有加拿大的牧師經歷過他們視為理所當然的牧者和平信徒領袖間的共生關係。1845 年，多倫多諾克斯教會的新任牧師羅伯·伯恩斯（Robert Burns）由蘇格蘭抵達加拿大不久之後，出席了位於安大略省倫敦附近、由馬堅志所主持的長聖餐儀式。伯恩斯認為，不論是聚會群眾的數目，說話有「深度和熱忱的年邁敬虔長老」，或是聖餐的神聖莊嚴，都是少見且特別的：「這幅景象是我常聽

聞卻從未見證的，也就是費倫塔許的聖餐之景，它深刻的烙印在我心中。」[42] 一年後，伯恩斯到胡士托教區去協助另一場由馬堅志所主持的長聖餐儀式。他為加拿大自由教會的《教會與宣教紀錄月刊》（*The Ecclesiastical and Missionary Record*）寫了一篇長篇記敘，假定多數的讀者都未聽聞高地長老教會聖餐獨特的風俗：

　　喀里多尼亞（Caledonia）山丘和谷地的子民還保留家鄉的許多特色……從週三到主日，每天皆有一場英語和蓋爾語並行的禮拜；另外還有講道、禱告會和針對神學問題的談話聚會。最後一項聚會是實驗性作法，由牧者負責，但個別基督徒、擔任聖工者及其他人格受肯定的信徒也受責分擔。道德論辯中，有趣的問題被人提出來，以基督徒的經驗加以討論；整體的氛圍是極好的，敬虔而富活潑生氣。除這類公開的聚會之外，另有……各種不同的禱告及特別代求的聚會。人們在這些場合中以及往來聚會時莊嚴和肅穆的神情，令我印象深刻。[43]

　　至少有部分的佐拉子弟，最後成為其他希望保留這些高地傳統的群體的牧者。約翰·盧斯落腳於普魯斯田，那兒有另一群蘇什蘭和羅斯郡的移民，他們也急切希望找到一位能用蓋爾語講道且了解他們風俗的牧師。還有一群為數眾多的高地長老會信徒定居在金卡丁附近的休倫郡，到了 1867 年羅伯·伯恩斯和諾克斯學院的教授威廉·卡文（William Caven）還曾在此見證。有超過 1500 名會友聚在一片樹林中，歡慶由泰姆斯福教區的約翰·弗來瑟所主

持的聖餐。「弗萊瑟先生告訴我，這個聖禮完全就是羅斯郡或印威內斯郡的聖餐翻版……按照慣例，週五特別用來『針對問題而談』，而卡文教授與我享受了四個小時陌生語言的討論。令人驚奇的是，雖然不明白他們所說的語言，我們居然還能如此輕易進入當中的感情和情緒中。」[44] 馬偕的兒時玩伴暨日後在諾克斯學院及普林斯頓的同學約翰·慕瑞就能講說流利的蓋爾語——他在神學院畢業後，成為金卡丁的教會的牧師。馬偕日後返國述職時，會在那兒待上一些快樂的時日，並對大批熱情的群眾演講。

　　1894 年，《英格索爾大事紀》刊登的一篇文章暗示，馬偕在宣教上成功的基礎，其實在於他兒時所參與諸如佐拉長聖餐活動的經驗，而這些活動「在加拿大長老宗派中也早已成為歷史。」文章的作者認為，馬偕在靈性和熱忱上都是馬堅志牧師的真弟子，而他在福爾摩沙所帶領歸信的許多信徒，也成為這股出於佐拉的屬靈父親、最後成為世界祝福的影響力的見證。[45] 當然，多數的現代讀者會對此評價存疑，懷疑上帝是否真的透過屬靈父親和兒子這種先知的鏈結來拯救人以脫離死亡。然而，了解舊時在佐拉的回憶如何地形塑馬偕在福爾摩沙的事工，以及思考馬堅志是否成為他牧養的典範，這個典範又是否比官僚的加拿大長老教會組織更容易順應福爾摩沙早期農民的文化，都是很有意義的。

第五章

一位宣教士的養成之路

　　在馬偕服事的最後幾年，擔任位於多倫多的長老會海外宣教委員會秘書職務的偕彼得（Robert P. Mackay）是馬偕的堂弟，與他在佐拉同一個教會聚會。偕彼得比馬偕小幾歲，追隨他進入長老會服事，以行政管理者而不是田野宣教師的身分投身在海外的宣教工作。1913 年，偕彼得為他的堂兄撰寫簡短的傳記，希望能鼓勵加拿大的年輕人。其中的一個重點是，雖然馬偕出身卑微，也沒有受過太多正式的教育，但他的事工仍舊很成功。偕彼得說：「他早年的優勢並不足以使他在大學較廣泛的課程中輕易佔有突出的位置。」[1]

　　在維多利亞時代晚期，許多長老會宣教士都是在大學中享負盛名的學者。相反地，馬偕大多是靠自己自修，習得他認為對宣教有幫助的各種技巧和知識。事實上，某些同樣身為宣教士的同事並不是很瞧得起在學經驗甚少的馬偕，暗中懷疑在沒有正式學位的情況下，他是否真的有能力成為宣教士教師？在汕頭英國長老會的宣教士卓為廉（William Duffus）得知，加拿大皇后大學頒給馬偕榮譽神學博士後，頗感不以為然，曾私下跟家人說，加拿大機構的標準明顯放得很低！[2]

　　然而，馬偕對自己農家的根源引以為傲，也從未為自己的貧窮或有限的正式教育辯解。馬偕相信，實際的技能以及對聖靈的委身比學校教育或學術成就更能裝備一個基督聖徒，這也與他高地福音派根源的草根思想一致。1891 年，助手黎約翰牧師（John Jamieson）過世後，馬偕寫了一封長信給多倫多的宣教委員會，率直的表達他對下一位要加入台灣宣教士的人選要求。在那封信

中，他迫切要求委員會，不要差派因個人學術成就或過往成功事
工而過份自傲的同工，而要真正謙卑、單純委身於基督的人選。
在信中，馬偕從自己兒時的想望開始，仔細回顧為宣教服事所做
的預備，下結論認為自己所受的訓練符合是理想的：「如果要我
以在此將近二十年的經驗再重頭來過，我還是會追求一模一樣的
道路。」[3]

　　馬偕最初想要成為一個海外的宣教士，是在他還是孩童時
期，那時，他每週日傍晚會坐在母親海倫·馬偕的腿上，聽她唱詩
歌。在《福爾摩沙記事》中，馬偕也把他早年所受的呼召感動，
歸功於賓惠廉對佐拉社群的影響，以及有時被稱為「現代宣教士
之君」和也被馬偕認為是他「所見過最像基督的人」的杜夫的啟
發。

　　在仔細檢視這兩位英雄之前，我們必須先強調的是，在馬偕
出生後幾個月建立的加拿大自由教會，其核心就是一個受宣教驅
使的運動。擁抱自由教會的人常是具有宣教胸懷且對福音主義有
強烈的委身的基督徒。在 1844 年 7 月，加拿大長老教會大會年度
會議中，一個待討論的迫切主題就是在前一年造成蘇格蘭國教會
分裂的「大分裂」。如同我們在上一章所解釋的，這個分裂是偏向
與英國政府保持和平關係且在神學上較溫和的派別，與要求脫離
政府控制且願意犧牲國家在財務上的支援，以保留其長老宗純粹
神學的福音派圈子之間的對立。英國殖民地上的長老教會無法忽
略這個爭議；他們必須決定要在宣教奉獻上支持哪一個蘇格蘭教
派、以及在推動他們本地的宣教事工時應向哪一個教派尋求牧者

和財務支持？多數的加拿大長老教會會友在 1844 年選擇依附溫和派掌控的蘇格蘭國教會，但有一群人包括 20 位的牧師與長老，選擇退出大會，成立新的加拿大自由教會。這群少數人相信建制的蘇格蘭教會已經損害基督的王權，而蘇格蘭長老宗派的宣教精神是在新的自由教會中。[4]

加拿大自由教會海外宣教報告

這群異議派包括了佐拉教會的馬堅志牧師及長老們。事實上，他們在加拿大教會正式分裂前幾個月，已經代表蘇格蘭自由教會舉辦過一個募款活動。佐拉鎮的人民非常熟悉他們蘇什蘭家鄉的情況，當地幾乎每位長老教會會友都是站在自由教會這一邊。馬堅志和艾達尼都是由支持蘇格蘭大分裂的羅斯郡大會差派到加拿大的宣教士，而他們兩位私下與蘇格蘭自由教會有名望的領袖也都維持緊密的關係。在他們眼裡，這個爭議的兩方，分別是靈命已亡的「假教會」與「活潑的」宣教教會。可以讓他們引以為證的一個驚人事實就是「蘇格蘭長老教會所有的海外宣教士在 1843 年時都選擇站在自由教會這邊」，使原本的蘇格蘭教會沒有任何一個海外宣教士。[5]

剛誕生的加拿大自由教會很快就創辦一份月報，每月刊登蘇格蘭自由教會海外宣教的報告。[6]這份月報通常會完整刊登自由教會的宣教信函，想必年少的馬偕時常在佐拉鎮民每週的社交聚會中，聽到這些信函被朗讀出來和被人討論。蘇格蘭自由教會的宣教士在加拿大自由教會會友的家中都是名人，他們的名字就像當

時傑出的政治領袖一樣為人所知。在那個時代，對一位蘇格蘭裔加拿大青年來說，能夠成為像知名的加爾各答宣教士杜夫或是首位到中國的英國長老會宣教士賓惠廉那般的宣教士，這樣的抱負並不算小。對佐拉鎮民來說，這些都是屬神的偉人的名字：他們的事蹟月復一月地記載在報刊上，且每週都在教會的公禱中受紀念。沒有人比賓惠廉和杜夫更受佐拉鎮民的敬愛、多年後，當馬偕以他們的名字來為福爾摩沙幾間教堂取名，正反映出他們所受的敬重。

　　賓惠廉是羅伯·伯恩斯的姪兒，後者是蘇格蘭自由教會的領袖，1845 年移居至加拿大，在諾克斯學院的加拿大自由教會神學院擔任神學教授，並牧養多倫多的諾克斯教會。在蘇格蘭大分裂時期，年輕的伯恩斯迅速成為蘇格蘭全地都知曉的佈道家。他在鄉間巡迴佈道，引領許多宗教的復興，據傳有時甚至有數百位的歸信者。1845 年，伯恩斯敦促姪兒訪問加拿大，以帶動殖民地蘇格蘭人的復興。接下來的兩年，賓惠廉便以蒙特婁為基地，他也因激進的佈道工作而惡名昭彰，因為這些工作雖在他忠實的支持者中激發強烈的委身，但有時也引來許多批評者的責難。賓惠廉就像是一根避雷針，到哪裡都會引起爭議。這位深具個人魅力的傳道人似乎無法安於規律的教區生活，也相信自己被神呼召要以無家可歸、且無家庭或世俗財物的佈道宣教士的身分，僅靠著聖靈的催促，行遍世界宣揚基督的的福音。[7]

加拿大自由教會賓惠廉牧師宣教中國

不管到何處，賓惠廉核心的信息就是「沒有十字架，就沒有冠冕。」他要聽眾立即在永死和永生中做出清楚的選擇。對於選擇擁抱生命的，他沒有給予今生得享平安舒適的應許，因為基督的呼召是要招募兵丁參與上帝對撒但發出的戰爭，而這個選擇是要將自我送入死亡來為基督而活。那些宣稱基督是主卻仍繼續關注財富、時尚、物質享受或肉體歡愉的人們，並未真實降服於聖靈之下。賓惠廉的講道佈滿了嚴厲的訓誡，除了基督對這世界的愛外，不留餘地給人對世界有其他的愛：「受苦是國度的法則」；「你為基督所做的犧牲愈大，祂充滿你心的喜樂就會愈大」；「忘記群眾，單單與上帝同行」；「若你想飲入屬神的歡愉河水，若你想在以馬內利的岸上跳喜樂之舞，若你想永遠高唱哈利路亞，那就拋掉酒杯、舞蹈和歌曲吧！」賓惠廉的所行與他所傳講的完全一致；他成年後浪跡各地，從未娶妻，未擁有房產，個人財物少到能夠在旅行時都全部帶上。[8]

在馬偕還是個小嬰兒時，賓惠廉就因為與蒙特婁的天主教群體有戲劇性的衝突而在加拿大自由教會中成為了一個傳奇人物。激烈反對天主教的賓惠廉幾乎每天都會在城中的大天主堂前面找一個地方，呼籲來參與崇拜者棄絕他們對教宗的「異教」信靠，而應單純信靠耶穌。不出所料地，他的講道引起惡意的對抗。賓惠廉頻頻遭受毆打和死亡威脅，並且經常被丟擲糞便、磚頭和碎玻璃瓶。儘管連續遭受言語和身體的攻擊，賓惠廉仍拒絕改變他

的方式或放棄在天主教堂前的崗哨。他把自己所受的暴力視為清楚證明他所做的是上帝的工，也因此更堅定自己的立場。蒙特婁的市長曾提議，只要他能轉移陣地到一個較不敏感的場所，便會提供保護他的措施。賓惠廉卻如此回應：「沒有人會傷害我——我的朋友的警戒是沒有根據的。我會請所有人安靜地回家；若有人是我的敵人，他會伸出手臂來，我們可以一起走。」賓惠廉在他的日記中想像這個事件是一場宇宙性的爭戰：「倘若撒但的國度將在此受驚擾，那麼這也只是將要來的爭戰的影子，到時將有許多人會被冒犯。」[9]

當時在佐拉鎮上諾克斯學院修習神學的約翰·盧斯（John Ross），以一個學生宣教士的身分在某一個夏天協助賓惠廉，之後就以他為十字架精兵的楷模。在賓惠廉被丟擲泥塊與石頭時，盧斯驕傲地與他站在一起，並因為被選中與他為了基督的緣故受迫害而感到光榮。有一次，一顆「射得太準的投射物」在賓惠廉的眼睛上劃出一道小傷口，但這位佈道家不以為意地擦去污漬，說：「**唯一**重要的是，我們是**奉主的名**出去的。」這件事一直留在盧斯的記憶中，在他漫長的牧會生涯中也不斷用它來做為講道的例證。[10]

1846 年，賓惠廉開始在上加拿大西部的郡縣巡迴講道。這個地區多為說蓋爾語的蘇格蘭高地人，他們也是加拿大自由教會的主幹。賓惠廉協助馬堅志及艾達尼在胡士托和英格索爾（Ingersoll）的長聖餐儀式。佐拉鎮的長老會友都參與這些聖禮，而馬偕在兩歲時，也曾在一次的聖餐中領受這位享譽盛名的佈道

家的祝福。雖然馬偕不太可能記得，但在日後的年月中，當他的
家人聚集共讀賓惠廉在中國的宣教新聞時，必然時常講起這個故
事。因此若賓惠廉的名字在馬偕家中備受敬重，而馬偕會生動的
想像自己有朝一日將追隨這位曾以講道翻轉蘇格蘭和加拿大英雄
的腳步——因此進入遙遠的華人國度，也就不足為奇了。

　　身為英國長老教會首位進入中國的宣教士，賓惠廉選擇的是
非主流的行動方式，也是許多宣教士同工所認為不明智的方式。
賓惠廉相信上帝呼召他背負的是巡迴佈道家的獨特角色，因此他
與委員會議定要能自由地依循聖靈的催促來計劃自己的行動。直
到賓惠廉在 1847 年抵達香港時，中國各港口城市中已經有 50 多
位新教宣教士。賓惠廉堅決不與這些宣教士同住，也不願受限在
已有組織的宣教基地中。在他 20 年的宣教士生涯中，他不斷轉換
地點：在香港兩年半，廣東一年，廈門兩年，而後回到蘇格蘭述
職十八個月。在他回到中國後，他在上海附近的一艘江輪上待了
六個月，然後跟隨聖靈的感動到汕頭，在那邊只服事數個月，就
因在通商口岸以外的地區講道遭到逮捕，並被遣送回廣東。在廣
東協助其他宣教士的工作將近兩年後，聖靈要他回到汕頭，但很
快又呼召他到廈門待一年。之後的兩年半，賓惠廉在汕頭、廈門
和福州等地交替服事，最後在 1863 年的 10 月到北京，懇請英國
大使解救在中國南方受迫害的本地歸信者。賓惠廉在北京停留將
近四年，這也是他在某地停留最久的一次；他獨自住在一個租來
的小房中，裡頭只有最基本的家具，並與一位本地的教師一起翻
譯聖詩以及班揚的《天路歷程》，在休息時，則冒險到街上去傳

講福音。[11]

1867 年夏末，流浪的慾望再次襲來。賓惠廉得知天主教神父已經在還未有新教宣教士的北方滿州的遼寧牛莊開始宣教，就感受到聖靈呼召他到牛莊去。他與一位中國籍的佈道家王煥（Wang-Hwan）在 9 月中抵達該地，找到一間狹小、缺乏暖氣的房屋後，便開始探索附近區域。雖然賓惠廉留了長鬍來禦寒，卻仍在歲末時染上惡疾。1868 年 1 月中，賓惠廉知道自己生命將盡，便在他最後一封被出版寫給母親的信中，寫下道別的祝福：

除非神要斥責這疾病，否則很明顯的，我生命的盡頭很快會來到。我預先寫下這些字句，讓你們知道我很快樂，因著上帝豐富的恩典，或死或生我都已準備好。願賜下各種安慰的上帝在我患病的消息傳到你們耳裡時，能安慰你們，也願透過耶穌救贖的寶血，我們將來得以在天上的寶座前喜樂重逢！[12]

這個生命的盡頭在 1868 年的 4 月來到。照顧賓惠廉的英國醫生寫到，他在一個並不舒適的小房間中病逝，房裡只有從一扇紙窗透進來的微弱光線；而在他所睡的木板旁，唯一的家具就是一張小桌和兩張椅子，以及一個湊合著用的書架，上頭放他的英文和中文《聖經》和幾本中文小書，在場的只有王煥和一位中國童僕。這位中國宣教士在賓惠廉最後費盡氣力唸出三一頌時，不禁哭泣：「國度、權柄、榮耀，全是祢的，阿們！」[13] 對維多利亞時期的佈道家來說，這是一個完美的英雄式死亡。

從宣教士的角度來看，賓惠廉的宣教方式果效並不大。因為時常移動，他必須不斷學習新的中國方言，以致於沒有一個語言能講得純熟，幾種方言都只有「表面上的流利」而已。他從未在同一個地方待超過一兩天，也因此少有機會能與當地人建立緊密的關係。於是即便有因他而歸信基督的，也是極少數，這也讓他相當懊惱。1853 年當第二位英國長老會宣教士雅各·約翰遜（James Johnson）抵達廈門時，賓惠廉「噙著淚水」告訴他，「我在中國勞苦了七年之久，卻不知道有哪個靈魂被我帶到基督面前。」[14]

賓惠廉在中國漫長而醒目的漂移故事，每一章都按著時間被記錄，定期出現在加拿大自由教會報刊上一連串的宣教士信件中。馬偕的成長過程中，得以從報刊上追隨著他的英雄在中國的腳蹤和事蹟，看到賓惠廉試著盡可能地接近中國農民的生活方式、經歷中國平民的反對和冷漠，還有他希望與其他宣教士分開生活的想望、歷經晴雨風霜的漂蕩、被捕和坐監、完全不在意肉體的舒適或死亡，這一切事實都被詳細記錄在加拿大長老教會的刊物上，讓年少的馬偕得以閱讀和思考他的事蹟。

賓惠廉立下最有力的榜樣也許是他一直倚賴中國歸信者的協助。在中國的歲月裡，賓惠廉與他們日日相處並一起同工。因為從未能完全駕馭他所到之處當地的語言，加上不斷的遷徙，賓惠廉沒有其他選擇，只能信任並依循熟悉當地風土民情的中國基督徒的引導。在他對自己奔波生活生動的記述中，賓惠廉總是讚揚本地基督徒領導有方，將所有他成就的善工都歸功於這些本地

人。1849 年，在一封刊登在加拿大自由教會《會誌》中的信上提及，賓惠廉宣布要棄絕「與我的同胞所有的常規性連結」，並提到兩位中國「弟兄」，說「若沒有他們各方面的協助，我不敢奢望能順利四處奔移，或將真理傳給人們」。在另一封從一個小村落寄到西九龍的信中寫道：

> 因著上帝的憐憫，我平安地在中國人當中有完全的自由、在我能力範圍中用他們的語言傳講上帝恩典的福音。不過此地的方言與我先前學習的並不相同，使我的能力更受侷限。然而，與我同行的一位同工能流利地說這個方言（客家語），他對他的同胞演說的方式實在讓我大有理由覺得感恩。[15]

毫無疑問地，賓惠廉的事蹟對馬偕想要成為「海外宣教士」的渴望著有強烈的影響，在如何向中國人傳福音上也樹立一個啟發性的典範。在神學院接受訓練的幾年中，馬偕研究賓惠廉的事工，並撰寫關於他宣教工作的報告。在前往福爾摩沙出發前幾個月，他也買了一本關於這位才過世不久的英雄所出版的傳記詳細研讀。[16]

雖然馬偕在使人歸信上比賓惠廉獲得更大的果效，但他們兩人之間卻有顯著的相似。他們對巡迴佈道的委身以及對當地基督徒領袖的信任，都不是偶然。賓惠廉這位蘇格蘭佈道家從小生長於對神職菁英主義懷抱敵意且對平信徒領袖有強烈信心的環境中，於是將這樣的模式應用在中國的工作上。馬偕生於同樣的蘇

格蘭宣教文化，將賓惠廉視為信心的英雄，也有意識地仿效他宣
教的方法。

蘇格蘭宣教領袖杜夫牧師

　　馬偕心中另一個英雄杜夫，因為就在馬偕受命到福爾摩沙幾
個月前成為他個人的導師，也許對他的思想有更為深遠的影響。
杜夫與賓惠廉非常不同。身為蘇格蘭教會第一位海外宣教師的杜
夫，是宗派中的領袖；他在蘇格蘭和不列顛的政治和神職菁英階
層，或是在加爾各答（他在此創辦了一所日後變成基督教大學的
學校）的印度學生之間，都同樣能來去自如。在 1840 和 1850 年
代時，杜夫的影響力達到巔峰，他的名字在大英帝國的長老會信
徒中是家喻戶曉，在美國也同樣享有名人的地位。1849 到 1854
年五年多的述職時間，杜夫旅行蘇格蘭各地倡議新教的合一，並
更加投入在全球宣教中。1854 年他訪問北美，最西行至美國的聖
路易市，最北則到加拿大的蒙特婁，所到之處無不吸引大批群眾
來聆聽他對全球宣教事工的疾呼。[17]

　　杜夫訪加拿大時，馬偕年方十歲，必也仔細追尋報章上關於
這位宣教名人的報導。杜夫數年來從印度寄來的信函定期出現在
加拿大自由教會的月刊上，因此早在他 1854 年的訪問之前，杜夫
在自由教會的信徒之間就已經十分知名。許多加拿大的牧者私下
也認識杜夫；馬偕的牧師馬堅志在大學時期與杜夫同窗過一個學
期，對他十分景仰。杜夫訪問加拿大期間，殖民地各處的蘇格蘭
移民、特別是自由教會的會友，湧入各個被熱烈宣傳的聚會中。

根據報紙的記載，杜夫在多倫多現身時所吸引的群眾人數，是這個城市的宣教活動有史以來最多人的一次。在一場關於增加支持海外宣教之必要性冗長且情緒激昂的演講中，全場數千位群眾無不全神貫注聆聽。[18]

杜夫演說的關鍵在於加拿大正快速成長，逐漸擺脫殖民地的倚賴性地位，很快將與世界其他國家並駕齊驅。因此，杜夫認為加拿大的基督徒需要為了海外的宣教事工做更多努力。他說，光是奉獻金錢支持由蘇格蘭自由教會差派的宣教士是不夠的，加拿大青年中必須要有許多人站起來接受挑戰，而加拿大的教會也應該慷慨支持他們神聖的呼召。杜夫呼籲加拿大的海外宣教士加入他在印度的事工，加拿大長老教會的領袖也承接起這個請求。自由教會成立自己的海外宣教委員會，並開始為杜夫所設下的目標籌募款項。其後的十年，加拿大長老教會大會的年會中持續出現這樣的呼召：誰願意站出來成為加拿大長老會首位的海外宣教士？誰留心注意到「英雄杜夫」的呼籲，願意為這個目的奉獻生命？

有賓惠廉和杜夫的模範驅使，馬偕在青少年時期就開始預備宣教的使命。考量到馬偕的背景，預備的第一步、也就是神學訓練，就是一個很大的挑戰。馬偕的家庭並不富裕，他的父母親只有受過些許或全無正式的教育。為了要通過大學的入學考試，也是當時長老會神職人員先決的條件，馬偕必須要先具備文科教育的基本知識，包括古典語言、數學、幾何學及自然科學。曾經在蘇格蘭學校教書也曾在亞伯丁的國王大學就讀的馬堅志就

是馬偕第一個導師。1894 年刊在《英格索爾大事紀》（*Ingersoll Chronicle*）的一篇文章回憶馬堅志時，說「對所有願意到牧師館來的男孩和年輕人，他就免費地教授他們拉丁文、希臘文、以及其他神學課程可能會要求的預備學習。年輕馬偕是如此習得大學教育最初的基本知識。」[19]

1858 年，也就是馬偕 14 歲時，他離開家裡搬到附近的胡士托，在亨利·以薩德（Henry Izard）所辦的西端學校（West End School）繼續大學的預備課程。[20] 以薩德是一位卓越的古典教育學家，同時也是郡立學校委員會的一員，馬偕希望在他的指導下能夠取得教師證，並在公立學校教書以此賺取繼續深造的學費。胡士托是在加西主要公路上快速成長的城市，與煙布羅是截然不同的世界，在這裡不只有蘇格蘭長會，也有浸信會、衛理公會、聖公會、天主教、摩門教、甚至是自由派思想的信徒。

為了能順利轉換到更寬廣的世界中，馬偕加入查麥士教會，而這是胡士托教區兩間長老教會中較保守的。查麥士常被冠上「蓋爾人的教會」，晚近才剛由希望保留高地長老會傳統的蘇格蘭移民重整，這些傳統包括在早晚崇拜中使用蓋爾語，以及在聖餐時有「護衛聖餐桌」（fence the table，譯註：指牧師在聖餐前的開場中指明哪些人可以領受聖餐、哪些人則不可）的習慣。教堂內部的設計也是十分傳統而與現代潮流脫節的，他們自傲於側旁有門的老式箱型凳，座位是沒有坐墊且椅背直立的，為的就是不讓會眾過於舒適而在禮拜中睡著。教會的年輕牧者鄧肯·麥克迪爾米（Duncan Mcdiarmid）是多倫多諾克斯學院的早期畢業生，他在神

學觀點上也是屬保守福音派的。[21]

查麥士教會羅伯遜牧師

馬偕在查麥士教會與另一位注定要走上燦爛宣教生涯的年輕人成為好友。甫從蘇格蘭來到加拿大的詹姆斯·羅伯遜（James Robertson），與馬偕同有對宣教的熱情，日後也成為加拿大西北地區的宣教先鋒。兩位青少年很快就成為戰友，也一起在普林斯頓神學院修習，之後才各奔東西：一位深入北美西部，一位前進福爾摩沙。在移居加拿大前，比馬偕大兩歲的羅伯遜，已經在蘇格蘭教會學校取得教師證，也以教書來賺取神學院的學費。馬偕也許是仿效朋友，也依循同樣的行動路線，成功地在 1859 年通過教師證考試，之後就在煙布羅北方幾哩遠的小村子中的楓木學校（Maplewood School）教書。[22]

這段期間，馬偕繼續在胡士托的查麥士教會聚會，也維持與羅伯遜的友誼。兩位年輕人都極為敬虔，也認真研讀《聖經》。他們在青少年時期就申請領受聖餐，而這對高地長老會來說，是特別年少的年紀，因為一般來說，他們會延遲到 30 歲甚至之後，才取得完全的會員身分。查麥士教會的長老們，雖謹守「護衛聖餐桌」的傳統，排除所有未通過嚴格神學及《聖經》知識檢驗的會眾領聖餐，卻准允兩位年輕人的申請。1861 年，他們允許 17 歲的馬偕全程參與教會的聖餐儀式。[23]

接下來，一直到 1867 年，年輕的馬偕進入普林斯頓神學院的前幾年都很忙碌。在楓木學校教了兩季後，他在 1861 年註冊

進入胡士托文理學校（Woodstock Grammar School），在喬治·史
特勞崇（George Strauchon）的指導下繼續預備教育。史特勞崇是
愛丁堡大學的校友，也是敬虔的浸信會信徒，以其敬虔及教學技
巧聞名。他是典型維多利亞時期的博學之士，教授拉丁文、希臘
文、德文和法文，也指導學生修習數學、自然科學和英國文學。[24]
幾年後，馬偕回憶起史特勞崇的能力和人品仍覺溫暖，不過他卻
只在胡士托文理學校待一年，就於 1863 年轉往奧梅米文理學校
（Omemee Grammar School），在那裡完成他的預備學習。馬偕似
乎是因為奧梅米的新任校長蕭約翰（John Shaw）而有此行動，因
為蕭約翰是蘇格蘭自由教會的長老，與馬堅志牧師以及許多佐拉
鎮民都熟識。蕭約翰也擔任數個自由教會的委員，包括監督諾克
斯學院以及海外宣教的委員會，因此他的推薦在宗派內也極具分
量。[25]

　　一般來說，計畫成為長老教會牧者的加拿大青年，在文理學
校畢業後，會到多倫多的諾克斯學院（Knox College）再修習三年
的人文課程，然後註冊進入諾克斯神學院（Knox Seminary）。不過
馬偕卻在安大略省休倫郡美特蘭河北岸的美特蘭村（Maitlandville）
接下另一個教職。美特蘭村座落在休倫湖附近戈德里奇市
（Goderich）的對岸。他在這邊待了兩年，為大學和神學院積攢
更多學費，同時也精進他的教學技巧。在重要的這幾年中，馬偕
也自修神學院入學考試的考試科目，以及在宣教禾場有實用價值
的醫學知識。日後他回想起自己在美特蘭維的這段時日，說自己
「把每個閒暇的時刻都用來研讀神學和醫學……解剖學和生理學等

等。」[26]

　　馬偕繼續一邊教書一邊自學的決定，有可能是考量當時諾克斯學院的狀況。1864 年當馬偕準備好要開始人文課程時，很受歡迎且教授學程中大部分課程的楊喬治（George Paxton Young）教授離職，到安大略文理學校去當督學。他的離去使加拿大長老教會處境變得困難，因為他們無法找到一個願意屈就卑微薪資的合格替補人選。因此，從 1864 到 1868 年，大會決定關掉常規的人文課程；這些年間人文學科的學生就以個別案件來處理。神學院的預備學生（Pre-Seminary）仍然可以住在諾克斯學院的宿舍、參與學生聯會、使用圖書館和多倫多的文化資產，但就沒有共同的學術課程。學生們被指派給當地的牧者，進行哲學和語言的私人教學，並被建議去旁聽多倫多大學的課程，來達到自然和物理科學的標準。不出所料，這段時間住在諾克斯的人文科學生縮減到平均每年只有八位。[27] 在此種情況下，馬偕選擇繼續教書賺取日後的神學訓練所需的費用，同時自修大學課程，也是合乎情理的。

錫福斯農場柯曼醫師

　　結果馬偕得以就近遇見一位有影響力的導師柯曼醫師（T. T. Coleman），他就住在美特蘭東方 20 多哩遠的錫福斯（Seaforth）。1861 年時，馬偕的姐姐伊莎貝拉與丈夫麥金托（George McIntosh）在錫福斯外圍的農場定居下來，馬偕時常在週末和假日時去拜訪他們。柯曼是幫伊莎貝拉接生的當地醫生，原本是愛爾蘭的移民，靠著在學校教書，努力進入密西根大學修習醫學。他答應擔

任年輕馬偕的解剖學和生理學的家教；這兩個科目雖然不在神學院入學考試的範圍內，但馬偕相信對他的宣教裝備是重要的。[28]

柯曼不只給予馬偕他所受過唯一的正式醫學訓練，想必也對他的基督信仰造成很大的挑戰，迫使他以批判的角度來檢視自己的信念。這位醫生厭惡他大多數病人所信奉的長老宗信仰，在加拿大的人口普查時描述自己是「世界主義者」、「不可知論者」和「自由思想派」。他自傲於自己的「白手起家」，認為成功不是來自於上帝的祝福，而是靠自己的努力和才智。[29] 馬偕從未遇到這樣的老師，因此被迫要面對現代無神論在智性上提出的挑戰；他在神學院的第一年時，仍時常專心思考這些挑戰。他日後認為這段時間成為他信仰發展中最重要的階段。

馬偕最後終於註冊成為多倫多諾克斯學院的文科學生，但只有 1866 到 1867 這一年的時間。我們不能確知他在多倫多的哪一位牧者門下學習，但他在之後普林斯頓神學院所做的一份校友調查中，註記自己此時曾在多倫多大學旁聽課程。[30] 因為地質學是預備服事的長老會學生必修課程，且通常是在人文學程的最後一年修習，馬偕很可能是去上加拿大頂尖的礦物學家、同時也是多倫多大學地質系主任愛德華‧查普曼（Edward John Chapman，1821-1904）的課。因為多倫多大學是世俗的組織，教員不見得與教會人士有同樣的神學信仰，因此自由教會大會（1861 年後為加拿大長老教會 The Canada Presbyterian Church，譯按：今日加拿大長老教會合一前的其中一個派別）要求所有三年級的學生要額外研讀規定的課本。其中就包含愛德華‧希曲卡（Edward Hitchcock）

的《初級地質學》（*Elementary Geology*，1840），而這本廣受歡迎的著作試圖要調和關於地球古老年代的化學證據與《聖經》對於創造的記述。在多倫多的這一年，馬偕仔細地研讀這本書，因為這也是中會考試的內容之一。[31]

雖然我們幾可確定馬偕有參與諾克斯的學生宣教協會，但參與的紀錄並未被保存下來。不過他確實有參與諾克斯學院文學與科學協會（Knox College Literary and Scientific Association），每月聚會兩次，辯論具爭議性的問題。比方說：牧師是否應該參與黨派政治？對人格的塑造影響較深的是天性還是教育？愛爾蘭革命分子是否該被處決？一個聯合所有福音派教會的聯盟可以促進基督教在加拿大的傳播嗎？很遺憾的是，雖然有紀錄顯示馬偕參與這些討論，卻沒有關於他投票意向的紀錄。[32]

此時兩位與馬偕熟識的朋友，曾留下字句對馬偕特有認真態度的簡短回憶。馬偕的堂弟羅伯·馬偕（Robert Mackay）說，「熟悉他的人仍然會記得這位削瘦結實、頭髮稍長且烏黑的年輕人；他的態度嚴肅，步伐極快，每日在宿舍與學校間快速地穿梭。」馬偕在諾克斯學院的時日「未與學校弦樂團或球類隊伍有任何聯繫，就只有念書。」[33]

1880 年，馬偕第一次述職期間，一位長老會牧者匿名投稿到報刊，文章中提及「先前馬偕的同學們，特別是諾克斯學院的同學，仍舊十分記得他。」這位不知名的同工回憶，那時候的馬偕「是最殷勤用功的學生」，但他大多是獨自一人，沒有融入人群。「不像多數的學生——他出奇地安靜和沉默，」這位作者回憶道，

「且從未參與較活潑歡樂的同儕們會玩的許多『學生把戲』。」例如，他的同學曾經把一頭牛牽上學校的鐘樓、他們也會對一位特別不受歡迎的教授開一些無害但損人的玩笑，像是把他鎖在一間充滿「極不好聞的味道」的房間裡。在這些時候，「不像現今某些已在法律、醫學或神學領域中位高權重的同學們」，馬偕總是拒絕參與。[34]

1868 年，馬偕成為受巴黎中會（Presbytery of Paris）關懷的神學生（譯按：巴黎中會的管轄範圍包括了馬偕的母會煙布羅長老教會）。他選擇了離開諾克斯學院，到美國的普林斯頓神學院註冊，在那兒已有幾位加拿大長老教會的學生開始接受裝備，包括他的好朋友詹姆斯·羅伯遜。與當時多數的神學院學生不同的是，馬偕從未完成過完整的學院課程，也沒有拿到文憑。馬偕通過中會及普林斯頓神學入學考試所需要的知識，多數是靠他自修習得的。但他也從佐拉及胡士托的蘇格蘭群體中學習許多，特別是以對高地福音派長老會獨特教義和實踐委身聞名的眾牧者。此先人的遺傳，較他所修習而得的任何事物，都更深刻烙印在他的思想和人格上，也成為他未來在台灣的事工最重要的基礎。

第六章

就讀美國普林斯頓神學院

　　位於紐澤西州普林斯頓鎮的長老宗神學院，是維多利亞時期的美國最富生氣的學術重鎮之一。當時的普林斯頓神學院由聲名顯赫的查爾斯・賀智（Charles Hodge，1797-1878）擔任院長，他在普林斯頓任教超過半世紀，陶塑了 2000 多位牧者、宣教士以及學院教授的神學觀。在賀智的領導下，普林斯頓神學院的影響遍及世界各地。雖然普林斯頓對美國的長老教會影響特別深遠，但藉由當時全球最受敬重的神學期刊之一的《聖經寶庫暨普林斯頓評論》（*Biblical Repertory and Princeton Review*）以及賀智許多廣受歡迎的著作，知曉賀智及其神學院同事的保守派神學觀點的讀者遍布全球。賀智從未絕版的巨著《系統神學》（*Systematic Theology*，1872-73），直至 20 世紀後期仍是保守派長老宗神學院的主要教科書。[1]

　　在許多知識分子對傳統正統神學觀點發出挑戰、並倡議對基督教傳統做出創新闡述的時代，普林斯頓的神學家們義無反顧地捍衛 17 世紀改革宗的信仰告白、《聖經》的無誤性以及加爾文的教導。後來成為美國基本教義派主要來源之一的普林斯頓神學生，在這裡學習如何與教會中的理性主義份子及現代潮流論戰，並宣揚與其先祖思想相契的福音版本。賀智曾驕傲地提到，普林斯頓神學院從未教過任何新的觀念，這樣的結論或許言過其實（因為普林斯頓的學者確實是與時並進的），但也精準地道出這間學校的基本精神。「普林斯頓神學」專注在古老教義上，如亞當的原罪及其罪咎輸注到他所有後裔身上；人唯靠基督十架的贖罪祭才能得救脫離死亡；以及若非神恩典的奇妙作為，人類無法找

到神或得到救恩。[2]

　　普林斯頓的神學與大多數自由教會的加拿大人是很契合的。雖然諾克斯神學院的課程依賴蘇格蘭更甚於受美國影響，但賀智的著作在多倫多被列為必讀的文本。[3]加拿大長老教會所有二年級的神學生都要考賀智對於羅馬書的註釋，三年級學生應試的內容則包括賀智的以弗所書注釋。[4]在整個英屬北美洲沒有可與賀智相比的神學家，加拿大神學家也沒有任何作品被列在當地長老宗神學院的必修課程中。諾克斯神學院及其他加拿大的神學院主要是培育在地牧者的教學型機構，在當時還未取得任何突出的神學研究中心地位。因此，也許不會令人太意外，許多加拿大學生認為普林斯頓更為優越，在基督事工的預備上，普林斯頓是更好的選擇。

　　而普林斯頓的位置更是近得誘人。像馬偕這樣的年輕學子，可以搭早上 9 點半在胡士托（Woodstock）大西部鐵道（Great Western Railroad）的火車，中午就會抵達水牛城車站，等待由紐約中央鐵路（New York Central）開往紐約的列車。在車上睡一晚後，就能在黎明時分到達都會區，再接卡登安伯鐵路（Camden and Amboy Railroad），中午時抵達普林斯頓站。加拿大學生與親人朋友道別後，大約一天之後就能在普林斯頓神學院中整理宿舍房間，並且可以在傍晚時去聽傑出神學家賀智講課。[5]

　　馬偕在 1867 年 9 月初進入普林斯頓神學院時，裡面已有另外十位加拿大籍的學生，包括詹姆斯·羅伯遜和馬偕的兒時好友約翰·慕瑞（John L. Murray）。慕瑞的父親亞歷山卓·慕瑞（Alexander

Murray）是佐拉教會最年長也最受敬重的長老之一。馬偕搬進神學院亞歷山大樓的宿舍，房間就在慕瑞的隔壁。在往後多事的三年間，這裡就是馬偕的另一個家。[6]

THEOLOGICAL SEMINARY.

圖 38：普林斯頓神學院。馬偕有三年的時間（1867-1870）與加拿大同窗住在亞歷山大樓（中央建築）的一樓。因為沒有大學文憑，馬偕是憑藉加拿大的巴黎中會的考試和推薦入學，他也是少數幾位沒有正式學位的學生。普林斯頓是當時世界上最負盛名的長老教會神學院，也是美國訓練海外宣教士的中心。在普林斯頓的年日，馬偕參加「宣教研究社」（Society of Inquiry），這是一個致力於海外宣教的學生組織；馬偕在那裡聽了「千百種討論宣教的不同方式」。

馬偕和他的朋友是第一批選擇就讀普林斯頓而非自治領區內
神學院的加拿大學生。從 1865 年到 19 世紀末，有超過 200 位的
加拿大學生在普林斯頓神學院註冊就讀，這股浪潮正好彌補普林
斯頓在美國南北戰爭後所流失的南方學生。[7]

美國普林斯頓神學院吸引加拿大學生就讀

　　普林斯頓對神學生的拉引深深困擾許多加拿大的教會領袖，
也是中會會議中和加拿大長老會報刊上長年被爭論的議題。在普
林斯頓就讀的學生是否會為了服事美國的呼召而捨棄加拿大？而
這樣的可能性對於宣揚「全世界都是宣教禾場」的基督徒來說，
是否是合理的擔憂？加拿大的牧者在加拿大的神學機構中受加拿
大籍教授的陶塑是否重要？普林斯頓在學術上被認定較為優越，
這是事實還是只是想像？若是事實，就必然是對加拿大社會的否
定嗎？
　　有些加拿大牧者強烈希望學生們能留在家鄉。1875 年《英美
長老會報》（*British American Presbyterian*）的一位匿名的通訊作

者警告，普林斯頓對於預備在加拿大牧會的學生是不良的選擇。作者堅信，神學院的學生可以輕易在多倫多或蒙特婁找到與普林斯頓媲美的教授和模範傳道人，而且加拿大的城市能給學生更好的實習環境。另外「一位加拿大的牧師」也認為諾克斯神學院維持著比普林斯頓更高的學術標準，留在加拿大的學生的學科基礎都更扎實。[8]

其後一週，一位署名為「在美國的加拿大學生」憤怒的普林斯頓人做出反擊，驕傲地主張普林斯頓神學院各方面都優於諾克斯。普林斯頓的學生很容易就可以在紐約市找到宣教的服事，而且在地方教會教授《聖經》課程能實際獲得薪資。這位「加拿大學生」問到，有誰聽過多倫多的神學生能「每主日因為教課得到五塊錢呢？」雖然多倫多的確有好的傳道人，但「紐約和布魯克林都有**世界聞名**的傳道者。我們許多人跨越邊界就是為要偶爾去聆聽他們的講道，誰又能為此責怪我們？」普林斯頓神學院提供由美國「最有能力的牧者所講授的講道課程」，且有最優良師資所組成的「完整團隊」。與諾克斯神學院——貧乏的教職員組成——相反的是，普林斯頓的教授皆是各領域中公認的領頭羊，每一位都能專注在自己的專業範疇，而不是被迫要同時教授三個科目。這位「加拿大學生」自負地說，在辛苦坐在「如此有能力和經驗的老師」腳前八個月後，普林斯頓的神學生面對未來的召命時，勢必比諾克斯的學生預備得更充分。普林斯頓的考試要求學生要「**透徹**掌握」他們修習的科目：「如果有諾克斯的學生以為我們到美國來是因為這裡的考試較容易，就讓他們來普林斯頓

一學期試試吧。」9

　　對這位「加拿大學生」和他的同儕來說，成為「普林斯頓人」是一枚令人驕傲的胸章。馬偕的一位同窗約翰·莫多赫（John Murdoch），在 1881 年過世前，曾回憶他在「親愛的老普林斯頓」中與加拿大朋友共度的「快樂學期」：「每日走在歷史悠久的小路上，盡飲其中神聖的連結、許多的殊榮、古舊的墓塚——既神聖又具歷史性。」但尤讓莫多赫珍惜的是，「與當中活生生的人們有基督徒之間親密的接觸所帶來無可言說的好處。」莫多赫流淚寫下：「我情不自禁，也不願禁止自己。噢，普林斯頓，我若忘記你，情願我的右手忘記靈巧。」10

　　到普林斯頓就讀的加拿大人的確有可能永不再回到加拿大，他們可能反而在美國教會或美國宣教組織中追求召命。馬偕的朋友詹姆斯·羅伯遜在 1867 年初曾寫信給家人，說「與政治沒有牽扯、只尋求要做好事的人，不會太在意在不同的國旗下做事。」羅伯遜觀察到，一旦加拿大人與美國人建立個人友誼，很快就會「忘卻從前的偏見，滿足地在此地居住。我已經看到我們自己人有這般的傾向。如果才到這邊一年的人已然如此，更何況是待在此地三年之久、並已建立許多關係的人呢？」羅伯遜也意識到美國的薪資與牧會的機會高出許多，他明顯對自己選擇普林斯頓的道德意涵有所掙扎：做為一個接受加拿大教會支持的英國臣屬，他有否義務返回家鄉，在新的自治領中付出辛勞？羅伯遜最後的論證反應出其自由教會的神學背景，使他對此保持開放和彈性的態度：「這些國界⋯⋯是政治性而非屬靈的劃分。它們區分的是這

個世界的國度，而不是基督的；祂的國度遍及天下。若有人決心到某地去唸書，卻不管任何情況都拒絕留在那地，那是不合情理的。他若這麼做就是做了他的主人未曾做的區隔了。」[11]

美國宣教禾場吸引加拿大長老會會友移居

美利堅共和國這塊宣教禾場對於加拿大長老會會友的吸引力，也因著 19 世紀中葉後，加拿大新教徒移入美國西部，更加添幾分色彩。在維多利亞時期，加拿大人是美國境內第二大的移民族群；到了 1900 年，美國人口普查中，出生於加拿大的居民已有 117 萬 9 千 9 百 22 位，其中超過 70 萬人來自講英語的省區。[12] 西部大草原豐饒的土地以及美國平原上廣被宣傳的宅地，不斷誘惑著亟欲建立家庭的加拿大年輕人。美國的農地對蘇格蘭移民而言，也極令人心動；而比起美國長老會的牧師，這些移民更喜愛說蓋爾語的加拿大籍牧者。到了 1867 年的 9 月，也就是馬偕進入普林斯頓就讀時，光是芝加哥就有超過一萬名蘇格蘭居民，而他們當中許多人對長老宗派有強烈的歸屬。當中的一群人就組成芝加哥第一蘇格蘭教會（First Scottish Church of Chicago），並向加拿大長老教會申請一位宣教士來牧會。另一群蘇格蘭移民則在伊利諾的基瓦尼（Kewanee）附近落腳，並且拒絕聘用與加拿大長老教會無隸屬關係的牧者。[13] 因此，就在諸如羅伯遜、慕瑞和馬偕這些加拿大年輕人南下前往紐澤西時，加拿大宣教士在美國服事的機會也正大大開展。馬偕在家鄉煙布羅的表兄弟羅伯特·蘇什蘭和約翰·蘇什蘭（Robert and John Sutherland），也都離鄉遠赴美

國到芝加哥就讀長老會神學院，而後也定居在美國，牧養蘇格蘭的信徒。

　　馬偕最後成為來到台灣的加拿大宣教士，絕非不得不然的。從馬偕的日記和信件中，可以看到馬偕曾經考慮，假如他在加拿大所屬的宗派無法資助他所提議的差傳服事，他可能就會與美國的長老教會建立緊密關係。1867 年，甚至到了 1870 年，加拿大長老教會都還無法保證最終會開設北美地區以外的差會。馬偕待在紐澤西州的這幾年，得知許多普林斯頓的校友四散在世界各地的美國差傳中心，他也知道如果他選擇踏上這條路徑，服事的門將是敞開的。當然，如果馬偕這麼做，他還是有機會去到中國，但就不可能踏上福爾摩沙的土地了。

COURSE OF STUDY.

FIRST YEAR.
Old Testament Literature; General Introduction; Hebrew (Green's Grammar and Chrestomathy.) New Testament Literature; General Introduction; Special Introduction to the Gospels. Biblical History. Sacred Geography and Antiquities. Exegetical Theology (selected Epistles of Paul.) Homiletics, Extemporary Speaking.

SECOND YEAR.
Old Testament; Hebrew; Special Introduction to the Pentateuch, Historical and Poetical Books. New Testament: Life of Christ and Exegesis of the Gospels. Didactic Theology (Theology proper, Anthropology begun.) Church History. Theory of the Christian Ministry; Constitution of the Church; Homiletic Criticism.

THIRD YEAR.
Old Testament; Hebrew; Special Introduction to the Prophets. New Testament; Acts of the Apostles; Special Introduction to the Epistles. Didactic Theology (Anthropology. Soteriology.) Church History. Church Government and Discipline; Pastoral Care; Ordinances of Worship.

◀ **普林斯頓課程。**這份 1870 年神學院的目錄顯示馬偕所完成的正式課程。不過學生通常也會在鄰近的紐澤西學院（普林斯頓學院）旁聽、週末時做學生工作、每週日下午與教授們對談、並參與「海外宣教研究社」這類的學生社團。這種種活動都是設計要塑造學生在智識及靈性上成為有果效的基督徒牧者。（**圖片來源：普林斯頓神學院檔案室**）

加拿大長老教會的巴黎（Paris）中會，也就是馬偕的家鄉中會，在幾位有望成為優秀牧者的神學生捨棄了諾克斯神學院而選擇普林斯頓神學院的決定後，開始感到憂慮。這樣的情況究竟該責怪誰或歸咎到什麼事上？詹姆斯·羅伯遜在聽到他和同袍在家鄉所引發的爭議後，認為「如果這能激起人們思考該為諾克斯神學院做什麼的話，也是一件好事。」除了普林斯頓吸引學生前去的許多正向拉力外，顯然多倫多這方也有猛烈的負面力量將學生推往他處。到了 1860 年代後期，長久以來的財務窘境已使諾克斯神學院處於十分衰敗的狀態。圖書館、博物館、特別是教職員不足的狀況令人悲傷，尤其就在輕易可及的國界南方，就有不少校務基金充裕的神學機構。羅伯遜認為，如果諾克斯神學院本是為了加拿大長老教會服務，那麼「它就必須被翻轉，重新建立在更好的基礎上。」[14]

　　在馬偕前往普林斯頓攻讀神學時，加拿大中會與普林斯頓的吸引力抗衡的一股根深蒂固的反美情結正巧達到巔峰。由於英國在美國南北戰爭時期公開支持南方邦聯，因此美國政府在 1866 年

時取消了與加拿大的互惠條約，此舉引發廣大人民對貿易戰爭的可能性和喪失邊界以北的商業活動的恐懼。同年，數個愛爾蘭芬尼亞（Fenian）反英革命團體由美國境內幾處侵犯加拿大，迫使加拿大調動數千名國民軍準備作戰，也加深加拿大人保衛國土的決心。多數加拿大人認為，美國政府在對付芬尼亞革命軍上過於散漫拖延，也懷疑美國許多政治人物私底下其實認同芬尼亞的目標。對於加拿大未來安全的疑慮，是促成 1867 年《英屬北美法案》（British North America Act）的一股強烈推力，此法案將加拿大（安大略及魁北克）、新斯科舍（Nova Scotia）和新布倫瑞克（New Brunswick）三個分開的殖民地合併為一個新的邦聯，稱為「加拿大自治領」（Dominion of Canada）。此法案在 1867 年 7 月 1 日頒布，反映出許多加拿大人強烈希望在美洲殖民大陸上，能保持與美國抗衡的勢力。[15]

美加文化的差異

在普林斯頓就讀的加拿大學生雖然會面對留在美國的真實誘惑，但他們在日常生活中也會經歷到美加文化的差異，因而會強烈意識到自己加拿大人的身分。羅伯遜就觀察到，美國學生對於「韋敏斯德要理問答」（Westminster Catechism）的認識，不如加拿大學生來得透徹完整，似乎也比較不習慣做神學的辯論：「我發現美國佬並非無所不曉，而他們大多數人甚至無法與一個蘇格蘭人辯論。」羅伯遜的書信顯示了加拿大學生自有一個社交圈，他們藉著《多倫多全球報》（Toronto Globe）來關心家鄉的新聞，

並在每日閒暇時刻互相討論加拿大的政治。在神學院的群體中，他們自視為另一獨特的團體，顯然其他的美國學生也是如此看待他們：「所有的學生都對我們善意相待，但加拿大學生對彼此更有一股明確的偏好；因此當我們中間有人要講道時，我們所有人一定會到場，感覺這攸關我們國家的聲名和榮譽。」即便羅伯遜對美國心生嚮往，也無法忽視真實存在於兩國之間的文化隔閡：「我在此地對加拿大的名譽特別敏感。現在我才明白，至少在情感上，我是一個加拿大人。」[16]

馬偕在此時開始寫日記，這是他持續一輩子的習慣。馬偕的日記對羅伯遜信中所描繪的普林斯頓的生活，有更完整的細節記述：馬偕在普林斯頓三年間的社交圈，幾乎全是由加拿大同學所組成。雖然他們並沒有全部同住一棟宿舍，加拿大學生卻總是一起用膳、讀書、運動、參加主日聚會，並在學期結束後一起旅行。這三年之間，馬偕在課堂之外鮮少與美國同學有長時間的相處；就讀普林斯頓期間，他建立私人關係的對象似乎都是加拿大人，彷彿他是在多倫多的神學院就讀一般。

事實上，馬偕住在普林斯頓的幾年中，普林斯頓的加拿大社群所代表的長老宗派，範圍比諾克斯神學院整體學生還來得廣闊。除了羅伯遜和慕瑞，馬偕在 1867 年所加入的社交圈還包括自由教會成員約翰·奧斯丁（John Austin）及約翰·麥唐諾（John A. McDonald）。另外還有曾在京士頓皇后學院就讀的建制派蘇格蘭教會的奧古斯都·游曼斯（G. Augustus Yeomans），曾在多倫多居住並就學數年的愛爾蘭長老會的約翰·莫多赫（John Murdoch），

愛德華王子島（Prince Edward Island）的丹尼爾·洛克比（Daniel Forbes Lockerby）以及來自新斯科舍省的山謬·亞齊柏德（Samuel Archibald）、羅伯·康鳴（Robert Cumming）、霍華·歐布萊恩（J. Howard O'Brien）和大衛·史密斯（David H. Smith）。

加拿大學生自成一個社群圈

馬偕在普林斯頓神學院就讀的第二年，來自煙布羅的大衛·慕瑞遞補了在 4 月畢業的哥哥約翰的位置；兩位來自安大略自由教會的羅伯·賴勞（Robert J. Laidlaw）和約翰·里奇蒙（John M. Richmond）很快地與馬偕成為好朋友；另外還有威廉·葛蘭特（William Grant），他是在海利法克斯（Halifax）的長老會神學院就讀兩年後，才轉到普林斯頓。蘇格蘭長老會的牛津郡青年羅伯·錢伯斯（Robert Chambers），畢業於皇后學院，和他一樣的還有京士頓（Kingston）的 D. G. 馬偕和愛德華王子島上夏洛特

◀ 賀智是資深教授，也是公認的教員領袖。賀智雖然是知名的神學家，但因他虔敬的信仰和對學生深刻的愛（尤其可見於每週日下午小禮拜堂的師生聚會），普林斯頓人非常敬慕他。但許多其他的老師也對馬偕的思想有深刻的影響，並供給他日後在台灣教學時所用的寶貴知識。

敦（Charlottetown）的亞歷山大·尼克森（Alexander Nicholson）。
還有成長於新布倫瑞克自由教會且日後注定成為當代卓越舊約
學者之一的詹姆士·麥葛迪（James F. McCurdy），而艾德溫·史
密斯（Edwin Smith）則是在戴爾豪斯（Dalhousie）取得藝術
學位後來才到普林斯頓的。隔年又有新斯科舍的喬瑟夫·安南
（Joseph Annand）和以薩·辛普森（Isaac Simpson），以及愛德華
王子島的亞瑟·卡爾（Arthur F. Carr）。最後是來自安大略布羅克
維爾（Brockville）、也是加拿大長老教會成員的安德魯·道斯理
（Andrew Dowsley）——他使得馬偕在校期間身邊以普林斯頓為家
的加拿大學生圈更加完整。[17]

　　假若馬偕留在諾克斯神學院研讀，他就不會與來自蘇格蘭
長教會或下加拿大省區自由教會（Free Churches of the Lower
Provinces）的年輕人有交集。一直到 1875 年之前，也就是在自治
領中大部分的長老教會合一成為全國性宗派之前，馬偕身旁的這
些學生正代表了不同的基督教團體，分屬各自不同的神學體系。
但在普林斯頓，來自大西洋省分和安大略省的學生交融共處，彼
此成為好朋友，更發現他們之間有許多共同點是與其他的美國同
學不同的。

　　普林斯頓的教授們顯然也認為加拿大學生是不同的族群。在
普林斯頓整個學程中，學生們必須要對受指定的同學所寫的講章
提出評論。而從馬偕的日記中，可以看到在這些練習中，他總是
與加拿大學生分在一組；除非刻意而為，否則這樣的模式不太可
能持續多年。

普林斯頓的鄉村氣息無疑地比多倫多的擾攘更吸引馬偕。到了 1871 年時，多倫多這個成長快速的商業中心人口數已達 5 萬 6 千人。對比之下，普林斯頓是一個仍舊保留著大部分 18 世紀舊有氛圍的鄉間小鎮——城鎮的街區緊密，步行就能走完整個村莊，周圍農場寬闊的田野和草原也都在幾分鐘的步行距離之內。街道兩旁綠樹成蔭，旁邊的房子有些是美國最精緻的老式殖民建築，經濟生活則仍以小商家、工匠、雜貨店、鐵匠、製鞋師傅、馬具和車輪工匠為中心。儘管紐約和費城只要幾班短程火車就能到達，普林斯頓居民的世界卻似乎與美國城市的髒亂遠遠隔絕。走過傳說中獨立革命的戰場，或坐在普林斯頓古舊墓園中那安靜的「神聖境地」，會叫人幾乎忘卻工業時代已然來臨。

繁重的課業壓力

　　就讀神學院時，馬偕幾乎每天都會到鄉間漫步。他偶爾會一早在課堂開始前出發，但較常是在快速用完午餐後出去，然後晚餐前傍晚再一次。有時他會找加拿大同學作伴，但通常是

孤身一人漫遊，沿著達拉威與拉立坦運河（Delaware and Raritan Canal）、或到郊外原野、或到墓園。他最喜愛的一個目的地是在城鎮邊緣一棵被神學院學生暱稱為「正統」（Orthodoxy）的古老大樹，此樹因挺過無數暴風雨、又歷經普林斯頓多個世代而得名。[18] 馬偕的漫遊不受風雨阻攔，不論是仿若安大略印地安（Indian）夏日一般「明亮榮耀」的秋日，或會使鞋沾染爛泥的「陰鬱」雨天。馬偕一直是個生活極有規律的人，不論健康狀況如何都會「如常運動」，他以為新鮮的空氣是他在身體虛弱或心情鬱悶時特別需要的基本補藥。

馬偕常常感到病弱。在日記中他一再記載到他「遠稱不上安康」或「虛弱無力」，或是「非常疲倦」和「健康不良」。他的「虛弱」和疲倦是否反映了身體或情緒上的問題？馬偕很少提及特定的症狀，例如頭痛或持續的感冒。大多時他只是簡單記錄最一般性的感覺：「今天稍微好一些」或「比昨天更糟」。雖然無法確定馬偕身體實際的身體狀況，我們或許能猜測，他身體上的病痛也混雜了過勞、焦慮、甚至是幾個回合的情緒低落。馬偕在 1868 年日記的最後一頁，草草記下了一個與餐食一起服用的茶飲配方，調和了大黃和龍膽，兩者都是治療「胃弱」（消化不良、脹氣和打嗝）、噁心、拉肚子的流行草藥。馬偕似乎深受慢性消化疾病所苦，致病的因素當然有許多可能，但很可能因為課業的壓力而加劇。

靠意志力撐過生病時日

從馬偕經常在日記中承認「我的心神耗弱疲憊」，並責罵自

己的灰心喪志，可以清楚看出他在情緒上的掙扎。在普林斯頓的第二個學期，馬偕經常以〈詩篇〉中哀歌式呼求的經文來結束日記。他在 1868 年 4 月 16 日的紀錄，顯示出他對於學業和健康的擔憂：「感到非常不適且一點也不想念書，不過我下午還是讀了希伯來文並誦讀出來。傍晚時分覺得不適，坐著默想了一陣後準備就寢了。我的心哪，你為何憂悶？」對馬偕來說，普林斯頓的課程是每日都得毫不鬆懈來準備的，但經常性的體弱和抑鬱使得這些日程變得更為困難；而馬偕身體和情緒上的不適至少有一部分可能源自於學業上的壓力，因此形成了一個惡性循環。

　　普林斯頓神學院的入學許可中，要求一份對個人人格及在教會有良好名聲或位置的見證，以及曾完整修習「人文科學的學程」，[19] 到了 1867 年，這部分的證明通常就是一份大學文憑。在某些日益少見的情況下，如果學生沒有從人文學科畢業，神學院也可能接受他家鄉中會的證明，說明他通過某些特定的中會考試。如果這點也無法達到，學生還可以藉著報考神學院的入學考來證明有能力接受神學訓練。沒有大學文憑的馬偕是以加拿大巴黎中會的證明進入普林斯頓的，這與他大多數的同學形成強烈對比，因為他們都在聲望良好的學術機構取得人文科學的文憑。有超過 40% 的學生畢業於普林斯頓大學，其他同學則來自安默斯特（Amherst College）、威廉斯（Williams College）、耶魯、哈佛、歐柏林（Oberlin）、拉斐特（Lafayette）、俄亥俄的邁阿密大學、紐約大學和賓州大學。[20] 而馬偕只有一年在大學聽講和接受個別指導，因此可能為了要證明自己讀得來普林斯頓而倍感壓力，過

分用功地讀書。

　　馬偕似乎總是靠著意志力強迫自己撐過生病的時日，這顯然也是他往後生命所採用的模式。他每日從清早到就寢不斷地研讀，中間休息的時間就只有例行的散步、在宿舍食堂用餐、以及晚間與加拿大友人短暫交談。假若有離開千篇一律的功課預備的時候，那就是去聽客座演講、去大學旁聽、或是參與某些學生事工——去普林斯頓工作大樓（Princeton Work House）發送福音小冊給住宿生，或到附近的威伯福斯（Wilberforce）的黑人教會的《聖經》學校去授課。安息日雖然是一週中唯一沒有排定神學院課程的日子，卻可能是馬偕最忙的一天。大多數的週日，馬偕會參加在神學院教堂內舉行的早晨禮拜，一天結束前通常還會參加兩場以上的禮拜。他常常會在附近的長老教會講道，有時也教《聖經》班。週日的下午，馬偕通常會參加每週在神學院小禮拜堂內與有名的教員的聚會，傍晚則花在學生宣教組織的會議上。從 9 月第一天到 4 月底，馬偕日復一日或是準備課業，或是參與既定的學生活動，即便生病或疲倦到無法清楚思考，也從未休息。

閒暇熱衷投身傳福音事工

　　馬偕在普林斯頓的第一年，與約翰·慕瑞特別親近，因為是高年級學生，慕瑞不只陪伴馬偕，也給馬偕的學業提供成熟的建議和幫助。馬偕也與約翰·奧斯丁和約翰·麥唐諾成為密友，這兩位他是他先前一年在諾克斯學院的同學。1868 年初冬天的那一段時間，馬偕時常跟著慕瑞、奧斯丁和麥唐諾一起參與宣教活動，到

當地救濟院講道或協助威瑟斯本教會（Witherspoon Church）的事工，這些都是高度仰賴神學院學生牧者的。幾年後慕瑞回想這段時日時，說馬偕已經展現出一種「殉道精神」，帶著「熱切、專注和無所畏懼的勇氣」投身在傳福音的工作上，對於他人的嘲諷或冷漠總報以包容和忍耐：

> ……不管是發送福音小冊、探訪窮人、召聚無人理睬的黑人孩童參加主日學、在普林斯頓的「遊民之家」講道等等，他總是熱心忘我地付出、言談中充滿熱情，面對挫敗和苦待時卻仍帶著歡愉和希望。[21]

可惜的是，雖然馬偕的日記顯示，他與家中兄弟姊妹和在諾克斯就讀的約翰‧巴提斯比（John Rae Battisby）保持著連絡，我們卻沒有他在這幾年中寫給親人朋友的信件。馬偕的口袋日記本很小，空間只夠他簡單記錄每天的例行工作，通常也沒有附上太多評論。馬偕這個沈默謹慎的特質，甚至延伸到他個人的思考；馬偕的日記中找不到他對於教授或同學的意見，也沒有他在課堂上需要思考的神學觀念。在他有自覺地揭露自己時，都是以制式的福音派頌讚來表達神的美善和憐憫，或是承認他的軟弱和對基督的仰賴。雖然馬偕以具有一種「烈火般的塞爾特人的氣質」聞名，但在日記中他卻謹慎把持住自己的情緒，使我們只能從字裡行間去臆測他的想法和感受。這當中最明顯的，就是他對自我的操練有如此驚人的容受度。馬偕此時似乎已經有了他在許多年後

對加拿大長老教會會友的演講中所表達的那種感受：時間是珍貴的禮物，有限且飛快逝去，因此我們必須全力追求己身呼召來贖回每個時刻。

◀ 賀卡柏（圖 1）教授馬偕新約三年；葛威廉（William Henry Green，圖 2）是馬偕希伯來文的主試官以及舊約教授；莫法特（圖 3）是一位特別喜愛加拿大學生的蘇格蘭移民，教授教會歷史和一門古代宗教學，使馬偕得以接觸中國經典；麥吉爾（圖 4）則教授講道及牧養關係。

很不幸地，暑假並未能使馬偕從他緊湊的日程和情感上的掙扎中稍作喘息。大多數的神學生在兩學期之間的這幾個月會到派定的事工中服事，藉以獲取講道和牧養的經驗，並實際應用漫長的一學年中所學。馬偕有些朋友暑假時選擇留在美國，但馬偕會在每年 4 月課程一結束馬上離開普林斯頓，隔天就回到家鄉佐拉。馬偕在就讀普林斯頓這幾年的每個夏天，都回鄉參與加拿大長老教會的宣教工作，在長老會移民過於分散或無以支付一位牧者薪資的地區服事。

　　馬偕在普林斯頓的第一個暑假開頭就頗為糟糕。他大一的期末考試成了可怕的折磨，考完後他身心俱疲。整個 4 月，他強迫自己苦讀到深夜，就為了準備這些可能阻礙他實現宣教夢想的綜合考試。「我的心神困倦，無法理解某些科目，」在讀了一整天的週六後他如此寫道。一個星期後他透露：「一點都不好，很抑鬱沮喪。主啊，請賜我力氣克服懷疑，使我愛祢更深。堅固我，因我軟弱。」4 月 27 日週一傍晚 6 點，馬偕考完賀卡柏（Caspar Wistar Hodge）教授的新約課程的期末考，第一個學年總算「完全

結束」，之後他回到房間收拾行李，也記下他「已經很久沒有感到如此困倦」。兩天後馬偕回到在佐拉的家園，但熟悉的環境並未使他振作起來：「身體不適，舟車勞頓後虛弱無力……我的心哪，你為何憂悶？」[22]

暑假行腳探訪畢朵夫鎮民

儘管身心俱疲，馬偕仍只在休息一週後，就出發前往盧肯（Lucan），這座位於安大略省畢朵夫鎮區（Biddulph Township）的小村落，並在此停留超過兩個月的時間，講道、探訪、帶領禱告會和教授《聖經》班。畢朵夫鎮最初是因為逃離美國的一群黑人難民在此落腳而形成聚落的，開拓的時間與佐拉相去不遠，但第一批居民早已離開，在 1850 年後大部分由愛爾蘭天主教農民取而代之。此區的長老會家庭十分分散，也未能組織成擁有固定牧者的教會。馬偕寄宿在一位名為布朗（Brown）的農民家中，因為布朗在盧肯附近有個地方，但馬偕大部分的日子行腳於各個家庭之間，探訪居民，有時協助他們的農事，與他們一起禱告，並邀請他們一同敬拜。他在日記中記錄了許多人的名字，而這些住家都可以輕易在舊畢朵夫城區地圖中找到。與衛理會的巡迴牧師一樣，馬偕策略性地走遍整個城區，每天有系統地去到不同的區域，然後再前往另外一處聚落。他在居民的家中或穀倉內舉行主日禮拜和晚間的禱告會，有時會眾多達百人，有時則只有零星幾人。他每週會有一天用來讀書和寫主日講章，其餘時候通常就外出四處探訪，有時會有熱心的居民用馬車載他一程（特別是雨天

時），但馬偕還是時常步行。這個模式預示了他日後在福爾摩沙的生活，不只是他經常在各地間往來的這個部分，也包括他總是不顧自身的健康狀況——即使生病、心灰意懶，仍舊強迫自己繼續工作。整個夏天他不斷在日記中記下同一個幾乎已成了口頭禪的反覆句：「我心絕望困倦；但主啊！我倚靠你，我仰望祢。」[23]

1868 年 7 月底，馬偕搬到休倫湖岸附近蘭布頓郡（Lambton County）內一個更小的村落佛瑞斯特（Forest）；他在此地度過「相當孤單」的第一天，並感覺「十分困倦」。佛瑞斯特周圍幾個小鎮住了許多「古道熱腸的高地蘇格蘭人」（馬偕、麥可佛森、桑莫維斯、麥金利和麥克萊葛斯等家庭）。接下來的 20 天，馬偕便重複他每日探訪和禱告會的行程。當他兒時的朋友威廉‧馬偕和普林斯頓的同學麥唐諾來探望他時，馬偕短暫地受到鼓舞。他們會不會擔心馬偕的健康或長期的憂鬱呢？他們是否知曉馬偕如此頻繁地在日記中傾訴疲倦的感覺和「心神低落」？馬偕又曾否害怕他身心上的「軟弱」會使他無法成為一位海外的宣教士？我們只能從可得的資料中，猜測出這些問題的答案；但我們可以看到，當暑期宣教工作結束時，馬偕的狀況和暑期開始時是一樣的：都是身心俱疲。馬偕只在佐拉再多待了一週就準備迎接另一年嚴苛的神學院生活。他在 1868 年 9 月 1 日回到普林斯頓，身上只帶著畢朵夫和佛瑞斯特的居民所給的 50 多元來幫忙支付學校的費用。[24]

兩本屬靈書籍的療癒

馬偕在神學院的第二年，身體和情緒上的掙扎仍舊持續。

在秋季學期即將結束前，他在普林斯頓當地的一家書店買了兩本書，在寒假時閱讀；這成為了解馬偕在這段時期的屬靈和心理狀態的重要線索。由長老教會牧者約瑟夫·瓊斯（Joseph H. Jones）所寫的《具道德性與生理性的人》（Man Moral and Physical），是一本關於靈性「憂鬱」的成因與治療的論文，也是給長期苦於「宗教性抑鬱」的基督徒用以自我幫助的手冊。瓊斯細述許多基督徒英雄的生活，證明深刻的信仰時常會伴著持續性的懷疑和強烈的憂鬱，有時甚至會有長時間的心理絕望；瓊斯也提供具體的建議給受此屬靈哀傷所苦的基督徒。這本書的前幾章提出醫學證據，說明憂鬱與身體疾病和生活失衡的關聯，瓊斯並建議謹慎而規律的飲食，有紀律的時間表，包含每日在空氣清新的戶外運動，以及嚴格限制密集的智性活動只能在日間進行。然而，有些人即使在生活型態做出調整或甚至是身體健康全然恢復後，仍無法被治癒。於是這本書的後半段聚焦在一些屬靈原則和操練上，幫助長期抑鬱的基督徒去面對他們的痛苦，在掙扎的同時依舊活出得勝的基督徒生活。

　　瓊斯強調，基督徒絕不可信任自己的感覺，不管是安適或絕望的感覺。基督徒不可以認為「快樂就代表屬靈的康健，憂鬱或深沉絕望就是屬靈疾病的徵兆」。即使是偉大的聖人有時也會經歷深沉的靈魂暗夜，而與基督最親近的人常常也最清楚看見自己的罪行和不配。由於人特別容易被情緒欺騙，所以瓊斯建議憂鬱者不要花過多時間檢視自己內心的狀態，而要學著用努力工作來忘記自己。[25]

　　第二本書是湯姆斯·泰勒（Thomas Taylor）為十八世紀偉大的英國詩人威廉·古柏（William Cowper）所作的傳記；古柏是虔誠的基督徒，因所著的聖詩和宗教詩作聞名，但一輩子都苦於深沉的憂鬱和靈性上的痛苦。泰勒的《威廉·古柏傳》（*Life of William Cowper*）詳細述說詩人即便在文學創作力最旺盛時都在對抗的「深沉的痛苦和悲傷」，以及他自身加爾文派的信仰在他絕望時所提供的保護和遮蓋。[26]

　　我們只能臆測馬偕在普林斯頓神學院前兩年的時光中明顯受到折磨的心理掙扎。日記中幾次的紀錄暗示他的懷疑；但馬偕所疑惑的，是對他的救恩、自己在事工上是否適任、或是他成為宣教士的呼召？他所奮力對抗的那種不配的感受，是否來自於某些不管是真實或想像出的罪惡或道德上的過錯？

　　從馬偕的日記來判斷，他在閱讀瓊斯的著作以前就已經養成每日戶外運動的習慣，也已經習慣在事工上捨己忘我，而不是定睛在自己內裡的感覺。這樣的憂鬱傾向，是否是馬偕的日記和私人信件之所以如此少透露出己身情緒狀態的一個原因？他是否已經學會不去考慮自己的感受，而定睛在基督的救贖之功，視此功為使人的情緒不再顯得重要的一個客觀「事實」？雖然我們永遠無法確知這些問題的答案，但我們確實知道，普林斯頓時期的日記所隱約透露出的那個馬偕，與日後在福爾摩沙島上面對持續的病痛和掙扎時，展現驚人的意志力和自律，並幾近狂熱地相信耶穌「寶血所染的旌旗」的能力必救他脫離一切危難的，是同一個馬偕。

在神學院的三年期間，馬偕只有一次大膽到普林斯頓外的
地區去探索美國社會。1868 年聖誕假期時，馬偕陪伴加拿大同
學格蘭特（William Grant）和史密斯（David Smith）去拜訪詹姆
斯·羅伯遜。羅勃遜在大三時轉到紐約市的聯合神學院（Union
Seminary），並參與當地貧民窟的宣教事工。馬偕和朋友們想要
直接感受大都會的「氣息」，因此在城裡到處走逛好幾天，摸索
此地的宣教工作與逛書店，還用了將近一天細看自然博物館裡的
標本，馬偕對此尤感興趣。主日的時候他們拜訪幾間知名的教
會，參與三場禮拜和一場「莫寧賽德宣教協會」（Morning Side
Mission）的下午場兒童主日學。離開紐約前，他們選了一家相
館拍攝團體照，才返回普林斯頓，為下學期的課業作準備。馬偕
在日記中記錄，這次的旅行讓他「頗感疲憊，卻也為所經歷的感
恩。」[27] 與朋友同遊紐約的這幾天，就是他在神學院的歲月裡享受
過的唯一一次假期。

　　普林斯頓神學院大多數的課程是每週聚集一個早上，聽講或
是個別指導課程，學生會被要求「覆誦」課程中的問題答案。需

要大量反覆練習的希伯來文則每週聚集五個下午。除了講道學的講學外，學生也必須要頻繁出席夜間在小禮拜堂的課程，聆聽同學的短講道並給予建設性批評。另外偶爾會有演說法（即公開講說的藝術）的授課，學生也被鼓勵去普林斯頓學院旁聽演講，而學院裡忠貞的長老會教員自然會再次加強神學院教授所灌輸給學生的世界觀。

馬偕在第一學期就養成固定的作息，直到他 1870 年畢業，這個作息都沒有太大的變化。馬偕每日早起到教堂晨禱，而後預備聽早晨的課堂。他仔細複習上課所作的筆記，研讀課本作業。在 9 點半和 11 點的講課結束後，他簡單用了午餐，然後去散個步，預備下午的課程。下午 3 點半希伯來文上課之前，馬偕會研讀語言科目的文本，準備能夠覆誦。課後他會在晚餐前散步較長的時間。馬偕夜間的作息較有變化，但仍然依循可預測的模式。有講道課的晚上，他就會到小禮拜堂去；若其他班級有加拿大同學站上講台，他也常會參加。若沒有講道課，馬偕會去旁聽普林斯頓天文學家史蒂芬·亞歷山大（Stephen Alexander）的課，或是聆聽訪問宣教士的報告。每週三晚上，馬偕則與其他的神學生在教堂聚集一起禱告；其他的晚上與加拿大學生聚會聊天或一起讀書。馬偕通常離就寢還有一段時間就會回到自己的房間，安靜地讀書或讀《聖經》作為一天的結束，偶有需要寫作時才會熬夜到凌晨。

大家長神學院院長賀智教授

馬偕的神學教授賀智是常受學者討論的對象，因為他在基

督教思想歷史上是一個代表性人物，也是長老教會中的卓越政治家。[28] 但對普林斯頓的學生來說，賀智只是受喜愛的教授團裡的其中一員，這些教授合作無間地分授同樣一套被稱為「普林斯頓神學」的信念。雖然賀智對無數的學生有深遠的影響，但學生牧養風範的塑造，實際上更要歸功於整個神學院經驗的細密網絡，包括講道專題、禮拜的服事、私下的談話——尤其是週日下午的演說聚會。

　　每個主日下午，教員都會在小禮拜堂與學生面對面，進行信仰方面的對話。這些對話比講課非正式一些，也允許學生提問並接受教授的個別建議。是資深教授、也常是最後一位發言的賀智，尤其珍惜這些機會。賀智每週在討論會上的評論，雖然看似是根據臨場的感動發言，但其實他總是在週間謹慎準備這些評論，預先寫下想要講授的要點，並將要點起草成大綱記起來。許多普林斯頓人都銘記著賀智在這些討論會上給人的深刻印象：他會捨棄教授的口氣，而轉為由心底發出的談話，顯露「他情緒洋溢的本性」，就像父親跟孩子談話一般。曾是普林斯頓的學生、後來成為教授的法蘭西斯‧裴頓（Francis Patton），曾回憶起賀智一次關於「傳講基督的特權」的談話。當賀智放下教條邏輯性的命題，改以「孩童般信心和感激之愛的和軟溫柔言語」說話時，每位學生都是萬分敬慕：

　　　智性的神學變成感情的神學。他的聲音愈發顫抖起來；他的美容充滿屬天的光芒；情緒之潮滿溢。講者隨後描繪了神的愛，

並用一種觸及每個心靈的情感，承認我們都虧欠祂的恩典。[29]

　　與賀智在小禮拜堂的這些「神聖時刻」強烈影響了馬偕。當他日後回憶起所有「有能力、熱情且專心致志」的教授時，說賀智是「對我的心和生命有最深刻影響的。」在神學院的那幾年，令馬偕記憶深刻的是主日下午的賀智：「教授迷人的臉會明亮起來，他光彩的雙眼因慈愛而愈發溫柔和軟！當他顫抖的手落在桌上、嘴唇因奇異而聖潔的演說顫動時，著實令人敬畏不已。」[30]

　　雖然馬偕喜愛賀智這位屬靈的導師，他卻苦於這門神學課程。在普林斯頓時，馬偕和同學從未真正修過賀智最著名的《系統神學》（Systematic Theology）概論，因為這本書是在馬偕離開後兩年才出版。他們反而被要求精讀 17 世紀的法蘭西斯·特瑞金（Francis Turretin）以拉丁文寫成、為加爾文教義辯護的冗長著作《辯道學要義》（Institutio Theologiae Elencticae，1679-1685）。馬偕每日需要苦讀 10 頁以上特瑞金艱深的拉丁文，這樣的操練意在使學生成為「精壯且具邏輯力」的牧者。這些勞苦可能在他日後必須精熟中文時有所助益，但此時他卻極為厭煩。他的日記顯示他時常請加拿大同窗奧斯丁到房裡來幫助他「讀過賀智的神學」。幾年後當他在福爾摩沙宣教奮力要記住中國文字時，他幽默地將之與在普林斯頓讀拉丁文的勞苦相比：「又要工作了，至少沒有詞性變化，沒有動詞變形！這倒是不錯。」[31]

麥吉爾講道學和莫法特中國研究

至於馬偕日後在台灣所做的教學工作，他可能從神學院其他的教授身上學習到更多實際的素材。他的舊約和希伯來文教授葛威廉（William Green）以及新約教授賀卡柏所採用的都是保守的《聖經》詮釋，且強烈抨擊當時開始在歐美新教學校引起分裂的新歷史批判法。[32] 在亞歷山大·麥吉爾（Alexander McGill）的講道學（homiletics）課堂上，馬偕熟習如何將《聖經》轉成講章。但他在佐拉以及胡士托多年來所聽的蓋爾語福音講道，很可能對他的宣教講道有更大的影響，因為麥吉爾上課只會逐字念出亞歷山卓·維內（Alexander Vinet）所寫的枯燥教科書。[33] 但是馬偕日後在淡水牛津學堂的授課，其實融合了麥吉爾演講練習的基本形式，也就是學生必須要在同學和教授面前演講並接受他們的建設性批評。羅伯遜在一封家書中為我們留下這些練習的樣貌：

一位同學起身講道；之後教授會對他的儀態和內容作批評。當然，每個環節都會被注意，發錯音的字、不適當或扭捏的手勢、沒有正確表達的命題、任何事都會。簡言之，只要是不應該有的都會被糾正。一個人可能先被批評發音不正確，然後是重點不夠清楚；先是聲量過大，而後可能是鼻音太重。要避開這些暗礁是相當困難的。[34]

馬偕對中國宗教的理解是受了教會歷史的老師雅各·莫法特

（James Clement Moffat，1811-1890）的影響。莫法特是蘇格蘭人，對宣教運動特別有興趣。莫法特致力於比較古代宗教的歷史，並在馬偕畢業後的第一年將教會歷史講課的內容整理成冊出版。莫法特倚重宣教士所翻譯的印度和中國經典，認為宗教是神所灌注在所有文化中的普世意識；世界上各宗教信仰最古老的層次都指向對希伯來《聖經》所啟示的這位超然創造者的認識。此原初的一神論逐漸演變成對自然的崇拜，或是當人們錯誤地認為至高的存在是透過有位格的代理人來達到祂的目的時，就成了崇拜眾神的多神論。

　　莫法特尤其對中國的宗教有興趣，他的書中引用大量由倫敦宣道會（LMS）的宣教士理雅各（James Legge）所翻譯的儒家經典和中國古文，為要證明中國「原初」的信仰和古希伯來人信仰之間的相似。莫法特認為中國古代經書明確顯示中國人最早信仰一位有位格之神智高的主權，而這一點對於宣教工作尤其重要。他的結論是，宣教士並不是要對中國人宣講一位外國的神，而是要幫助他們恢復與那位被他們所遺忘、卻是他們祖先知曉並尊崇的創造者的關係。拯救人類脫離罪惡和死亡的基督，正是古中國曾經敬拜之神的道成肉身。[35]

愛華特形而上學和蓋奧特地質學

　　不過，某些養成馬偕觀點的課程則是來自兼職的老師以及他在普林斯頓學院旁聽的課程。第一年當馬偕還在與無神論帶來的挑戰對抗時，他修了兩門特別是要幫助新學生揭穿現代懷疑論論

點並調和實證科學與《聖經》無誤論的課程。學院裡的心理與道德哲學教授李曼·愛華特（Lyman Atwater）週週都有「形而上」學的講學，為傳統加爾文教義辯護，以對抗來自現代「假科學」的智性攻擊，他也相信科學與基督信仰是完全調和的。馬偕的日記顯示他特別關注愛華特教授的講學，以及地質與自然地理學教授阿諾·蓋奧特（Arnold Guyot，或譯為居約）一門連結「啟示的宗教與物理及民族科學」的課。蓋奧特是頂尖的地質學家，認為創世記中創造的記述與現代地質學和化石紀錄完全吻合。兩位學者皆尖銳批判達爾文的進化論，以及維多利亞時期所盛行各種形式的科學種族主義。對他們而言，創世記中關於人類有共同祖先的教導，意指每個國家的人民在身體及道德上都是相同的；唯一能區分個體的是「恩典，而不是種族。」[36]

亞歷山大星雲天體研究

馬偕還未到普林斯頓唸書前，就已經熱愛自然科學，而這也成為日後他在福爾摩沙教學中重要的部分。但從愛華特和蓋奧特的課程中，馬偕習得一套將《聖經》、加爾文神學以及科學完美融合的世界觀，看似富有邏輯和一致性，且與現代思想相容。馬偕在神學院頭兩年所旁聽的普林斯頓天文學家史蒂芬·亞歷山大的課程，也加強了這套自然神學觀。亞歷山大是虔誠的長老會信徒，也曾經受過長老會的牧者訓練，卻轉而研究科學，並成為星雲研究的權威。他在普林斯頓的講學時常由宇宙的精準性導出神學教訓。一位學生回憶起他關於星雲的授課，說就好像一篇講

章，因為亞歷山大「將受造世界所有的美麗和榮耀，都歸因於坐
在宇宙之上、威嚴寶座上、掌管並引導萬有的那位，就是有位格
的、聖潔榮耀、可畏而當受讚美、施行奇妙的神。」[37] 馬偕成為
宣教士後充分利用了亞歷山大的講學，在 1872 年時運送一座望遠
鏡、天體圖和會轉動的太陽系儀到淡水，方便教導學生看見創造
主書寫在天體壯闊與次序中的榮耀和至高主權。

◀ 李曼·愛華特（圖 1）形而上學的講課幫助馬偕克服智識上
　對基督信仰的懷疑，而普林斯頓學院傑出的地質學家蓋奧特
　（圖 2）則講授聖經與科學的一致。馬偕的日記也經常提及
　普林斯頓天文學家史蒂芬·亞歷山大（圖 3）的講課，這位
　前敬的長老會信徒經常在他的天文學課程中引用聖經。

普林斯頓的學業將結束時，馬偕對自己和對上帝的信心都更加堅強。他大三那年的日記內容明顯地更為樂觀，甚至有喜樂的氣息，與前幾個學期大不相同。先前反覆的哀嘆變成對上帝的幫助的感恩和信靠。他仍舊維持每日勤奮工作及運動的習慣，就寢時也依舊時常「十分疲憊」。但到了 1870 年的春天，馬偕更常描述生活是「愉快的」；即便有慣常的疲倦，但他現在會補充說：「仍然對我所享有的祝福感恩。」

撐過苦讀歲月欣喜邁向宣教之路

如今馬偕成為學長，年輕的加拿大學弟時常會到他的房間來讀書並尋求他的幫助。也許他是因為知曉自己已經撐過這段苦讀的歲月，且終於靠近他長久以來成為宣教士的夢想。1870 年 2 月 1 日的下午，馬偕出現在當地的新布倫瑞克中會前，接受牧會資格檢驗，隔天早晨返校時便接到令人欣喜的決定。中會授予馬偕傳福音的證書，如今他只需要教會正式的呼召就能被按立成為宣教士。

在神學院的三年，馬偕每週日晚上與其他同樣對宣教有熱忱

▲ 普林斯頓神學院 1870 年畢業班。這幀來自普林斯頓神學院檔案室的團體照，是 1870 年畢業班在畢業典禮後的留影。戴著一頂絲質大禮帽的馬偕站在第二排中間，就在拱形門下，微微面向左邊。（圖片來源：普林斯頓神學院檔案室）

257

的學生聚集，一起禱告並「以千百種不同的方式」討論海外的佈道事工。偶爾會有訪問宣教士一同聚會，但他們更嘗試輪流報告對某些特定區域或宣教士的研究。一起參與此團體的馬偕密友賴勞，後來曾回憶他和馬偕如何「夢想著偉大的宣教旅程。」但賴勞從未能到海外去，他神學院畢業後就結婚，最後在安大略哈密爾頓（Hamilton）的一間長老教會落腳。不過，同一個群體中其他幾位成員都有成功的宣教生涯，包括喬瑟夫·安南（Joseph Annand，新赫布里底群島）和羅伯·詹伯斯（Robert Chambers，土耳其），都是驕傲地帶著普林斯頓神學到各大陸去的眾多校友之一。[38]

1870 年 4 月 26 日畢業日當天，天氣晴朗而明亮，馬偕在這「美好的早晨」作了簡短的校園巡禮，9 點半與神學院董事會會面。中午時分，馬偕與同學、教授和來賓在教堂裡參加畢業典禮。在三個小時的聽講後，馬偕終於獲得他企望的學位證書。之後畢業生到圖書館前的草坪，互相道別。他們依循普林斯頓一個神聖的傳統，將文憑丟到地上，與教授圍成一個大圓圈，手交叉握著，情緒滿溢而哽咽地唱出〈以愛相連〉（Blest be the Tie that Binds，台語聖詩〈在主愛疼內面〉）以及宣教聖詩〈福音要遍傳〉（From Greenland's Icy Mountains，台語聖詩〈天下遍遍各邦國〉）。而後，他們所敬愛的老師賀智因激動而顫抖著走到中央，為他們禱告。一如以往，這位年邁的大家長在同樣的場合熱淚盈眶，最後祝禱時哽咽難言。最後，「我們在淚水中分離。70 年的這班很快就四散了。」馬偕這樣記錄著。幾個小時後，他已經收拾好行囊，往家鄉佐拉鎮出發。[39]

在愛丁堡等待的日子

1870 年 3 月 16 日，當馬偕正在讀麥吉爾和葛威廉教授所出的課堂作業時，安大略貝爾維爾長老教會（Presbyterian Church in Belleville）的牧師威廉·馬克蘭（William McLaren）正忙著草擬一封長信給蘇格蘭自由教會的殖民地委員會（Colonial Committee of the Free Church of Scotland）──兩年前被任命為長老教會海外宣教委員會召集人的馬克蘭，企盼蘇格蘭教會給予捐款──馬克蘭所面臨的挑戰，是要提出有力的說明，解釋「已有相當程度成熟度和力量」的加拿大長老教會，為什麼仍然需要由蘇格蘭長老會信徒而來的「緊急」援助去支持他們在英屬哥倫比亞和紅河區（Red River，譯按：紅河區就是今天加拿大草原省分之一的曼尼托巴省）的「海外宣教」事工？[1]

馬克蘭力促差派宣教士往海外去

　　當時的加拿大新教教會領袖眼看拓荒前線不斷推進，以及政客和鐵路支持者不顧一切要將這個新國家的疆界向西推到太平洋，都深深相信加拿大必要成為「祂所掌權之處」，實現〈詩篇〉

作者所說的「他要執掌權柄，從這海直到那海」的上帝國度。[2]
但是不易克服的地理環境又不禁使人懷疑加拿大成為基督教國家
的可能性。這片大陸的廣大超乎英國基督徒的理解，遼闊的疆土
對有效的差傳及植堂工作是難以跨越的障礙。馬克蘭的信清楚說
明加拿大長老會所面臨的嚴峻挑戰，而這些挑戰在將來的許多年
中，勢必要「消耗加拿大教會大多數的精力。」

　　加拿大幅員遼闊，要在如魁北克和安大略等已經發展完備的
省分支持教會和本地宣教，就已經需要可觀的花費，因為這兩個
省分是「大不列顛及愛爾蘭的三倍大」。同時，支持牧者及其家庭
的負擔也快速上升。尤其自 1861 年加拿大的自由教會與聯合長老
會合併成為加拿大長老會後，登記在冊的牧者已經增加到 300 多
人。新的教堂和牧師館的數目以及修繕舊建物的費用逐年增加。最
初為前線會眾簡略搭建的建築，無法因應社群成長的長期需要；各
地的堂會都戮力要建造更堅固和昂貴的敬拜空間，以及給他們牧
者更舒適的住處。馬克蘭宣稱，光是過去的一年，就建了 30 間新
的教會和 16 間牧師館，加拿大長老會信徒也奉獻了 1100 多萬來進
行建造或修繕的計畫，而這些錢原本都可以「用在宣教事工上」。[3]

　　馬克蘭的信描繪出海外宣教委員會所負責地區的慘澹前景：
「在這樣的情況下，我們不可能趕上英屬哥倫比亞和紅河地區所
需要的事工。」即使委員會每年的花費已經超過其收入，仍遠遠
無法因應西部殖民地區及龐大的需要。長老教會每年需要花上大
約 340 英鎊，才能支持一位在英屬哥倫比亞區的單身宣教士的生
活，而當地會眾最多只能負擔其中的三分之一。長期處於負債的

委員會只能支付得起兩位宣教士的生活，而且若有同工離職，委員會可能也無法增補人手。[4]

馬克蘭甚至沒有提及他想要開始一個針對華人的「真正海外」的宣教事工。對許多長老教會的領袖來說，自從杜夫在 1854 年歷史性的宣教訪視之後，教會無法再長期差派加拿大宣教士到海外，實在有違基督的命令，也是宗派在榮譽上的一個污點。首位在紅河建立教會的長老會牧師約翰·布萊克（John Black），就對此直言不諱。布萊克提醒加拿大人回想杜夫的信息：「基督教會最主要的目的就是宣教。」在 1864 年一封刊登在《本地與海外紀錄》（*Home and Foreign Record*）的信件中，他責備加拿大長老教會：

我們是不完整的，缺少教會裝備中一個重要的部分；我們沒有全力去執行大使命，「你們往普天下去，傳福音給萬民聽。」我對這樣的狀況並不滿意。我感覺這是對我為宣教工作所做的禱告的一個責備，說我們沒有為宣教勞苦。我沒有信心在會眾中激起宣教的情懷，因為我無法指出任何可以發揮這個精神的管道；也無法自由地懇請各位為宣教委員會慷慨奉獻，因為在一般的認知中，我們根本沒有海外的宣教。[5]

海外宣教委員會首位召集人多倫多的羅伯·伯恩斯與布萊克一樣同感挫折。與他的好友杜夫一樣，伯恩斯相信一個沒有海外宣教事工的教會，就是沒有生命的教會。而令他感到羞愧的是，較小的英格蘭長老教會能支持往中國的宣教士，新斯科舍省的長老

教會信徒也支持新赫布里底島的宣教工作，而加拿大長老教會竟
是躊躇不前。伯恩斯也在寫給加拿大長老教會大會的報告中，呼
應了布萊克的挑戰：

　　我們必須要在異教徒中做些什麼。我們英格蘭的「小姊妹」
（更別提新斯科舍了）給我們很好的榜樣。她在以色列民中雖然為
小，卻投身進入外邦人的大本營。這就好像年少的大衛勇往直前
與驕傲的巨人作戰一樣。讓我們也大口飲下同樣的英雄氣慨吧！[6]

　　當馬克蘭在 1868 年從伯恩斯手中接下掌舵的工作時，就
寫信給倫敦的英國長老會海外宣教委員會召集人馬提森（Hugh
Matheson），他是教會長老、也是個富有的商人。馬克蘭向他表達
加拿大這端希望能很快加入他們的工作。馬提森愉快且詳細地回
答了馬克蘭關於海外事工可能的費用。現實使人清醒。雖然英國
長老會在中國的宣教士比加拿大在英屬哥倫比亞的宣教士薪俸更
少（單身為 250 英鎊，夫婦為 330 英鎊），但許多其他在薪俸之外
的需要，顯然把實際的支持費用推得更高。要供應到中國的宣教士
並且負責他們往返的費用，遠遠更加昂貴，因為海外的生活時常會
有預期之外的花費。在亞洲的西方人若沒有當地的助手、語言教
師、僕役和管教堂的同工協助，工作很難有果效，而這些勞力都需
要酬勞的支出。對已經在與債務糾纏的加拿大海外宣教委員會來
說，所需要的最低花費必然是令人吃驚的：馬提森估計「每位宣教
士每年需要 600 英鎊，才足以支付他的薪俸以及所有的費用。」[7]

青年馬偕：在台宣教的根柢

◀ 威廉·馬克蘭。擔任長老教會海外宣教委員會主席的渥太華的馬克蘭牧師，努力遊說教會派任馬偕為宣教士。但因為加拿大西部的宣教事工已經帶來龐大的債務，馬克蘭面對顯著的反對聲浪。馬偕待在愛丁堡的那個冬季，馬克蘭勉力說服加拿大長老教會做出明確的決定，因為他知道如果他們延遲，馬偕就可能會加入蘇格蘭自由教會在印度的宣教事工。

　　馬克蘭在 1870 年所面對的財務危機，使他對於能否在近期真正開始一個新的海外宣教事工心生懷疑。而馬偕在普林斯頓的幾年中，一直祈求能成為加拿大長老教會的海外宣教士。他在 1871 年時寫信給馬克蘭，說「過去的這幾年，我一直在上帝的施恩寶座前懇求祂，將祂的聖靈傾倒在我們的土地上，使之興起，到遠方的異教之邦去傳福音。」[8] 但馬偕對海外宣教委員會的第一次提議所得的回應卻令他非常心寒。在神學院期間，馬偕曾請一個朋友幫忙聯繫，並介紹自己給馬克蘭（馬偕並沒有在他的日記中記錄這件事，這封信也已經遺失）。但之後他記述馬克蘭最初令他失望的回應：「相信神的人不會著急。」[9] 這是馬偕在 1870 年從普林斯頓畢業後回到佐拉時的狀況。對馬偕來說，等待必是艱難的屬靈試驗。他應該等待多久？當美國或蘇格蘭的宣教機構都已提供選擇時，以加拿大長老教會第一人的身分出發和前進到底有多重要？馬偕的日記和信件暗示他的耐心是有限的；假使加拿大教會再拖延一年，馬偕幾乎就確定會以蘇格蘭自由教會宣教士的身分到印度宣教了。

1870 年的夏天，馬偕是跟前三年的夏天一樣的方式度過的——就是在沒有固定長老會牧者的地區做國內的宣教工作。本地宣教委員會（Committee on Home Missions）指派他到多倫多北邊的紐馬克特（Newmarket）和亞伯特山（Mt. Albert）兩個新成立的教會去服事，而馬偕以他特有的精力付出於當地，同時也等待著加拿大教會最終會否開始海外的宣教工作。當長老教會總會在 1870 年 6 月初於多倫多召開時，整個議程都瀰漫著一股興奮的氛圍。新設立的加拿大自治領（譯按：加拿大在 1867 年由三個殖民地共同成立為一個國家，國家的名稱為「加拿大自治領」，Dominion of Canada）激起促成聯合所有加拿大人的長老教會的夢想，希望建立一個從大西洋省分延伸到太平洋、也能在國際宗教會議中代表加拿大這個新國家的組織。推動教會聯合是大會最重要的工作，代表們投票探索與「加拿大下省區長老教會」（Presbyterian Church of the Lower Provinces）以及「與蘇格蘭教會聯合之加拿大及下省區長老教會」（Presbyterian Churches of Canada and the Lower Provinces in Connection with the Church of

Scotland）聯合的可能性。[10]

　　在總會致力於教會全盤重組的計畫時，各個宣教委員會的召
集人也做出報告，強調經費嚴重短缺，難以因應現存需要。馬克
蘭向代表們報告海外宣教事工，強調他的委員會在過去 12 個月舉
債超過 1500 英鎊。馬克蘭遺憾地說，「在外邦人中……我們做得
這麼少」，明顯寄望有所改變。他宣布隨著曼尼托巴（Manitoba）
被納入加拿大自治領，新的曼尼托巴中會很快就會成立，而紅河
區宣教的監督工作則會被轉到本地宣教委員會手中。這個改變將
容允海外宣教委員會把資源集中在對大西北地區「原住民」的宣
教工作上，這是布萊克所祈求及關注最主要的目標。但馬克蘭也
希望在亞洲開始一個新的海外宣教工作，他提議請教會思考最佳
方式以實現這一個長期受到延宕的夢想。[11]

　　馬克蘭的提議沒有獲得迅速的回應。總會把馬克蘭的報告分
派給一個委員會，委員會幾天後做出如下建議：

　　將此提議送交各中會，由各中會發派至小會討論：（1）教會
能藉由何種方式增加宣教財源，使教會能更專一投入在海外的宣
教；以及（2）哪個或哪些地區應該最先差派宣教士進入，並且在
下次總會召開時提出報告。[12]

對馬偕來說，這肯定是好消息；輪子明顯已經開始轉動。但也如
馬克蘭先前警告他的，教會在這件事上勢必不會動得太快。馬偕
必須至少再等一年，及至總會下一次會期，也是在海外宣教委員

會有時間在各中會中調查、中會與小會溝通、而小會開會討論並回報意見之後。

馬偕與海外宣教委員會初次會面

8 月底，當馬偕忙於他在亞伯特山的服事時，馬克蘭寄信給他解釋當下的狀況。馬偕則回信表達他的失望：「我只能說我感到極度遺憾，我們的教會無法在遠東地區或是幾座海島將滅亡的數百萬人中，建立一個宣教事前工。」而後他又加上一點令人不安的消息：他計畫在幾週內坐船前往蘇格蘭，「我希望在那邊停留一陣子。若情況允許……在那裡會與你聯繫。」[13] 馬克蘭知道蘇格蘭自由教會的宣教事工需要人手，倘若海外宣教委員會在本地教會的長老們和各中會考慮之時，讓第一個土生土長的自願者悄悄溜走的話，將會是一個莫大的損失。為要阻止馬偕接受蘇格蘭方面的派任，馬克蘭邀請馬偕在 10 月初出發前往蘇格蘭前訪問多倫多，希望當面提供他在海外宣教委員會的服事機會。1870 年 10 月 4 日，馬偕將首次與將來正式監督他在福爾摩沙的事工的機構會面。[14] 但初次的會面卻令人失望。

在馬偕介紹完自己之後，委員會「幾乎不曉得要如何安排」。馬克蘭確知讓馬偕不帶任何託付就到愛丁堡去服事的風險，因此敦促委員會「要立即接受與派任」，但其餘的委員「並不抱持希望或熱衷」。馬偕之後回憶時提到其中的一位委員：

……看著我的面對我說：「馬偕先生，您最好再等個幾年。」

另一位也認為應該推延時程：「既然他要到蘇格蘭去，就讓他去，等他回來我們再花一兩年考慮這件事。」還有一位則建議以馬達加斯加作為未來考慮的宣教領域。委員會召集人提出懇求……不過，我被告知他們會再思考這件事，也會在適當時候讓我知道他們的決定。[15]

我們無從得知，假如馬偕從普林斯頓畢業後就立刻得到宣教的指派，他是否還會到蘇格蘭去？到底這趟旅程是出於一種長久以來想要經歷「美麗的蘇格蘭」（bonnie Scotia）的渴望，也就是親眼見著他一生所想像的祖國樣貌，或比較是想與蘇格蘭宣教機構的理事建立關係，以便假如加拿大長老教會沒有行動，仍可進入蘇格蘭自由教會？馬偕計畫到愛丁堡新學院（New College，蘇格蘭自由教會的神學院）註冊，並在冬季時旁聽杜夫的佈道神學課程。馬偕日後宣稱，此時渡過大西洋純粹是為了與杜夫會面。當然，馬偕清楚知曉（馬克蘭亦然），杜夫是自由教會海外宣教委員會的召集人和實際發號施令的人，他一人的支持就能保證使人受派成為蘇格蘭宣教士。不論馬偕前往蘇格蘭的動機如何（有可能混和了個人朝聖之心、「結束」他的神學教育、藉著與杜夫的關係強化他的資格的意圖、以及務實的機會主義），他在愛丁堡的逗留必定在接下來的數個月給馬克蘭極大的壓力。馬克蘭急切地敦促各中會不要拖延，好使他能夠在下次總會會期前，準備好提議立即派任馬偕。

馬偕顯然是與他的朋友約翰·貝提斯比一同計畫蘇格蘭之旅。

▲ 1870 年代的亞歷山大·杜夫。

貝提斯比是馬偕在諾克斯學院的同學，馬偕在普林斯頓的期間一直與他保持信件往來。貝提斯比馬偕小一歲，孩童時期就已經從蘇格蘭移民至加拿大，在敬虔的自由教會家庭中成長。他在多倫多大學拿到學士學位，時間與馬偕從普林斯頓畢業大致同時，而後決定休息一年再到諾克斯學院修習神學。1870 年的夏天，貝提斯比住在馬偕新的宣教禾場之一的紐瑪克特，因此兩位朋友就定期於馬偕到鎮上時才會面。1870 年的秋天，他們一起到蘇格蘭（也許搭同一艘船），貝提斯比要探親，馬偕則到愛丁堡與杜夫會面和讀書。接下來的冬天，他們偶爾會見面，並一起到蘇格蘭各宗教聖地旅遊。兩位未來的加拿大長老會牧師，一起吸收祖國的精神並親身探索與祖國的「神聖連結」。[16]

出發前幾天，馬偕忙著「研讀並準備」前往蘇格蘭。如果
能進一步了解他的閱讀目的會是一件有趣的事：他到底是要複習
蘇格蘭歷史？或大量閱讀愛丁堡的觀光導覽？或想讀懂蘇格蘭自
由教會宣教方面的記述？還是研讀很快要見到面的教授及教會領
袖所寫的作品？對於這些我們無法確知，但他說是「研讀」，暗
示了他並不是以一個維多利亞旅人的身分來進行他首次的渡海旅
行，而更像是一個心中帶著確定且務實目的的商人。

　　1870 年 10 月 22 日，馬偕在魁北克登上艾倫皇家蒸汽郵輪
〈奧地利號〉（Allan Royal Mail Steamer，*S.S. Austrian*）。這艘 380
英呎長、代表現代工藝的螺旋槳蒸汽船；是三年前在格拉斯哥建
造而成的。〈奧地利號〉從魁北克航行到利物浦只需要十天，搭載
往返於北美和大不列顛的郵件、好幾噸重的商品以及數百位來自
各階級的乘客。這些付上可觀的代價、搭乘最精緻私人頭等艙的
富有商人、工業家和穿著時髦的上流社會旅客，都能在餐廳享受
豐盛餐點或在酒吧飲用昂貴酒品。中產階級的旅人則有風格較不
講究的私人或半私人臥鋪，也有價格不那麼昂貴的餐點選擇。許

多勞動和工匠階級旅客是返鄉的移民，或是短期到加拿大工作的
技術工人；他們就擠在船尾的下層船艙，通常是自己帶著簡單的
餐食、在一大片公用床墊上自尋空間睡覺。馬偕因為旅費短絀，
自甘於統艙的空間；處在這樣的環境，「再怎麼好也是很糟」，但
馬偕完全沒有渡海經驗和也未帶足食糧和用品，因此慘況更甚。

搭〈奧地利號〉回蘇格蘭探訪

在他們航向聖勞倫斯灣（St. Lawrence）、經過紐芬蘭
（Newfoundland）和拉不拉多省（Labrador）的三天中，馬偕還在
日記中記錄有趣的風景。但航行到大西洋後，他的日記便一片空
白，一直到船開進利物浦。也許馬偕為暈船所苦，沒有力氣記錄
他的印象。日後他回憶起這段旅程是「可怕的」，只因有「一位高
大魁梧的英國人」才令人稍能忍受。這個英國人每晚都會突然扯
嗓大唱一首關於喬治國王的老歌曲，並「以自己的方式伴舞」來
娛樂同艙的船友。[17] 貝提斯比可能與馬偕一同搭船，也可能先出
發，並在馬偕抵達時迎接他。直到〈奧地利號〉在 11 月 1 日清早
抵達利物浦之前，馬偕的日記都沒有提及他的朋友；當晚馬偕記
錄他：「在下午 4 點離開貝提斯比，登上往格里諾克（Greenock）
的〈企鵝號〉（Penguin）」。日後他回憶這段往北向蘇格蘭海岸的
短距航程，說是「一趟令人作嘔的旅途」，也許不是因為翻騰的
海浪，而是由於他對「醉酒船員和濫飲的乘客」的反感。[18]

雖然馬偕的日記並未提到他對蘇格蘭的第一印象，但格拉斯
哥不大可能是他會喜歡的地方。到了 1870 年，這個「帝國中的第

二大城」已經擴展到有超過 50 萬名的居民，當中有許多是從高地地區到南方來的工人。在歐洲恐怕沒有另一個地方能如此清楚展現資本菁英階級的富裕和勞工階級極度窮困的對比了。商人擁有、管理或供應格拉斯哥的造船廠、鑄造廠、陶作坊、倉庫、銀行、鐵路和無數商業性組織，住在迷人的新興社區，享受寬敞街道、花園和公園。但在舊的市中心，新來者每日湧入原本就已過度擁擠的居住地，即便是「格拉斯哥進步信託」（City of Glasgow Improvement Trust）這個當時開始大力進行貧民窟整頓計畫的慈善團體，也無法抑止髒亂、疾病和犯罪的現實。當時一位受委任記錄勞工階級之貧困的攝影師湯瑪士·安南（Thomas Annan）拍下住宅與建築間彎曲而令人窒息的巷道，就像是生病的世界中被阻塞的動脈，與僅有幾哩之遙、城市西側上層階級所居住規劃完善美麗的郊區，簡直是天大的反差。[19]

在回到祖國蘇格蘭的第一天，馬偕用來拜訪「偉大的派翠克·腓爾本博士（Dr. Patrick Fairbairn）」，與他度過「愉快的一小時」。[20] 馬偕會去找格拉斯哥自由教會學院的校長腓爾本，暗示了他造訪蘇格蘭的策略性目的，也顯示加拿大和蘇格蘭自由教會之間此時緊密的兄弟關係。雖然馬偕相對年輕也無經驗，但他無疑地視自己為長老教會的牧者，雖未受按立，但他持有北美最優秀神學院的文憑。馬偕顯然不覺得跟著腓爾本到他家，然後向這位和藹但有威嚴的學者自我介紹有何不妥。但腓爾本其實是大不列顛最傑出的神學家之一，與杜夫、湯瑪斯·格斯理（Thomas Guthrie）和其他幾位神職人員都是蘇格蘭自由教會最有影響力的領袖。

　　腓爾本著有大部頭學術著作《聖
經的預表》（*Typology of Scripture*），
是一本探究舊約中的人物和事件作為
預示耶穌基督生命的「預表」方式的
枯燥論文。雖然連他的仰慕者都承認
《聖經的預表》非常枯燥，它卻是大
西洋兩端的長老會學生的標準讀本。
1856 年，蘇格蘭自由教會總會任命腓
爾本為格拉斯哥的神學教授。他在那
裡寫了一系列的《聖經》註釋，並編
纂《帝國聖經字典》（*Imperial Bible*

▲ 威廉‧布列基。

Dictionary）。身為一位強烈委身於加爾文正統神學的《聖經》無
誤論者，腓爾本的著作贏得賀智的讚美，他們私底下也是舊識。[21]
　　馬偕很可能在普林斯頓時就已經接觸腓爾本部分的著作；他
應該也曉得腓爾本在三年前曾擔任蘇格蘭自由教會北美長老宗的
代表，在美國及加拿大巡迴訪視，並在加拿大長老教會年度大會
中演說。[22] 馬偕可能也知道腓爾本和杜夫是朋友，而杜夫每年 1
月和 2 月都會到格拉斯哥自由教會大學為神學生講課。儘管生性
害羞（且與他日後對宣教會議和教會政治的強烈反感有驚人的對
比），馬偕在 1870 年的冬天仍展現出為了達成目標而參與社交網
絡的良好能力。

被詩人修·威廉斯（Hugh William Williams）譽為「北方雅典」的愛丁堡，是維多亞時期的歐洲最美麗的城市之一。愛丁堡位處能俯望海洋的山丘之上，不管遊客從城市往哪一個方向望去，所見皆是迷人風光。雖然舊城也有像格拉斯哥那樣擁擠髒亂的街道（這些鄰里在馬偕抵達時正處於清理和「改善」的過程中），但愛丁堡大大受益於三個世代以來，為了創造出古典優雅氛圍和視覺和諧而進行的縝密都市計畫。城中巍然而立的是古代蘇格蘭國王曾坐擁的位於城堡丘（Castle Hill）上的灰色宏偉堡壘；此堡壘即便到了馬偕的時代，仍是蘇格蘭民族主義一個有力的象徵。

愛上蘇格蘭的寶貴中心愛丁堡風光

從城堡（Esplanade）沿著城堡丘、草坪市場（Lawnmarket）、高街（High Street）和修士門（Canongate）穿過舊城的中心，也就是在愛丁堡城堡和荷里路德宮（Holyrood Palace）之間的「皇家大道」（Royal Mile），也許是蘇格蘭最著名的房地產區了。沿著城堡北緣延伸的王子街花園，安靜的環境適合散步、野餐和

思考；花園再過去，18 世紀後期啟蒙時代的新城區建築展現現代都市設計，包括由筆直平行的街道聯繫起來的對稱住宅區塊網絡；其中最大的街道則是雄偉的喬治街（George Street，共 115 呎寬），幾位大英帝國的商業、文化和科學領袖就居住於此。

　　連接舊城與新城的是一座名為「土坵」（The Mound）的巨大人工山丘，建造於 1770 年代，由工人傾倒取自新城地基 150 多萬貨車運載量的泥土而成。1840 和 1850 年代間，威廉・普萊菲爾（William Playfair）在土坵上建造了幾座蘇格蘭最傑出的建築，包括他為新學院所設計兩座聳立尖塔，見證剛誕生的蘇格蘭自由教會對整個民族的重要性。

　　馬偕最終非常熟悉土坵、花園以及新舊城的街道。「我愛上了這個有名的老城，」他日後這麼回憶，「其中的城堡、教堂、皇宮，古老的景色和千百個珍貴的回憶。」這個從佐拉鎮來的鄉下小夥子敏銳地感受到，他已經位在蘇格蘭民族意識中的神秘中心：「我為著身在愛丁堡感到驕傲，雖然在那之後我兩次環繞世界，但不論是在東方、西方，我都未曾見過哪個城市可與『蘇格蘭的寶貴中心』比擬。」[23]

　　馬偕與一位名為約翰・泰勒（John Taylor）的男子一起在道爾瑞公園街七號租房，這棟出租住宅位於城堡西側朝向噴泉橋路（Fountainbridge Road）的道爾瑞區（Dalry），而此區多為勞工階級居住。馬偕很快就建立起之後整個冬季的固定日程，幾乎就是他在普林斯頓生活型態的翻版：早起進行晨間靈修，週間則用 20 分鐘輕快地漫步到新學院聽課，而後是習慣性的運動。他幾

乎走遍整座城市。他在愛丁堡的第一天探索了王子街，當時工人
們正在興建新的衛佛利火車站（Waverley Station）。他經過司各特
（Walter Scott）的雕像，並第一次仔細走過這裡的花園。接下來的
幾週，不論晴雨，馬偕每日都外出走動來遊覽城中風景：上到城
堡去瞻仰古時蘇格蘭國王的王權，下至皇家大道的荷里路德宮；
到卡爾頓丘（Calton Hill）的市立天文台，在普萊菲爾為了紀念對
抗拿破崙的蘇格蘭軍兵而建造卻未完成的仿帕德嫩神廟的國家紀
念碑（National Monument）的階梯上，對著周圍的鄉間景物沉思。
某些時候，馬偕會走上好幾哩路，到利斯（Leith）港區再走回來，
有時則探索博物館等附近區域，或在灰衣修士教堂墓園中獨自思
考。他也許也在墓園中看見受維多利亞時期英國人所愛的忠狗巴
比（Bobby）的雕像；這隻忠心的斯開島梗犬因為固執守護主人之
墓 15 年之久，而成為代表忠誠致志的國家象徵。

杜夫的威權獨裁風格

馬偕與杜夫是在 1870 年 11 月 8 日第一次見面的。馬偕在日
記中以粗黑及交叉的雙線記號標記這個事件。馬偕當天上午先寫
信給貝提斯比，而後到新學院去向教授們自我介紹，並請求旁聽
課程；結果，每年 11、12 月都在大禮堂給一年級和四年級的神學
生講佈道神學的杜夫剛好就在辦公室中。這位剛喪偶的 64 歲「宣
教士教授」為慢性病所苦，而他瘦高的身形也明顯開始彎駝。杜
夫白色長鬍下的口舌仍能熱切地講學，但經過兩個世代幾乎不間
斷的演說，聲音已經常「疲乏到幾乎只剩怪異的氣音而已」。但

杜夫的記憶或智性並未衰退，提倡海外宣教的熱忱或決心也絲毫不減。就連杜夫的批評者也敬慕他的正直和對宣教的投入。他在1878年過世，喪禮十分隆重，全國上下的報紙都刊登了這個消息。倫敦的《非國教派報》（*Nonconformist*）盛讚杜夫是一位超越信條和黨派的國家英雄：「事實是，如今在我們當中，已不再有偉大出眾的人了！」[24]

儘管身負教授和自由教會海外宣教委員會召集人的盛名和責任，杜夫卻是單獨一人生活著，有許多獨處、安靜讀經或讀詩的時間。這種半退休狀態和健康不佳的負擔，明顯對慣於活動的杜夫產生不良影響，也令他時常感到孤單。1870年寒冷的冬日歲月中，也許他很高興有一位仰慕他的年輕加拿大後輩時常來探望他，而這位後輩不只每日出席他11、12月的講課，更經常到他私人辦公室找他，甚至跟著他到格拉斯哥和亞伯丁去聽他為那邊神學生所上的課。

杜夫的威權性格眾人皆知，而此性格在他的講學及對宣教委員會的領導中也展露無遺。從課堂到與國會議員的會議，他在每個場域都會將自己的觀點當作教義般來推動，且通常會靠著純粹的意志力和頑固的拒絕讓步來戰勝反對的意見。《衛報》（*Guardian*）在他去世時就評論說，杜夫不管作為宣教士或教會政治家，「從未在哪個原則上投降，但反對聲浪似乎總會在他的論證和說服言詞前消失。」他以「恍若教皇」的姿態管理加爾各答蘇格蘭學院（Scottish College in Calcutta），而在不良的健康情況下，驅使他返回愛丁堡，之後，他仍以同樣威權式的態度來監督

自由教會海外宣教委員會。[25]《非國教派報》認為，杜夫的權威部分是由於他對蘇格蘭自由教會多個宣教禾場有前所未有的第一手認識，但也承認杜夫天生就是一個獨裁者：

　　……他對事物有驚人的敏銳度，他向委員會提出的所有計畫都非常卓越，因此在他底下鮮少有人會想提出反對的意見。不過我倒時常聽到委員會的成員以半開玩笑半生氣的口吻，講述他對他們的溫和專制態度。杜夫負責處理事務，委員們就是坐著聽話。原則上，除了他的聲音，不會有其他的聲音；假若近年來在自由教會的宣教工作上有任何可見的能量，主要也是由於杜夫博士的寬大心腸和堅不可摧的意志。[26]

　　儘管深具影響力，杜夫卻無法實現他最大的夢想。多年來他急著想成立一個蘇格蘭的宣教機構來培訓海外的宣教士，致力以學術角度檢視宣教相關事務，並在自由教會的每個神學院中提供宣教教授的終身職。最終只有教授職位得以部分實現，而這也被公認是對杜夫個人的致意，而不是蘇格蘭神學教育的永久作法。1867 年，幾位私人捐獻者奉獻一萬英鎊給自由教會，要設立一個宣教神學的教授職，而總會一致通過指派杜夫就任。然而，一般認為這個教授職位是單單為了杜夫個人設立，在他過世後便不再遞補。雖然杜夫的同事們都很尊敬他，但卻不認為杜夫的課與神學課程中其他的傳統單元都同樣重要。[27]

　　杜夫被受派每年都要到三所自由教會大學去講課，在愛丁堡

待兩個月後，1 月及 2 月到格拉斯哥講學，3 月則在亞伯丁。在愛丁堡時，他每週與一年級生會面三小時，四年級生兩小時。在短短六週中，他嘗試塞進大量的教材，遠遠超過了這些備受折磨的學生能消化的份量。杜夫沒有派定課文或報告，只要求旁聽生全程參與冗長的課堂，這些課程通常沒有講義，也常常變成他個人宣教故事史。杜夫粗糙的課綱大致是以對《聖經》中宣教紀錄的詳細分析為開始，特別會討論阻礙現代教會有效發展宣教事工的各種障礙。他將大部分的時間用來描繪「異教之邦錯誤的哲學、宇宙論、神話故事、偶像崇拜、迷信態度、習慣和風俗」，以及「所有與講道、教育、翻譯、當地教師和傳道人的訓練、當地教會的組織及其他實際運作相關的問題」。如果這還不足以濃縮成幾週的課程，杜夫還會嘗試從亞伯拉罕的族長時期前，開始對整個宣教歷史做一個綜覽，評估當今的全球宣教事工態勢，然後在現代宣教士最常受到的批評上提出辯護。也難怪有一位在 1870 年與馬偕一起聽完同樣課程但已厭煩的學生，日後描述杜夫的課就像從未真正活過來的「巨大雕像」般。[28]

杜夫的講課與馬偕的崇拜之情

很少有學生喜歡杜夫的講學。根據新學院教授教牧神學及基督教護教學的教授威廉·布列基（William Garden Blaikie）的分析，許多學生「剛上完大學的哲學課」，無法忍受以《聖經》為根據或看似缺乏智性複雜度的論點。[29] 對這些沒有經歷過分裂或宣教復興的學生來說，在禮堂前方踱步的杜夫，一定就像一頭怪異的

恐龍，偶爾脫去長袍，口中噴出他「塞爾特人的本性」，正如大
眾會想像的舊約先知一般。[30]《非國教派報》在 1877 年承認，
「他並不是很成功的教授；他的風格不夠學術；他的談吐有一種
東方的熱情，但在煤氣燈大會堂那種對著大批群眾發出勸告的魅
力，到了手拿著筆記本、坐在教室裡的一小撮學生的耳裡，就走
調了。」[31] 傑出的自由教會記者威廉・尼寇爾（William Robertson
Nicoll）是 1870 年杜夫在亞伯丁所教授的神學課程的學生之一，
他如此評論杜夫，「說來古怪，他竟然沒有任何啟發性。」[32] 當時
與馬偕一同聽課的知名學者亨利・德羅蒙（Henry Drummond），在
「老人家對異教之邦傾倒他的靈魂時」，用現代小說自娛。德羅蒙
描述杜夫給他和許多同學的微弱印象：

> ……他的課只有六週的時間，對他計畫要放入的教課範圍和
> 偌大數量的細節來說，實在太短……某堂宣教歷史的課從上帝永
> 恆的旨意開始一直講到初代教會才打住，另一堂講到印度神學，
> 實在令我們摸不著頭緒到底與歷史有何關係。也難怪具備這麼豐
> 富和火熱智性的教授會對年輕人的冷漠大為憤怒，因為他們既沒
> 有老師的神學能力，也不像他有使徒般的熱情。我們無法理解毗
> 維濕奴神（Vishnu，譯註：印度教三大主神之一）的化身，也對
> 亞伯拉罕以前的族長也沒有興趣……愛丁堡的學生少有人投身國
> 外宣教。我們很痛苦地嘗試要經歷偉大宣教士的心腸。[33]

因此，杜夫對馬偕「特別慈愛」也就不令人意外了。這位「飄

洋過海來坐在他腳前」的加拿大年輕人對杜夫的熱忱和仰慕，必然顯得出眾。馬偕的日記顯示，他整個冬季都忠實出席杜夫給一年級和四年級生的課堂，也常在課餘時拜訪杜夫。杜夫激動的勸誡無法使世故的德羅蒙銘記，卻深刻激勵了馬堅志牧師的屬靈兒子；他在杜夫的某場講學後，說這是他所聽過「最偉大的演說之一」。[34] 而杜夫邀請馬偕到家中晚餐的那個傍晚，對馬偕而言，簡直是與神的神祕會遇；他以十分的敬意記錄杜夫將幾年前〈荷蘭夫人號〉（*Lady Holland*）船難時奇蹟救出的《聖經》交在他手裡的時刻，說這本《聖經》「在我眼裡是雙倍的神聖」。[35]

　　馬偕珍愛杜夫贈送的著作《基督教會的主要目的：宣教》（*Missions: The Chief End of the Christian Church*，1839），在 1870 年年底時，他詳讀這本給新進宣教士的建議手冊。杜夫認為宣教士的生命是受召進入無盡的屬靈爭戰中，其中可怕的敵人從各個方面攻擊基督的精兵。宣教士當然能夠預期與異教徒的正面衝突，包括「幼稚的愚蠢、無謂的儀式、兇惡的罪行、不人道的殘暴，唉，就是每日每時在宗教崇拜這可敬的名下所行的放蕩無恥之事。」但宣教士對「來自掛名基督徒的批評」卻較無戒備；這些人會大聲讚揚宣教士的自我犧牲，卻在他們沒有用所花費的金錢生出可見的戲劇性果效時發出攻擊。宣教士要預期會有來自異教之邦的領袖和家鄉敵人無止盡的批評，會被教會會眾誤傳與誤解，也要面對內心的自我懷疑、驕傲、偶像崇拜和絕望的惡魔。杜夫認為，他們所面對的是不可能的任務，若要達到任何程度的成功，都必須恆切禱告，並不忘單單倚靠上帝。基督才是優良的

宣教士一切成就的源頭；在他們面對個人不可避免的各各他時，也只有聖靈的大能可以托住他們。[36]

對 1870 年當時許多即使是成長於蘇格蘭自由教會中的年輕人來說，杜夫舊式的加爾文屬靈思維已經是過去式，但對在佐拉受約翰·麥唐諾的子弟教導成長的馬偕而言，杜夫的信仰是如此熟悉和無可爭辯的真實。「英雄杜夫」是年紀漸長的愛丁堡教牧群中的一位，當蘇格蘭年輕一代的學者開始帶著自由教會走向更現代主義的方向時，他們仍持守著分裂時期的舊式福音派標準。不同於堅守反對德國浪漫主義立場以及新《聖經》批判的普林斯頓神學院，蘇格蘭自由教會的神學院當時正捲入痛苦的神學論戰中；借一個教會史學家的話來說，這場戰事很快就「革命了」蘇格蘭教會。[37] 從馬偕的日記中，我們無法得知他是否察覺新學院中的學術論戰，但他選擇去旁聽最接近加爾文正統和《聖經》無誤論的傳統派的課時，仍令人訝異。

史邁頓和布列基力抗學術氣候變遷

聽完杜夫早晨的講學後，馬偕也習慣每日去聽喬治·史邁頓（George Smeaton）的新約釋經學或布列基的教牧神學講座。對古代及中世紀《聖經》註釋以及改革宗和現代神學有百科全書般知識的史邁頓（1814-1889），他強烈護衛韋斯敏斯德信仰告白和自由教會的正統教義。他的關於救贖和聖靈的著作最為人所知，他帶領學生綜覽《聖經》詮釋面對的挑戰，也譴責悖離新教改教者詮釋的現代研究。史邁頓和杜夫一樣，對許多年輕學者來說，在

智識方面如同古代化石。在 1870 年代的自由教會中，擁抱進化論思想和黑格爾哲學的年輕人日益增加，他們巴望能夠用新的方式來詮釋古代的《聖經》文本。哀嘆於學術氣候變遷的史邁頓徒然嘗試要力挽狂瀾，但發現能夠認同他講學的學生，卻年年減少。[38]

　　布列基（1820-1899）與史邁頓同樣委身於加爾文正統神學，但較不好戰，也更關心牧養事工。身為湯瑪斯·查麥士（Thomas Chalmers）的門生，布列基和史邁頓一樣，在 1843 年離開蘇格蘭教會建立自由教會的牧師之列中。他在愛丁堡附近的皮爾瑞（Pilrig）成為牧師並牧會，而此區多為勞工階級，低薪、貧困和酗酒問題嚴重；他也深刻投入城市宣教的事工中。與當時大多數人一樣，布列基支持自由市場經濟，反對極端的勞工組織，並相信工業主義的問題應該藉著謹慎經營的慈善事業和窮人的道德提升，才能有最好的解方。他相信，唯有真正的基督信仰、而不是政治鬥爭，才能使資本家的心轉向工人，也能使勞工擁有能助他們脫離貧困的自律之心和人格。他敦促勞工避免參與工會和罷工，同時又告誡雇主承認勞工該有的權益和尊嚴，也要以公義公平與勞工交涉。受這些老派信念的驅使，布列基也投入禁酒運動、主日學教育、住宅改革、特別是城市宣教，而後者最終也使他在 1873 年時與當時訪問愛丁堡的美國復興佈道家杜威·慕迪（Dwight L. Moody）成為好友。[39]

　　布列基擔心，大多數的神學生缺乏在大分裂時期啟發許多牧者的福音派敬虔和《聖經》根基。他在講學中試圖要幫助學生「擺脫」因太多「不切實際的觀念」和對《聖經》太不熟悉而產生的

智性懷疑。他特別珍視牧養學生的職分，試著以個別認識每位學生來建立有效牧養生活的典範，並在每節課開始時為他們代禱。雖然布列基知道某些神學生認為他與時代的脫節是無可救藥的，但他仍堅持牧者必須以《聖經》作絕對的引導，來處理所有的牧養議題。在他的講學中，居首位的是《聖經》而非哲學或社會理論。[40]

布列基在 1870 年到西安大略時，發現加拿大長老教會與蘇格蘭自由教會有驚人的相似度，因而激發他的想像。他在寫給蘇格蘭總會的報告中，提到若他被派任至新學院前就已被呼召去加拿大牧會的話，將會非常地快樂：「我很難想到還有什麼其他方式……比能去到一個日後註定……要成為大國的殖民地，並按照福音派和《聖經》的典範去形塑當地人民更令人滿足了。」[41] 布列基帶著世界各地的長老會宗派「能更緊密聯合」的夢想回到愛丁堡，也成為 1870 及 1880 年代嘗試合併長老會在全球宣教工場的泛長老會聯盟（Pan-Presbyterian）背後的主要推手。因著對加拿大的興趣，布列基時常邀請馬偕到家中喝茶談天，而覺得布列基「十分和善」的馬偕，應該也曾被吸引到他的課堂上聽講。[42]

服事七個牛門窮人家庭

杜夫與布列基也一同指導新學院的學生宣教協社團（New College Student Missionary Society），時常參加每週六早晨的禱告及討論會。馬偕在愛丁堡的時日，忠實參與其中並積極加入城市宣教工作。此協會從建校起就投入在愛丁堡窮人區的服事，先聚

焦在西港區（West Port），後則是卡農門。馬偕參與時，政府進步
信託（City Improvement Trust）的貧民區清理行動使得他們的服
事轉移到牛門（Cowgate）；因此學生被指派關心此區約 500 戶家
庭，其中有 200 多戶是羅馬天主教徒。[43] 選擇此區的布列基，認
為城市宣教工作在牧職教育中特別重要。他認為，既然多數自由
教會的學生來自小康家庭，除非他們親身接觸到「惡魔工作的某
些部分」，否則可能無法正確理解恩典最根本的本質。

　　讓他們接觸酒鬼和卑賤的人；接觸屬天形象已喪失殆盡的靈
魂；接觸被慾望和不法所殘忍對待、對社會而言是敗類和折磨的
男與女。這些人要怎麼被革新？唯一能將他們舉起的，是神展現
在基督之愛與犧牲中的恩典大能。否則他們陷在如此的深坑中，
是無法救拔的。[44]

　　我們不曉得牛門地區的窮人是否比馬偕在普林斯頓的窮人之
家所遇見的處境更為卑賤？但他在愛丁堡所遇到的窮人數目必是
他前所未見的。整個冬季，馬偕固定探訪「此城市中最糟的地區」
的七個貧困家庭，並與一位垂死的老兵成為好友。馬偕珍視這些
訪視的機會，在一封寫給馬克蘭的信件中，說他「如此喜愛跟這
些人相處」。他特別喜愛聽這位老兵講述在遙遠印度或克里米亞半
島上的冒險故事，並大受這位將逝去的戰士面對死亡的平靜態度
的激勵：「我是如此歡喜聽到他說，他已準備好要離去！」[45]
　　馬偕在窮人中的服事助長了他想要「到外邦人中」的慾望。

他如此觀察並告訴馬克蘭，但他試著「不要失去耐心」。當等候加拿大那端的消息時，他時常默想神至高的主權和自己的無助和不配，而此種屬靈的自我貶抑與在他之前數個世代的加爾文派佈道家遙相呼應。在給馬克蘭的一封信中，他吐露：「隻身在這個城市的我，在房間裡，我享受與我的上帝之間的親密交通，也深感祂對我慈愛的祝福；我是如此容易失腳——忘記上帝並得罪祂，如此的不配、軟弱和無助。」[46] 我們也可以從馬偕的日記中看見他並不是刻意說出這些敬虔的話來引起馬克蘭注意的。他在 1870 年 12 月 31 日的日記中，記錄了這一年的重要發展，並展望仍然未知的未來：

上帝今年十分憐憫我，我卻是如此不忠心。喔，我的上帝啊，打開我的心，使我愈發看見自己的罪惡，可以在未來的一年能靠祢恩典得力，榮耀我的救主。我的靈魂讚美耶和華……並更加學習去愛祂，使我最終能享受永恆的生命……阿們。我的心靈要讚美主。[47]

▲ 1870 年的愛丁堡王子街。

不同於在普林斯頓的年日，馬偕在愛丁堡的社交生活十分活躍。他維持每週日參與三堂禮拜的習慣，大多是在各個自由教會中。身為來自加拿大的合格傳道人，馬偕接到許多愛丁堡牧者一同用餐的邀請，與他們一起討論殖民地區的宗教情勢，他也時常受邀晚堂的禮拜講道。幾年之後，馬偕曾誇耀他在愛丁堡所遇見的教會領袖，包括在大分裂時期，在自由教會中扮演重要角色的兩位資深領袖羅伯·康吏胥（Robert Candlish）和湯瑪斯·格斯里（Thomas Guthrie）[48]，以及曾寫過一系列在英國廣被使用的地理教科書的愛丁堡師範學院校長羅伯·安德森（Robert Anderson）。[49]從馬偕的日記中，我們可以看到愛丁堡的自由教會在 1870 年時是一個來自大英帝國各地的蘇格蘭教會人士的匯聚之地，有當地的長老會信徒、也有來自全球各處殖民地的訪客。在禮拜和宣教聚會中，馬偕認識了來自紐澳、印度和非洲地區的自由教會會友，也常常遇到加拿大人，例如剛從多倫多諾克斯學院校長職位退休、來到愛丁堡充電的麥可·韋利斯（Michael Willis）。[50]

　　馬偕也數次走過皇家大道，到愛丁堡大學去聽知名的詩人以

及希臘文化學者約翰·史都華·布萊基（John Stuart Blackie）講學。

　　這位姿態引人側目的教授以不穿傳統學術長袍、而是以時髦的斗篷和活潑的貝雷帽聞名，也是研究希臘黃金時期的權威，但更為知名的，是他所寫關於蘇格蘭生活的流行民謠。從未對古典文學展現興趣的馬偕，對布萊基的好奇也許是因為他寫過許多對蘇格蘭大清洗行動的攻訐，也曾發表許多對正在快速消失的高地傳統的感性頌詞。這首批判蘇什蘭大清洗行動的詩作正是布萊基所寫：

　　　　美哉史特拉內維爾（Strathnaver），蘇什蘭之驕傲，
　　　　羊兒在其上鳴聲響亮，
　　　　然而風笛、歌聲、舞蹈不再，
　　　　踩踏在你綠色土地上的勇敢族人亦不復見，
　　　　美哉史特拉內維爾！

　　　　美哉史特拉內維爾，蘇什蘭的驕傲，
　　　　我徒然為你流下眼淚；
　　　　吟遊詩人的頌歌是這山谷應得的稱讚，
　　　　但將人們帶回美麗史特拉內維爾的風采，何處能尋？[51]

　　布萊基也為蘇格蘭聖約派信徒寫過最悲楚動人的頌詞。這些聖約派是在 1660 年欲逃往愛丁堡南方山丘避難時被皇室的軍隊砍死的——在 1870 年的冬季時分，聖約派對馬偕來說幾乎是可以

▲ **愛丁堡灰衣修士墓園的殉道者紀念碑。**馬偕非常著迷聖約派的紀念碑。他在日記中記下了灰衣修士墓園著名的殉道者紀念碑上的碑文，內容是讚頌聖約派信徒甘願為了耶穌君王而犧牲。

觸及的存在。在佐拉鎮，馬偕兒時已經聽過許多聖約派對抗查爾斯二世的英勇事蹟；在長老會的傳統敘述中，查爾斯二世竊取基督的君權，用令人憎惡的主教來綁縛人民。如今當馬偕走在愛丁堡的街上，特別是蜿蜒穿過灰衣修士墓園時，神秘的過去就浮現在他眼前。不管是獨自一人、或是與朋友一同，馬偕造訪許多與聖約派抗戰相關的場域，深受他們為主忠心而受苦的榜樣所激勵。在他為自己前方的道路禱告時，一座立在盧以恩地（Rullion Green）大理石碑上幾乎要褪去的碑文必定讓他感到意義深遠。馬偕是在 1871 年 3 月時與他的房東泰勒一同造訪此處的。[52] 他站在開闊的山丘上，凝視著這塊褪色的石碑，受感動要在日記中記下這段詩句：

> 雲彩見證人在此長眠，為了基督勇挺身，
> 心之所繫唯真實自由，無奈暴政狠狠蹂躪；
> 驕傲主教視主民為仇，將此自由傾覆不留。
> 基督君王在聖徒胸膛，為主律法奮鬥而亡；
> 為主威望勇敢揭竿，倒下終得殉道華冠。

馬偕在冬季時經常去的灰衣修士墓園，當中殉道者的墓碑同樣也
影響了他。他在其中一次造訪時將碑文記在口袋日記中：

> 過路人，請留步，眼之所見細思量，此墳欲把聖徒彰。
> 彼等葬此塵土中，勇抗虛謊，流血盡忠。
> 堅貞持守聖約律法，只願在地有如在天；
> 卻因主教派之惡慫，平白犧牲同埋塵煙。
> 聖徒兇犯同歸塵土，兇者亦死正義得張。
> 聖徒之死只因忠信，熱切見證基督為王……
> 彼等忍受惡敵之怒，謾罵、折磨、受傷、死亡，
> 終將由此眾苦難得羔羊榮耀同享。[53]

在福爾摩沙的歲月中，其他的宣教士有時注意到馬偕是勇於
迎接困難的。當他遇見會令其他西方人短暫退避的情況時，他拒
絕尋求安適。馬偕的同工華雅各醫生，懷疑他有殉道者情節，且
似乎追求死亡。這種魯莽可能是受了激發他使命感且根深蒂固的
故事所驅使的，可能也是他有意識或無意識追求被派任為宣教士
的動機。1870 到 1871 年的冬天，當馬偕在愛丁堡等待馬克蘭的
消息時，他顯然深深著迷於聖約派勇敢為基督君王殉道而得到永
恆名譽和不朽榮耀的英雄主義。

❖

　　雖然馬偕無法確定呼召會來自加拿大、蘇格蘭或美國，卻有信心上帝已經將他分別出來去做宣教服事，他似乎也認為印度會是他未來的禾場。在杜夫的引導下，馬偕專注學習印度語，私下跟一位在加爾各答居住多年的東方學者湯普森（Thompson）學習。[54] 抵達蘇格蘭不久之後，他在一封信中告訴馬克蘭自己打算為在印度大陸的工作進行準備：「我已經將整個注意力轉向印度，也開始專心研讀杜夫博士所推薦的關於印度歷史、文學及神話，和他們的風俗禮儀的著作。」最後也以一段模糊的話語作結：「回到加拿大後，我就會準備往印度去。因此我希望知道加拿大長老教會的意向，以便決定是要為此地教會或美國教會服事。」馬克蘭不需要馬偕提醒他「這裡的呼召聲量極大，美國也是，教會焦急地等待人前往將滅亡的百萬人中，宣講『基督並祂釘十字架』。」[55] 馬偕明顯是在對馬克蘭和加拿大的宣教委員會施壓。加拿大長老會現在是要站出來擁抱他們宣教的責任？還是馬偕應該在其他宣教機構的監督下到去印度呢？

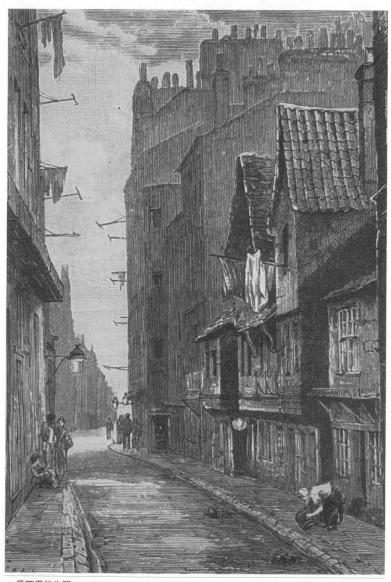

▲ 愛丁堡的牛門。

巴博尋找願前往中國的宣教士

　　就在馬偕向馬克蘭施壓的同時，愛丁堡另有他人正盯著馬偕，想像一個不同的可能未來性。在 12 月某個傍晚，馬偕受邀到富商和投資家喬治·巴博（George Freeland Barbour）的別墅晚餐。雪白的頭髮和鬍子使 60 歲的巴博看起來比實際要老一些，但他是一個非常富裕的商人和鐵路投資者。自從一雙兒女在曼徹斯特的鐵道意外中悲劇性身故後，巴博就從事業中退下，投入在宗教活動中。身為英國長老教會海外宣教委員會蘇格蘭輔助協會（Scottish Auxiliary of the English Presbyterian Church Foreign Mission Committee）的秘書，巴博在中國廈門、汕頭和福爾摩沙的宣教工作中扮演關鍵角色。喬治·巴博和他的弟弟勞勃·巴博（Robert Barbour）為此捐了大筆錢，不只是作為宣教士的薪資，更用來興建學校、醫院、教堂，並資助宣教士杜嘉德（Carstair Douglas）出版大部頭的《廈門方言字典》（*Dictionary of the Amoy Vernacular*），而這本巨著是馬偕之後學習台灣語言時所熟讀的。

　　巴博一直在尋找能差派至中國南部、特別是汕頭的人選，他所親愛的妻舅大衛·薩迪曼（David Sandeman）在那裡因為霍亂而病故。而汕頭的英國長老會宣教士（都是蘇格蘭人）也不斷請求家鄉派宣教士、醫師和能開啟客家人事工的人支援，他們總是直接將所需訴諸巴博，巴博也會盡力幫忙。馬偕受邀的當晚，巴博也邀請在廈門宣教的吳威廉醫師（William Gauld）（譯按：與後來從加拿大來台接替馬偕的吳威廉牧師同名但不同人）和汕頭的金

輔爾（Hur Mackenzie）。四個人話聊中國的種種，巴博也給馬偕看了賓惠廉宣教時一直帶著的傘。[56]

　　很遺憾地，馬偕沒有記錄他對吳威廉或佐拉牧師馬堅志的姪兒金輔爾的第一印象，也沒有記下他們談話的細節。我們也無從得知兩位休假返鄉的宣教師如何看待馬偕？不過巴博很有可能在此次的會面後，就有讓馬偕派任到中國的想法。現存的英國和加拿大宣教委員會之間的通信並不完整，也沒有記錄巴博是否為了馬偕對兩方進行干預。不過在中國南方的英國長老會所有宣教士都知聞馬偕的派任，並且顯然都相信馬偕是要以英國長老會同

工的身分到中國、特別是汕頭來，也因此到最後，馬偕決定到台灣時，他們無比失望。他們在信件中提到他們被誤導而誤解馬偕的意向，而這很可能是源於巴博與汕頭宣教士之間通信時的誤會。

◀ 賓惠廉。

1871 年 2 月 9 日，馬偕收到馬克蘭捎來的令人振奮的消息。此時馬克蘭已經搬到比較知名的渥太華諾克斯教會，而渥太華又是加拿大自治領的政治中心。雖然馬克蘭還無法做出承諾，但幾個中會已經希望能指派馬偕到印度或中國宣教。馬偕隨即回覆表達感激，說「儘管地上各處或有冷漠，但我們所愛的教會中確實存在一股真實的福音派精神。為此我感謝上帝。是的，我為著主的美善讚美祂。」雖然馬偕當時已經上完最後一堂印度語課，他仍強調假若印度並非加拿大教會的首選，自己願意考慮其他的服事場域：「只要教會願意接受我卑微的服事，我願意到世界其他的任何一個地方。」[57]

等待、放鬆、默想、祝福

　　接下來的幾週，馬偕一邊等候馬克蘭進一步的消息，一邊準備結束愛丁堡的學習與他在牛門所服事的七個家庭道別，並在 3 月時到亞伯丁與杜夫會面，後者剛開始在當地的自由教會大學（Free Church College）授課。馬偕在亞伯丁聽了幾堂杜夫散漫無章的課，

也拜訪幾間自由教會，並與杜夫與被學生描述為「態度嚴厲且在正統上絕無妥協」的校長詹姆士・拉姆斯登（James Lumsden）家中共進晚餐。[58] 亞伯丁這個在蘇格蘭自由教會三個神學院中最小的一間，在 1871 年時只有 30 個學生，而他們都必須出席杜夫每日的講學。馬偕在亞伯丁的第一天，坐在杜夫講課的禮堂門邊——這位老英雄看見仰慕他的門生，請他從這群冷淡的學生中起身：「諸位，這是我從加拿大來的朋友，將要前往異教之邦。請讓他看到『花崗岩城』（譯按：亞伯丁因建築統一採用花崗岩為建材而有此別名。）中也有充滿愛的心腸。」最後一次聽完杜夫的課後，兩個人沿著亞伯丁的主要幹道「聯合街」（Union Street）一起往車站走去。他們在車站分別，而杜夫緊緊握住馬偕伸出來的手，給予離別的祝福，「所說的話語慈愛神聖，無能複述」。馬偕在日記中潦草地記下「最後一次見他」，但是用厚厚的墨水在底下畫了線。[59]

　　告別杜夫之後，馬偕轉向蘇什蘭。3 月 14 日，他在風雪中搭火車往北至戈爾斯皮（Golspie）夜宿一晚，隔日早晨再徒步往南走了幾哩到利特費里（Little Ferry）的一座小村。馬偕的叔父約翰・萊斯里・馬偕（John Leslie Mackay）在村裡有一間小屋跟一小塊地。接下來的一個月，馬偕很放鬆（也許是他生命中時間最久的一次休息了）：在戈爾斯皮、恩博（Embo）和多諾赫的海邊散步、到羅格特區的山中健行、與他的蘇格蘭親戚和好奇的村民們愉快談天。許多個晚上，馬偕會問他們「令我感到興趣」的問題直到深夜，有時則在外頭獨自漫步，在高地的天空下「默想上帝的話語和作為」。他有時住在叔父家，有時在家族友人羅斯

（Rose）夫婦家，他們也帶他到許多當地的景點遊賞。他豐沛的好
奇心使他到處探尋，包括多諾赫北邊數哩遠的斯科博堡（Skelbo
Castle）的遺跡、恩博石頭碼頭、散佈在此區的鐵器時代的堡壘、
以及位於戈爾斯皮近郊為古代蘇什蘭貴族所坐擁的鄧羅賓城堡
（Dunrobin Castle）。一位年老婦人坎貝爾（Margaret Campbell）帶
馬偕去看他母親兒時所住的小屋，羅斯太太則與他走進山中一處
美好的地方，能看見遠方蜿蜒的河流和四面聳立的山丘。馬偕
「無比且真心地享受這一切」風景和人情，並且常常默想上帝的護
理和「每時刻」澆灌在他身上的祝福。[60]

重新得著力量：樂觀與感恩

當地居民把馬偕當作是名人來接待他，他的堂兄弟亞歷克斯·
萊斯里（Alex Leslie）帶他參訪恩博公立學校。這所學校只是一棟
破舊的一棟建物，幾年後，政府督學呈報說此學校年久失修，「慘
淡淒涼」且極度「骯髒」。[61] 幾位自由教會的牧者也邀請他去講道。
他在抵達數日後便受邀到喬治·甘迺迪（George Kennedy）的教會
去講道；這位甘迺迪的父親正是馬偕一家在 1830 年離開蘇格蘭到
加拿大——當時多諾赫教區的牧師。我們雖然不曉得馬偕面對這
些蘇格蘭鄉親（許多人是第一次相見）時的思緒，因為他只在口
袋日記本中以他特有的風格記錄最基本的事實。但他日記中一個
引人注意的細節，也許暗示了他此時的感受：當他講解路加福音
的好撒馬利亞人的故事時，馬偕是同時使用蓋爾語和英語，這與
他之後幾個主日在羅格特和戈爾斯皮的講道形成強烈對比——馬

偕特別提到在羅格特和戈爾斯皮時，他是以英文講道，而當地牧師以蓋爾語講道。馬偕顯然希望留下良好的第一印象，讓他的聽眾知道雖然他出生於遙遠的加拿大，卻熟悉他們心中的語言。我們不清楚馬偕的蓋爾語是否純熟到能夠講完一篇完整的講章，因為他的日記鮮少提到他使用蓋爾語，但他確實懂得蓋爾語，且從孩提時代就熟悉蓋爾語福音派講章的特別音律。那天早晨，他在多諾赫這間小小的石砌教堂無論講的大多是蓋爾語或是英語，他的努力都具有重要的象徵意義：馬偕希望拉近他與聽眾的距離，脫去他所受的英式教育的重量，使自己成為他們當中的一分子。[62]

馬偕在蘇什蘭的短暫時光使他重新得著力量。他這個月的日記顯示出無盡的好奇與快樂，而到了要與他的叔叔嬸嬸和羅斯夫婦道別時，他們都「充滿悲傷」。[63] 這趟旅途的唯一陰影就是馬克蘭仍未能給予明確的說明。及至一個月的行程即將結束，馬偕仍處於不確定中，於是又開始考慮到蘇格蘭自由教會或美國長老會服事。而後，1871 年 4 月 14 日，正當馬偕準備返回加拿大時，渥太華寄來的一封信告訴他加拿大長老教會海外宣教委員會已經投票決定，將在魁北克舉行的總會開議中請求派任馬偕。馬偕雀躍地記下：「上帝已垂聽、上帝已應允。祂榮耀的名當永遠被稱頌。」[64]

當晚馬偕打包好行李，三天後便搭船返鄉，與 700 多位「景況墮落且敗壞」的愛爾蘭天主教移民擠在〈蘇格蘭號〉（*Caledonia*）的統艙中。暴風雨中的航程常使他暈船，但身體的慘況沒有澆熄他的樂觀和感恩：「大浪捲起……大海喧騰。偉大的上帝我為祢的美善感恩。」當他感覺稍好時，他便研讀〈使徒行傳〉，看作

者描述初代教會在宣教中擴張的故事，也對同艙的船客講了幾次
道。不過大多數時間馬偕都默想著上帝恩典的供應，使他如今如
此接近長久夢想的實現。[65] 啟航後第 17 天，船隻抵達紐約市。
馬偕慶幸自己還活著，雖是旅途困頓，卻也熱切地想要「看到乾
淨、有生氣的景象來振奮心情」。他在城裡待了一個週末才搭火車
回加拿大。1871 年 5 月 10 日，馬偕帶著蘇什蘭親友的問候走進佐
拉鎮的家門，這個深具決定性、使他克服所有對未來的懷疑的多
事之冬，也到了盡頭。正如在灰衣修士墓園中的殉道者紀念碑下
所安葬的聖約派信徒，馬偕已經注定要進入君王耶穌軍隊中服事。

▲ **維多利亞時期的多諾赫**。馬偕在 1871 年拜訪他在多諾赫的親戚的那一個月，是他生命中最
快樂的年日之一。他以蓋爾語在自由教會講道，與堂親到附近區域健行，行程的最後也收
到馬克蘭的來訊，說他將被加拿大長老教會派任為宣教士。他在日記中記下：「上帝已垂
聽、上帝已應允。祂榮耀的名當永遠被稱頌。」

第八章

加拿大亞洲宣教士誕生

　　馬偕這個人選，似乎是上帝對威廉·馬克蘭禱告的回應。幾年來，馬克蘭一直夢想著加拿大長老會能在亞洲開始宣教事工，如今終於有一位出身本地的自由教會之子，帶著一股對海外事工的熱切呼召，挺身而出。馬克蘭相信加拿大長老教會已是時候決定是否要委身在「外邦人的救贖中，不只是在言語上，更是以行動證明」了，因此他馬不停蹄地在整個宗派前為馬偕喉舌。在馬偕第一次與海外宣教委員會令人失望的會面後，馬克蘭馬上寫了一封詳細的文件給所有中會傳閱，催促他們要把馬偕的派任視為首要之務。[1] 接下來的數個月中，當馬偕在愛丁堡緊密跟隨杜夫時，馬克蘭就悄悄地在家鄉推動他的想法，希望能在下次總會前取得多數中會確定的承諾，能派任馬偕前往印度或中國。

巴黎中會首先回應，其餘中會緩慢回覆

　　馬克蘭很難再找到比馬偕更好的宣教士人選 —— 馬偕具備對宣教的熱忱、高地地區固有的敬虔和對老派長老宗派主義的委身，這些都與馬克蘭自己的背景和宗教觀相符。馬克蘭寫信給各中會介紹尚不為人所知的馬偕時，說他的「敬虔、謙遜、專注且有適切才賦」是完美的結合，也是一位已經在家鄉的初次宣教中留下「極佳的印象」的年輕人。馬克蘭特別強調馬偕身為佐拉子弟，在靈性和神學上都是可靠的：「在馬堅志牧師的牧養下成長⋯⋯且是教會職員的兒子」，他在幼時就有「服事外邦」的心志。馬克蘭提到，這些領受屬天呼召的早期記號，在他就讀諾克斯和普林斯頓時期更加深化，因此現在是教會確認這個呼召、「不

再遲延」差派他往海外去的時候了。馬克蘭也明說馬偕在愛丁堡過冬，同時等候著自己所屬宗派的決定，若是被拒絕，就會到另一個教會去服事。[2]

　　日後，馬偕把 1871 年描述為是加拿大教會的「冰河時期」，[3]想必是對馬克蘭的信所收到的緩慢回應感到灰心，這可以從他在日記中「時常祈求耐心」看出來。有他所屬的「巴黎中會」因為熟知他的個性和抱負，只很快地採取行動。海外宣教委員會的一個成員湯瑪斯・羅瑞（Thomas Lowry of Brantford）甚至在收到馬克蘭的信件前，便催促中會要採取行動，因此巴黎中會是首位要求委員會要「採取必要的行動」留下馬偕的中會。[4]貴湖（Guelph）和史特拉福（Stratford）兩個中會，12 月初也跟上腳步；貴湖中會記下「衷心感謝上帝，教會長久以來的渴望很快能得以實現」。[5]但儘管馬克蘭請求每個中會最晚在 1 月中要給他確切的回覆，多數的中會仍到 2 月或 3 月才開始討論他的信件，而選擇先處理明顯且更為迫切的當地事務。

　　新年時，馬克蘭仍然只有一些「稍具盼望但不確定的結果」可以分享給焦急的馬偕，到了 3 月中，委員會才收到足夠的回應，自信地發出行動。所有中會都給予回覆只有一個例外，有三個中會投票決定因為教會的財務危機，暫緩一切海外工作，但其餘的 14 個中會都建議派任馬偕到海外宣教，只是宣教目的地有偏好新赫布里底群島（New Hebrides）、印度或中國的。最終是由海外宣教委員會來建議耕耘之地。[6]

　　1871 年，加拿大長老教會的月刊《家鄉與海外會誌》（The

Home and Foreign Record）4 月號的頭版，刊載馬克蘭的一封宣告的消息信：各中會已經「全體一致」贊成往「外邦之地」的宣教「邁進」，而海外宣教委員會也將召喚馬偕到即將在魁北克市舉行的總會年會接受任命。但這個將為加拿大長老教會的歷史帶來新篇章的決議，需要每位長老會會友在財務上有更大的委身。馬克蘭無所畏懼：雖然有財務上的困難，他們仍然憑著信心向前。在財政年度即將結束時，委員會仍有超過 1500 元的負債，「多數的會友也未能為海外宣教基金奉獻」。一個具有如此豐富資源的宗派竟然在此事上貢獻如此微薄，實在令人無法接受。根據馬克蘭的觀察，只要每個加拿大長老會會友都奉獻「少少的 15 分錢」，就足以支付委員會現有的債務以及新的宣教計畫所預估的需要。[7]

　　馬克蘭是冒險希望以馬偕的派任來激發教會更慷慨的奉獻。這個新的宣教計畫必須自給自足，意味著馬偕的工作不是由任何現有的宣教資金來支持。新的募款方式有待開發，新的財源尚待發現和鼓勵。雖然這位年輕而充滿熱忱的候選人也許還未明白，但委員會很清楚募款將會是他的首要之務。若希望一個昂貴的海外運動能成功開展，馬偕就必須在前往東方之前，先說服加拿大長老教會的會友支持他和他的事工。

馬偕從蘇格蘭返回到總會會期之間的三週，忙著拜訪他的家人和老友。他花了一個多禮拜的時間在姐姐伊莎貝拉和姐夫喬治·麥金托在錫福斯的農場休息，但在「研究」與「默想」之餘，也找時間在當地的學校做有關於蘇格蘭的講課，並在週日講道。某天他到美特蘭維，對他從前就讀學校的學生演講，另一天則去拜訪馬堅志牧師和慕瑞（Alexander Murray）長老，後者是佐拉教會會友所敬愛的長老，他的兩個兒子過去與馬偕同在普林斯頓就學。另外有許多剩下的日子，馬偕安靜地閱讀賓惠廉剛出版的傳記，再次浸淫在宣教生活的細節中。[8]

總會的爭議與妥協

　　六月初，馬偕前往參加總會接受他想望已久的呼召的日子終於來到，他的哥哥亞歷山卓駕馬車送他到胡士托車站，約翰和雅各、父親和姐姐瑪莉的先生雅各·普林格（James Pringle）也一起隨行。雖然馬偕還要幾個月才會前往亞洲，他仍感覺這時刻是嚴肅的。如今他正站在未來的門檻上，而這個未來會將他（也許

◀ **約翰‧盧斯**。盧斯是馬偕家族的好友，也是青年馬偕的榜樣。盧斯是佐拉鎮許多成為牧者的青年中的第一人；他以對現代禮拜創新的頑固抗拒、以及拒絕為了與其他長老會團體聯合而在自由教會的原則上妥協而為人所知。1875年，加拿大所有的長老宗派聯合成為一個全國性的組織，但盧斯卻拒絕加入，因為他相信此聯合是對基督的侮辱。馬偕敬慕盧斯對原則的委身，認為他有如先知以利亞。盧斯大力支持馬偕在福爾摩沙的宣教事工；他的女兒日後也嫁給偕叡廉，並成為一名台灣的宣教士。(**圖片來源：盧斯夫人** [Anna Ross]，《**帶著書的人**》[*The Man with the Book*]，1897)

是永遠）帶離他永遠所愛、所熟悉的家人和家鄉。一旦他接受派任，就無法再回到家鄉這個舒適的世界。到他離開前往中國之前的日子，他還得在安大略省各處趕赴每個既定行程，與許多將為他禱告並在財務上支持他的牧者和平信徒會面。他下次返家時，就要匆忙道別——當他與他的父兄一同在車站候車時，馬偕突然為將要拋下的生活感到悲傷，憂鬱取代了他的興奮之情。他在日記中記下：「我心傷悲。如今上帝是我的避難所。」[9]

1871 年 6 月 7 日的傍晚，加拿大長老教會總會在魁北克市的
查麥士教會開會禮拜。這棟新哥德式的灰磚建築，有舊城區中最
高的尖塔。由魁北克到曼尼托巴 18 個中會前來的 221 個代表齊坐
一堂，聆聽即將離任的議長麥可·韋利斯以歌羅西書一章 27～29
節為主題的長篇宣教講道。韋利斯在結尾時呼籲所有基督徒，要
有使徒保羅那種贏得靈魂的熱情。韋利斯說，只要每位基督都與
一個人分享福音，只要 30 年就能「使整個世界得到警告並藉著上
帝的恩典使他們回轉」。這位年邁的議長堅信，「用生命的話語觸
及世上千百萬人」不需要耗費幾世紀的功夫，而是能在世紀交接
時便完成的。[10] 這個信息正是將要開議並開啟一個新的中國宣教
事工的總會所需要的。

　　從未參加過總會會議的馬偕，必須忍受將近一週關於其他教
會議題無止盡的辯論，才等得到對新的海外宣教事工的討論。這
一週中最棘手的議題是「教會聯合委員會」（Joint Committee on
Church Union）的工作。幾個月來，委員會嘗試寫出加拿大長老
教會及其他三個在安大略、魁北克和大西洋省分的長老會組織之

間共同的基礎。大西洋省分的自由教會基本上與加拿大長老會的教義立場一致，沒有太大的困難。但許多代表希望能與「老蘇格蘭教會」（Auld Kirk）——那些與蘇格蘭教會仍有密切關係的長老會重新聯合，因此各方勢必要先磨合對於政教關係的不同觀點，才可能得到所企盼的目標。

　　《晨間記錄公報》（*Morning Chronicle and Gazette*）這份世俗的報紙清楚表明其立場：加拿大所有長老教會立即性的聯合是總會唯一能走的理性路徑。但外界看起來很明顯的決定，對聚集在查麥士教會中的代表們來說，反而不那麼確然。許多人都同意長老教會能夠合一是最理想的。《家鄉與海外會誌》承認無情的爭辯是「積重難返的罪」，也承認「蘇格蘭長老教會的歷史充滿戰爭」。現在已是醫治舊傷的時候，將自治領中所有的長老會友（事實上應該是世上所有福音派基督徒）召聚在更緊密的愛的連結和合一的行動中。但《家鄉與海外會誌》不願意像《晨間記錄公報》那樣大膽，他們說：「這個時代的新教教會中四處可見的對於『合一』的呼求，並非完全沒有危險……如果仔細檢視，我們會發現真理不只苦於被激烈地爭執，也苦於受到不冷不熱的妥協。」[11]關鍵的議題是：必須要找到一個共同認定的基本**真理**，來作為真正合作及合一的基礎。在教外之人眼中看起來細瑣不足道的事物，對（即便是委身在合一原則中的）長老教會領袖們來說卻常是基督教會中的生死大事。

　　教會聯合委員會為了避免在政教關係議題上的公開衝突，建議重新聯合的長老教會在「行政長官在宗教事務上的權力和責任」

上，應該要容許「完全的意見自由」。這個聯合的基礎是想藉由不要對造成 1843 年「蘇格蘭大分裂」的重要議題發表明確聲明來避開異議。但對某些自由教會傳統派來說，這就等於是背叛君王耶穌。在佐拉子弟中最年長的普魯斯田的約翰・盧斯的領導下，一幫較有戒心的牧師和長老堅持，任何合一的基礎都必須包含明確宣告「唯有耶穌是國家的君王，也是教會唯一的元首」。這些人無法忘記，這就是諾克斯在宗教改革期間用以號召蘇格蘭新教徒的「旗幟」，也是加拿大自由教會在 1844 年聚集的原因。對盧斯牧師來說，這一點絕不能妥協：「若自由教會不能維護那曾經被踐踏的真理，世界就不需要這個教會。」雖然有些代表認為，沒有明確指明基督的君王身分是一件小事，盧斯卻認為這是對主的大不敬。「這樣的計畫在天堂有可能存在嗎？你們認為這種貶低基督的不敬，在天堂有可能發生嗎？」[12]

盧斯牧師的「敬拜五點」異議

其女日後會嫁給偕叡廉（George Mackay, Jr.）並成為台灣的宣教士的盧斯牧師，是一位先知般的煽動者，有些人則認為他是不願順應時代變化的恐龍。但馬偕十分景仰盧斯，而且在教會聯合的議題上可能也認同他的保守立場。盧斯在另一個爭議上，就是關於敬拜中樂器的使用，也有極大的意見。原來倫敦中會有幾位牧師呈上請願書，希望地方堂會能被允許自行決定是否要使用像管風琴這樣流行的「敬拜輔助」。其後的爭論占去了一整天的議程，彷彿基督信仰的靈魂面臨了極大威脅。請願者認為他們的

提議並不過分，保守堂會仍有完全的自由保留原本的習慣，同時容許其他教會能迎合對流行聖詩和鼓舞人心的敬拜音樂漸增的需求。倫敦中會的喬治·科博森（George Cuthbertson）牧師就指出，大多數的教會已經在主日學時和各種社交聚會使用風琴；為何一個被認為合適在「教堂地下室」使用的樂器，在禮拜堂裡就被認為是邪惡的呢？

但科博森的邏輯對盧斯牧師所領導的傳統派來說是沒有說服力的，儘管徒費力氣，後者仍努力要遏止創新的潮流。先有在京士敦牧會的安卓·威爾森（Andrew Wilson）發言，熱切提及從聖約派時代就被長老會友堅守至今的「染血的耶穌的旗幟」，而聖約派所挺身反對的，也包括為聖公會所珍視的天主教的「敬拜輔助」。威爾森堅持，在敬拜中引入管風琴，就是與這神聖的歷史決裂；若要如此，加拿大長老教會乾脆一起接受「羅馬天主教會所有的聖像、念珠和裝飾」。盧斯也附議威爾森的反對意見，且指控「在就長老宗形式的這些創新上，牧者通常比會友更需要被責備」。盧斯哀嘆「總會身為教會的最高議會，沒有採取一個更明確的態度」；在總會以三分之二的多數投票決定容允各地方小會有選擇自由後，盧斯又準備了一份由 31 位牧師和長老所簽署的五點異議。[13]

我們無法從馬偕的日記看出他對這些議題的意見。在《福爾摩沙記事》（1895）中，他只簡單敘述當時的會議，也暗示除了海外宣教報告之外，他對其他事並不感興趣。不過這個由聽寫員約翰·麥唐諾（John A. McDonald，日後成為《多倫多全球報》的編

輯）所寫的敘述，當中所揭露的 1871 年的馬偕，可能與所隱藏的一樣多。同樣一份記述也稱讚 1875 年的聯合，是教會生命的一大進步，但馬偕的日記或信件中從未有任何線索顯示他熱衷教會聯合，甚至是在 1875 年聯合終於成為事實之後亦然。而馬偕既受多年的神學訓練，且管風琴也是佐拉教會面對的重要議題，我們很難相信馬偕對引起分歧意見的這些議題會完全漠然。然而，不管馬偕當時的觀點如何，他實在不能採取爭議性的立場，因為這可能會疏遠他與能夠在財務上支持他的人的距離。[14]

授予馬偕正式的宣教呼召

　　海外宣教的報告無疑是馬偕心目中最重要的事。馬克蘭的演講是在 6 月 9 日會議第三天傍晚討論的末了。一整個下午總會都在激烈辯論教會重新聯合的議題，接著又聽完冗長的本地宣教報告。詳細記錄總會會議的《蒙特婁見證報》（Montreal Witness）記者明顯已經筋疲力竭，所以他把馬克蘭頗有篇幅的演說濃縮成簡單幾句話，而且完全沒有提及馬偕。馬克蘭先細述在加西區以及在薩克其萬（Saskatchewan）印地安人中的工作，再仔細列出委員會的收支，最後提出新的海外宣教計劃。他向代表們擔保，他有信心教會會慷慨支持這個被擱置已久的計劃。適合的人選已經就位準備接受挑戰，14 個中會也已經同意派任。馬克蘭推薦馬偕受派至中國工作，但對到印度或新赫布里群島的可能性也保持開放；他敦促總會採取行動「增加所需的財源」。急著想休會的疲憊代表們聽取報告後，指派一個特別的委員會來研議，隨即進行其

他事務的討論。[15]

　　接下來的幾天馬偕如坐針氈：「總會是否會採納委員會的建議呢？若是，我又將被派往何處？」[16] 決定的時刻終於在會期第七天，也就是 1871 年 6 月 14 日末了來到。在這之前先有來自紐約市的美國長老教會代表約翰·霍爾博士（Dr. John Hall）動人的演說，是「講論教會作為上帝拯救靈魂的工具最令人印象深刻的演說」。在大西洋兩岸皆被譽為是最偉大的傳道人之一的霍爾，是這次總會最知名的人物，他的演說也受到媒體詳盡的報導。而緊接其後關於海外宣教的討論，所受到的關切則大大減少；代表們「誠懇地歡迎」馬偕成為「到外邦的宣教士」，授予他正式的宣教呼召，並指定中國為其禾場。馬克蘭被指示要與英國長老教會的海外宣教委員會合作，來挑選出最適合加拿大作為據點的地點，並安排馬偕的任命及旅行用品。[17] 而後馬偕被介紹並受邀到總會發言。

　　報紙沒有記錄任何關於馬偕簡短演說的細節，只說他「熱切且誠摯地」表達感激，有「深切的責任感」，也「準備好即刻前往任何海外的宣教禾場」。馬偕結束演說後，霍爾再次起身帶領全體代表禱告，「將這位年輕的宣教士交託在上帝恩典的手中」。馬偕在當晚的日記記錄自己在總會「講了一點話」，但他並未透露在這個無疑是他生命高峰的日子中，自己的任何想法或感覺。多年後他回憶道，「當晚父老兄弟們都對我親切以待」，但也提及當中有些人認為他是「狂熱分子」並且「同情」他。[18]

雖然廣受讚美，但在 1871 年時，除了一個極小的行動主義分子圈以外，海外宣教對所有教會無疑只是次要的關注，而大部分宣教的財務重擔也是由這一小群人來擔負。雖然自由教會以其福音傳播力量為傲，但許多平信徒、甚至是部分牧者私底下卻對海外宣教的價值抱持懷疑。在一個自由經濟掛帥、而各地的新教徒傾向將人類的互動化約為市場交易的時代，神職人員和平信徒同樣在意財務的管理不當。將有限的資源浪費在可知成功機會極少的計畫上，是不理性且不道德的。我們在天上的主豈不交付給門徒不同的才賦，並吩咐他們要忠心地將這些投資在最能為上帝國結果子的地方嗎？許多真誠的基督徒會質疑，對外邦的宣教是否能被合理化為是對主的資財一種負責的投資？

對海外宣教抱持的真實看法

　　在 18、19 世紀交接時，第一波讓部分宣道者敢於想像全地將很快被基督贏得的宣教熱潮過後，宣教的興奮之情已經大大退去。數百位宣教士與他們的家庭勇往直前去與異教爭戰，他們的

生命——有時僅在數月之中，卻因霍亂、傷寒、瘧疾、黃熱病而殞落，而且這樣的犧牲時常沒有換得可見的成就。很快地，人們就發現，外邦之地並沒有滿心期待福音來拯救他們脫離罪惡和壓迫。幾乎各地的宣教士最初都遭遇明顯的敵意，或更常見的，是對他們的信息冷漠以對，而歸信基督的當地居民——幾乎總是只有少數幾人，而不是如宣教支持者所渴望有成千上萬的人湧入上帝國——看起來時常是投機分子，貪求藉著與富有歐洲人建立關係，來改善其屬世光景。泰國尤其被許多人視為是拙劣財務管理的一個痛苦例子。美國公理會在泰國勞苦了 18 年，最後在 1849年完全撤離時，竟沒有任何人歸信。美國浸信會的差會在同一塊土地上耕耘 17 年，所收割的是同樣令人心碎的結果。1840 年，美國長老會在泰國建立據點，並頑強堅守了 29 年，終於在 1869年為第一位歸信者施洗。[19] 面對世上人類所受的所有苦痛，我們很難責怪深思熟慮的基督徒不免會想，他們是否該要為看來成效如此低落的海外宣教奉獻？

　　1871 年的夏天，加拿大出現了一份對宣教問題的分析，似乎對馬偕的思維產生重要的影響。亞基柏·蓋奇（Archibald Constable Geikie，1821-1898）這位出生於蘇格蘭、在澳洲新南威爾斯（New South Wales）自由教會牧會的牧者，出版了一份具有爭議性的論述，試圖要矯正世界各地的差會所做過的無數策略性失誤。他的著作如今或許連專精維多利亞時期宣教工作的史學家都已遺忘，卻有一個刻意要挑起話題的書名：《在錯誤之地、錯誤的民族中、由錯誤之手掌控的基督教宣教工作》（*Christian Missions to Wrong*

Places, Among Wrong Races, and in Wrong Hands）。蓋奇在加拿大
長老會的圈子中頗為人所知。從神學院畢業後，他移民至上加拿
大，在那邊服事數年，並為《多倫多全球報》撰寫文章，1861 年
時，以蘇格蘭自由教會宣教士的身分前往澳洲。[20] 就在馬偕預備
前往中國服事時，蓋奇的著作出現在加拿大的書店中，挑起對於
現存在異教之邦的宣教努力的爭論。《多倫多全球報》一篇評論
認為此書深具洞見，「值得所有關注宣教事務的人深入且專注研
讀。」[21]

蓋奇尖酸的批評直白到近乎刺耳。他發現「天主教徒和異
教徒都在嘲笑我們宣教的失敗」，他也懷疑光是增加金錢補助或
熱忱，是否就能導正一切？他認為新教教會應該採取更科學的宣
教方式，否則有太多的差會都是被立意良好的狂熱派所把持，但
他們用熱忱代替良好的計畫。蓋奇否認宣教註定要失敗，但堅持
世代以來不斷重複的愚蠢錯誤，已經使這偉大工作的成就速度減
緩，而這是不必要的。他說，「此時此刻，宣教需要的不是更多
的金錢，而是多一些能夠管理錢財的腦袋。」[22]

經濟掛帥的時代下宣教走向理性評估

蓋奇的分析或許也影響了馬偕對於未來宣教禾場的選擇。
蓋奇抱怨，新教教會花了太多精神拯救孤絕小島上或殖民帝國邊
緣的部落民族，如福爾摩沙的山地部落、波利尼西亞人或其他的
南島民族、紐西蘭的毛利人、散佈在格陵蘭和拉布拉多半島上的
原住民、美國印地安人和澳洲內地的原住民。若冷靜回首歷史，

會清楚看見這些民族都注定要滅絕，不可避免地走向被政治較集權經濟也較成熟的帝國壓迫或同化，直至不再是完整的文化。雖然這些漸衰的族群中有許多歸信者（他們確實比「主流民族」更容易歸信），卻無法建立長久的教會。蓋奇認為，既然上帝對每個人的愛是相同的，對世上正在成長或消亡的族群的愛也是相同的，那麼宣教士若能先仔細挑選地點，而後專注在幾個注定要永久擁有各個大陸的「主流族群」中建立強壯的當地教會，才是合乎理性的作法。[23]

　　蓋奇極力主張應該盡速停下所有在零散原住民部落中的宣教

◀ **魁北克省的查麥士教會。**加拿大長老教會總會 1871 在此地任命馬偕為其首位海外宣教士，並指派他到中國服事，只是確切地點留待馬偕與已經在當地禾場的英國長老會宣教士商談後再決定。那個夏季其餘的時間馬偕行走於加拿大各地的教會之間，除了介紹他自己，也為他的事工籌募經費。

工作，將任何可得的每一分錢注入印度、中國和較大的非洲王國中。他更警告，不同宗派的宣教士不應該進入同一個場域，新的宣教工作不應建立在已有宣教士墾殖之處。相反地，每個新的宣教士應該在世上主流的進步民族中，找到還沒有宣教據點之處，就在那個單一的點上密集耕耘。選定之處應有適合白人健康生活的氣候，如此宣教士才能活得夠長久而對當地人產生影響。他也警告去追求神蹟般地歸信這種誘人的假象是徒勞的。宣教士往往太常因為企望快速展現成效，就從主要的工作中分心。有時在某些遙遠的村落有一時的顯著回應，會使宣教士急著在遠離他們原初基地的地方開設新的佈道所，卻因此將資源消耗殆盡，導致歸信者在面對無可避免的敵意時，分散各地的據點無法相互支持。因此，每個禾場都應該集中，由一個共同的力量據點有系統地向外擴展。唯有如此，奉獻給宣教事工的金錢才能結出永久的當地教會的果子，這些教會也才會有足夠的韌性來成為新且健康的福音中心。

　　根據蓋奇的分析，許多服事的果效都仰賴選擇適當的禾場；一個宣教士不管如何熱心，若是選擇錯誤的地點，就難免失敗。「我們對異想天開的宣教沒有信心」，蓋奇寫道，「對帶著浪漫主義心態以及靠情緒來選擇的宣教也沒有。我們會選擇一個努力在當下及以後都最有可能成就上帝的榮耀和人的救贖的禾場。」雖然這樣會排除許多福音傳播者已長久投入時間金錢的禾場，但只要宣教士願意從錯誤中學習，並接受一個較明智的方式，那麼過去的失敗就可以翻轉成為益處。[24]

雖然蓋奇強烈支持中國的宣教事工，但 1871 年夏天時，仍有許多其他的聲音質疑「中國是否可能歸向基督」？馬偕在出發前幾個月，不管到哪裡，都要面對他能否成功的懷疑。一位在蒙特婁的諾克斯教會聽過他演講的商人，質問與馬偕同行的格蘭特牧師（George Munro Grant），說：「可憐的傢伙！難道加拿大沒有他能夠做的工作嗎？他為什麼要丟棄自己的生命呢？」這位曾在中國通商口岸待過一些時日的商人，很確定中國人絕不可能真實歸信基督。「他們與我們是打從根本就不同。在他們信基督以前，必須先重新被孵育，並且孵育成不同的樣子，」他說，「他們會到你的學校學英文和一切有商業價值的知識，但他們無法相信復活是個事實，或接受基督信仰所賴以為據的屬靈真理。」[25]

到中國宣教的悲慘遠景

其他懷疑者則會提到，在先前三年中，在中國沿岸爆發的反宣教士的暴力，這些暴力使英國國會憤怒呼籲要從部分通商口岸（包括台灣的港口）撤離，且宣布「若宣教士日後冒險前往沿岸

特定外國保護區之外的地區，政府將不給予保護」。就在長老教會總會在魁北克召開前的一個月，有消息傳來說，北京發布新的諭令，禁止「悖離孔子與中國傳統教訓的講道」，並限制中國婦女就讀宣教士所辦學校的權利。英美各地的福音派報章都在警告迫害即將來到，並且悲觀地預測，中國政府即將開始大規模的運動，驅逐帝國內所有的基督教宣教士。英國報紙《非國教派報》語重心長地寫道，這份諭令重擊在「中國宣教工作的根柢，……假如嚴格執行，將會使境內所有的教會、禮拜堂和學校關閉。」[26]

　　聚集在魁北克的總會代表們嚴肅看待這些報告。馬克蘭受指示，若中國持續演變的事件不利於開設新據點，就要為馬偕選擇另一個宣教區域。馬克蘭寫信詢問英國長老會差會的馬提森，希望更確切了解廈門、汕頭和台灣地區的宣教士所面臨的實際威脅。馬提森要馬克蘭放心，情況並不如報章所描繪的情況那樣險惡，他也敦促加拿大按著計劃差派馬偕出來。[27] 但可能的資助人當中極少人知曉差會秘書部門間的通訊。因此，當馬偕在 1871 年的夏天四處在加拿大教會尋求奉獻及代禱時，他也必須應付當時流行報章刊登的悲慘敘述，因為這些報導說，即便中國先前簽訂有利於基督教宣教的條約，中國的大門仍很快就會關上。

西方基督徒的虛偽令中國人心碎

　　部分報章則認為，中國統治者所要採取的行動值得同情。鑒於英國貿易和軍事政策在中國造成的破壞，誰能責怪中國皇帝敵視外國宗教呢？而中國勞工在美國和加拿大所受到的對待更是令

人不恥。《蒙特婁公報》（*Montreal Gazette*）就指出，美加兩國實在做出太多使中國人心疏離的惡事。在馬偕接受派任兩週後，《公報》的社論評論了中國宣教工作的失敗。宣教士火熱的盼望都被西方基督徒的虛偽給擊碎，這並不令人意外：「中國人現在知道了。他們晚近來到國外……痛苦的經驗讓他們知道，」中國勞工在北美所受的是「何種歡迎」。《公報》寫道，基督徒所讀的《聖經‧新約》定了他們自己的罪：「憑著他們的果子，就可以認出他們來。」雖然宣教士虔敬地宣告「不論宗族、風土或信仰，人人皆為弟兄，同有一位天父」，但落腳美國或英屬哥倫比亞的中國移民很快就發現，他們被所遇到的基督徒「忽視，甚至更糟」。「他們被鄙視又被虐待。嫉妒他們的貿易和工藝的對手被鼓勵『要對他們趕盡殺絕』，在某些情況下他們甚至被謀殺。而現在我們又大聲指責中國野蠻人的殘忍。事實上基督教的宣教士被允許進入中國才是奇怪。」《公報》預測，直到寄居於基督化國家的移民受到「親切的接待和包容」，而不是「排斥……惡意、惱恨和迫害」之前，宣教士的熱忱也無法使中國人歸信基督。在那之前，「我們都不該因為發生在中國的暴力和屠殺感到奇怪。」[28]

▲ **PMSS 蒸汽船上的中國移民。**太平洋郵輪公司在 1860 和 1870 年代開始固定往返舊金山與中國之間的航班。每一艘返回美國的船班都會載運中國勞工，他們大多是來自廣東地區的年輕人。1870 年一段長期的經濟「恐慌」使美國勞工對華人強力反感，後者因而時常在抵達舊金山時遭到攻擊。（**圖片來源：沙加緬度加州州立圖書館。**）

總會召開之後的四個月中，馬偕在蒙特婁演講並在安大略省巡迴，試圖要克服基層對海外宣教的懷疑，並激發信徒的熱心。除了對「使中國人歸信基督的可能性」抱持懷疑之外，許多平信徒也不確定是否應該為新的宣教事工奉獻金錢？因為眼前還有許多其他的財務需要。在分析反對意見時，《英美長老會報》（*British American Presbyterian*）總結懷疑者的想法：

　　我們的財庫已經不足以……保證能讓我們從事這麼昂貴的事工。我們有一間學院是負債的，教會某些計畫正苦於缺乏支援，我們國家也還有許多地方是新建立而有所需的。簡單地說，家鄉的需求就已經這麼大了，我們無法再把資源為了福音之故送到外邦。

編輯承認這些都是合理的考慮，也認為「教會缺乏可運用的資源，而這顯然就是阻礙這個大計畫的困難。」

福音的成功依靠的不是世上的財力

這份報紙的結論是，底線就是忠於基督要我們往普天下去傳講福音的大使命。歷史上從未有什麼時候，是人類的需要沒有遠大過基督徒所擁有的物質資源的。然而，福音的成功倚靠的不是教會的能力，而是上帝的大能；祂能在祂的子民忠心開始的事工上「供應一切進行所需要的」。在古時，以幾個餅和魚就餵飽飢餓群眾的主，必然不會忘記祝福面臨了同樣困難的加拿大長會教會的努力。《英美長老會報》認為支持馬偕的宣教工作就是一種是否相信基督大能的考驗。[29]

　　馬偕忙碌的行程使他從 6 月中到 10 月中，每天幾乎都要旅行和演說。他的旅行計畫很單純：由東往西，或搭火車或搭船或馬車，拜訪散佈在蒙特婁和哈密爾頓之間的教會；講道、宣教講座、為主日學的孩童及家長演講與每個堂會的「宣教之友」非正式會談。之後馬偕有數週的時間拜訪哈密爾頓和戈德里奇（Goderich）之間的「西部教會」（譯按：今天安大略省的西南部區域），9 月中再回到多倫多接受任命。之後馬偕再向東行，參加蒙特婁和渥太華的宣教大會，最後回家享受最後幾天短暫的天倫之樂。馬偕在大城市中可以最多待到一週的時間，以從容的步調逐一拜訪富有的長老教會堂會；小鎮的行程就快一些，通常在每個地方待一至兩晚。在拜訪哈密爾頓和戈德里奇之間的教會時，他請馬克蘭只安排主要的停留地，讓他聽取當地牧者建議何處可能獲得最大支持後，能有彈性自行安排額外至外圍教會的行程。[30]

　　馬偕在蒙特婁初次的現身是整個事工的關鍵。雖然加拿大長老教會的核心是多倫多及安大略省西部（譯按：今天的安大略省西南部）的郡縣，但在蒙特婁富裕且具影響力的蘇格蘭社群中，卻有此宗派最慷慨的慈善家在其中。尤以厄爾斯金教會（Erskine Church）為耕耘的重要對象。此教會在 1871 年 1 月的宣教年會中，做出「每年不低於 500 元」的認獻來支持下屆總會所要派任的任何一位海外宣教士；另一位會友則自願額外奉獻 100 元來裝備這位宣教士。[31] 厄爾斯金教會中有許多有成的商人，因此若能說服他們支持新的中國宣教事工，將能大大確保馬偕在財務上的穩定。

科學家道森溫暖的鼓勵

　　厄爾斯金教會最有名的人物或許就是地質學家約翰·威廉·道森（John William Dawson，1820-1899），他是麥基爾大學（McGill College）（譯按：1885 年正式改稱為 McGill University）的校長，也是加拿大首位享譽國際的科學家。出生在新斯科舍省的道森，在他的研究生涯中對科學與神學抱以同樣的熱情。雖然道森是加拿大地質學和化石學的權威，且因為反達爾文主義的身分而身處天擇理論爭議的中心，但他仍然撰寫關於科學與《聖經》的科普演講、論文和書籍。不管是對主日學的聽眾或倫敦皇家學院的成員演講，道森都同感自在。蘇格蘭大分裂發生時，道森是愛丁堡大學的研究所學生，他的餘生則一直是克盡心力的自由教會成員，甚至也曾短暫擔任新斯科舍省自由教會大會的財務長。儘管身為教授、校長和活躍的田野地質學家，工作繁忙的道森仍然撥

出時間在厄爾斯金教會教授主日學，並在當地的宣教委員會服事。對道森以及許多與他同時代的知識分子而言，科學與信仰之間並沒有衝突，教會與學術界間也沒有鴻溝。[32]

　　早在 1871 年 1 月，道森就已經問過馬克蘭關於馬偕在愛丁堡的地址，希望能就宣教事宜與他通信討論。他們是否有信件交流並不清楚，但也許道森是想探詢馬偕在南太平洋地區服事的意願。雖然居住在蒙特婁並對加拿大長老教會有深厚感情，這位地質學家骨子裡仍是新斯科舍省人，對於他的朋友約翰·戈地（John Geddie）在新赫布里底群島所做的宣教工作一直有強烈的委身。有鑒於自治領的長老教會正計畫聯合當中，道森急切希望馬偕能被派任去代替戈地剛過世的同事約翰·梅內爾（John McNair）——他向埃羅芒阿島（Erromanga）島民宣教時，染上某種熱帶熱疾而病故。因著道森的敦促，厄爾斯金宣教委員會和蒙特婁中會都公開表達希望未來能派任馬偕到新赫布里底，而不是印度或中國。[33]

　　不過很顯然地，道森和厄爾斯金的會友最終都接受了中國這個選擇。馬偕日後回憶起道森這位偉大的科學家時，提到他在那個夏天給自己極為溫暖的鼓勵；馬偕在他後來兩次的述職行程中，也都拜訪了道森。就在馬偕拜訪蒙特婁不久後，厄爾斯金主日學的老師投票決定，以馬偕的宣教作為給堂會年輕人的特別計畫。正如馬克蘭所預測說馬偕的派任將會激發「宣教之友」的熱心，這些老師們挑戰年輕人要馬偕的宣教旅費籌募 900 元，並預測這個活動「勢必成為各主日學的大眾運動」。[34]

未來的福爾摩沙同工華雅各

待在蒙特婁的這週，馬偕接待了許多客人，其中一位是 1869 年從多倫多的維多利亞學院（Victoria College in Toronto）醫學系畢業的年輕醫生華雅各（James B. Fraser），當時他剛要開始在諾克斯學院的神學課程。華雅各比馬偕小兩歲，兩人也多有不同。華雅各高大俊美，喜好運動和社交，在時髦的社交場所都能自在無虞。華雅各在完成醫學學位後，很快就與安大略奧羅拉（Aurora）一位農夫的美麗女兒韋珍妮（Jennie Wells）結婚。1871 年華雅各在蒙特婁拜訪馬偕時，他們已經有一位女兒莉莉安·瑪莉（Lillian Mary），珍妮也懷了第二個孩子艾迪·阿妮絲（Edith Agnes）。[35]

華雅各和單身的馬偕不只是個性和感情生活不同，家庭背景也有很大的差異。華雅各的父親華威廉牧師（Rev. William Fraser）是一位在加拿大長老教會深具影響力的領袖。華威廉的父親是新斯科舍一位富有的麵粉廠主，在美國革命後不久來到北美。華威廉則是聯合長老教會的創制者之一，也以聯合長老教會總會文書的身分，幫助促成 1861 年的加拿大長老教會聯合（譯按：1861年加拿大長老教會 Presbyterian Church of Canada 與聯合長老教會 United Presbyterian Church of Canada 合併成為加拿大長老教會 The Canada Presbyterian Church）。在那之後，華威廉成為加拿大長老大會、後來是總會長期的總會書記（譯按：總會書記職務類似於台灣基督長老教會的總幹事職務），而此時的他則是為自治領所有的長老教會打造出一個大宗派運動中的關鍵人物。[36]

　　因此，1846 年出生在邦德海（Bond Head）的華雅各是牧師之子，一生都與加拿大長老教會宗派中許多重要人物都有經常性的接觸。他的父親讓他學習多種古典語言，他也飽讀各種書籍；在他們家中，教會、政治是日常對話的主題。雖然華雅各和馬偕屬於同一個宗派，年齡也只差兩歲，但他們基本上來自不同的社會階級，有不同的教育背景，也代表加拿大長老教會中不同的文化分流。

　　然而，他們都受宣教工作的吸引。雖然華雅各有妻小要照顧，他仍在某個時間點聽見上帝的呼召，要他放棄安大略醫生的舒適生活，背負起成為遙遠的海外醫療宣教士的十字架。如今他來到蒙特婁與馬偕會面；遺憾的是，雖然華雅各幾年後將成為馬偕第一位宣教同工，馬偕並未記錄他對此人的第一印象。當然，1871 年的夏天時，兩人都未能預見他們的生命將如何交疊，也未能預知在他們面前將要展開的迥異未來。假如華雅各事先知道他和珍妮在台灣將遭遇的悲劇，是否會改變他想要加入這位剛被按立的宣教士工作的決心呢？（譯按：華雅各 1875 年來到台灣與馬偕同工，但華夫人卻不幸於 1877 年患產後褥而過世。華雅各之後舉家移回加拿大。他在台服事期間與馬偕有些爭執，日後當他與總會申請想回福爾摩沙宣教時，卻被拒絕。）

◀ **1870 年反中國人的漫畫。** 這幅由湯瑪斯・內斯特（Thomas Nast）所繪、刊登在《哈潑周刊》（Harper's Weekly Magazine）上的漫畫，描繪出英美人士對中國人的典型印象，認為他們是對美國生活造成威脅且不可信任的異教徒。圖中一個中國移民揮舞著寫著「廉價勞工」的劍，正準備要殺害一個愛爾蘭裔的美國工人。馬偕抵達舊金山前一天，洛杉磯有一場英裔美人所引起的暴動，摧毀了城市大部分的華人區域，並殺害 30 位無辜華人。馬偕相信美國如此的暴力事件必會使各地華人反對基督教。

馬偕首次的宣教旅行並未引起大多數加拿大媒體的注意。不像日後他成為知名的宣教士，每每返鄉述職演講時總吸引大批的群眾。1871 年時的馬偕仍沒沒無名，在鄉鎮間進出時少有人注意，通常聽眾也不多。蒙特婁的行程之後，馬偕在安大略極東邊、與佐拉鎮一樣同為高地人居住的葛蘭蓋瑞郡（Glengarry County）待了一週。他與姓氏為羅斯、麥克勞，馬偕、麥金塔、羅勃遜和麥基農的這些家庭愉快相處，也吸引了這四個月的巡迴旅行中最多數的群眾。當地的長老教會剛經歷一場強烈的屬靈復興，如今熱切地歡迎這位年輕宣教士。馬偕此次的經驗顯然很愉快，寫信給馬克蘭謝謝他安排葛蘭蓋瑞的行程，也特別提到對蘇格蘭教會和自由教會的會友都對他敞開心胸感到萬分驚訝。「這些會面對我確實很寶貴，因為我很有理由相信，（因著耶和華的祝福，也唯有祂的祝福）從他們中間將結出許多的善果。」[37] 這對馬偕的旅途是一個增強信心的美好開始。

牧者應華德的鼓勵

　　但接下來的幾站停留時常是令馬偕失望的。他試著用杜夫的方式來「責備、警戒和勸勉人」，要人們對「主的大使命」抱以更大的熱忱，但這個方式時常令他的聽眾不悅：「有些會眾對這個操練並不友善。他們說了好些貶抑的話，說我是『一個激動的年輕人』。」[38] 馬偕在艾爾（Ayr）把所受的挫折都對一位德高望重的牧者應華德（Walter Inglis）傾吐；應華德是一位生長於高地農場的年長蘇格蘭人，年輕時也熱衷於宣教工作。應華德曾以倫敦宣教協會（London Missionary Society）成員的身分在南非服事多年，在波爾地（Boer Country）的貝川那人（Bechuanas）中建立一個佈道所，後來與荷蘭人因為奴役非洲人的議題起衝突，被差會召回倫敦。痛心的應華德因此遷居加拿大，用餘生低調牧養鄉下的蘇格蘭教會。但他從未忘記非洲，也時常在他的講道和談話中提起過去的宣教生活。馬偕在數年後回憶起應華德那晚給他的鼓勵，仍充滿感激：「不要憂慮，年輕人。人們會對你說教、給你建議、告訴你代價。把這些放進口袋中，然後走你自己的路。事情會改變，你也將會看見更燦爛的日子。」[39]

　　關於馬偕宣教演講仍留存的幾份報導，顯示他每場聚會用的講稿基本上是一樣的。在艾洛拉（Elora）時，他詳細講述宣教士過去在中國的努力，再將話鋒轉到現今的機會。馬偕堅信，「給予可憐的異教之邦有關我們白白收到的光明和真理」是加拿大基督徒最重要的責任。[40] 一份關於馬偕在胡士托的諾克斯教會演講

的記述，清楚描繪了他的演講。開場時，他先是用長篇幅講述關於中國社會久遠歷史的思考，接著提醒群眾，中國早在羅馬興起或希臘的光榮歲月前，就已經是擁有眾多人口的文明；在古典西方帝國皆已灰飛煙滅時，中國卻延續到如今進入現代世界，且風俗和哲學基本上並無改變。

馬偕募款講道的核心內容

　　接著馬偕概覽了基督教在中國的歷史，猜測古時的使徒（也許是多馬）必定曾拜訪中國，因為《聖經》說福音要傳遍天下。西元 640 年聶斯托留派（Nestorian，譯按：即唐代的景教）的宣教士抵達中國，他們心裡火熱卻無法成功，因為「沒有將福音的單純傳講出來」。馬偕接著對歷史做出驚人的改寫，完全略過天主教耶穌會在 16 世紀時所開始的運動，宣稱在聶斯托留派之後到 1807 年倫敦宣教協會抵達之前，就「沒有其他人努力」與中國人分享基督的福音。馬偕對歷史的扭曲不太可能是因為無知（當時的宣教雜誌時常討論早期在中國的耶穌會士），反而可能反映出他對羅馬天主教的敵視，認為耶穌會的宣教工作不能算為基督教的宣教。最後馬偕做了總結，說現今在中國服事 4 億中國人的新教宣教士幾乎不到 100 人（再次忽略天主教在中國更多的宣教力量），他也抱怨這些宣教士的努力受到西方商人的貪婪和壞行為的阻礙，因為後者「害怕」基督信仰會影響「他們賺錢牟利的計畫」，因此「灌輸當地居民要懼怕基督徒。」[41]

　　馬偕演講的核心很可能是直接取自杜夫某場演說。「馬偕先

生的演說讓人感覺，責任就落在所有新教國家身上，因為他們手裡有敞開的《聖經》」，裡頭清楚記載基督要他們向全地傳講福音的命令。他對胡士托的會眾說，「正走向滅亡的可憐的當地人」都在「嘲笑」基督徒的失敗，而加拿大教會是「怠忽職責了」。對於一般人所認為中國人不可能歸信基督的想法，馬偕回答，英格蘭和蘇格蘭也曾經如中國一樣是異教之邦，而加拿大人如今能享受祝福，完全是因為古時有宣教士把生命之道帶進英國。如果中國也能受到同樣的關注，她今日也「可能成為一個繁盛的國家」。《胡士托衛報》（*Woodstock Sentinel*）在報導馬偕的演說時，評述說，「馬偕先生熱切激昂的風格，使會眾在整場演說中屏息凝神，相信他們都留下極好的印象。」教會的牧師馬穆倫（Thomas McMullen）也「恭喜教會」在宣教士上做出「首選」，希望「會眾能被激勵在未來發出更多行動」。馬偕顯然對這個晚上十分滿意，在日記中記錄這是一個「極好的」聚會。[42]

馬偕在前往中國之前，還有三個重要的典禮要參加。1871 年
9 月 19 日他在多倫多的古德街教會（Gould Street Church）的封
牧禮拜，被規劃為要歡慶長老教會的宣教外展；此典禮標記了長
老宗史上另一個新時代，是嚴肅也是喜悅的。為了使加拿大東部
的長老會友也能夠參與，教會規劃兩週後在蒙特婁舉辦第二次的
盛大聚會，讓馬偕能夠接受東部教會的敬意。最後，馬偕還要回
到自治領的首都渥太華，在馬克蘭的教會參加一個正式的餞行聚
會，海外宣教委員會也將在此贈予離別禮物。

古德街教會聯合封牧禮拜

　　負責規劃封牧禮拜的多倫多中會，在面對對於本地或海外的
宣教外展孰輕孰重上可能有的歧異，希望發出明確信息，而此信
息就是教會對整個世界只有一個專一的使命。[43] 牧者們於是決定
在聯合禮拜中同時按立馬偕和即將被派往曼尼托巴開設新的長老
會學院的喬治·伯來斯（George Bryce）。[44] 古德街教會座落在古德
街與維多利亞街的一角，離多倫多大學不遠，其哥德式建築雖有

一座尖塔，但風格相對樸素。在金約翰（John Mark King）牧師的牧養下常被稱為「學生的教會」，因為許多諾克斯和多倫多大學的長老會學者們都在這裡禮拜。古德街絕對不是多倫多最大的長老會建築，頂多只能容納約 500 人，但這樣的空間足以舉辦相當規模的集會，同時保有溫暖和親切感。據說禮拜堂在這次的儀式中稍顯「擁擠」，這是個令人欣喜的結果。假如中會選擇了這個城市中其他稍大的集會場所，結局卻可能不太相同。

除了穿著莊嚴日內瓦袍的長老教會牧師外，與會者還包括蘇格蘭長老會聖安德魯斯教會的牧師但以理·麥道內爾（Daniel James McDonnell）和衛理會的牧師喬治·科克蘭（George Cochran），使整個典禮有一點大公教會的味道。傍晚七點整，金約翰牧師起身引導會眾禱告敬拜，之後講道的主題則用〈詩篇〉七十二篇 17 節：「他的名要存留到永遠，要留傳如日之久。人要因他蒙福，萬國要稱他有福。」[45] 這段經文的選擇對於這個場合有深刻的象徵性，清楚表達在維多利亞女王統治下的加拿大長老教會信徒對於終局與目的的集體意識。這段是所有夢想一個從大西洋這端到太平洋那端偉大基督化國度的新教徒最喜愛的〈詩篇〉經文；〈詩篇〉提及上帝至高且無可抗拒的攝理，引領人類歷史走向公義最後的勝利，勝過人類所有形式的罪惡。那些主要委身在加拿大西部荒野的長老會信徒，心底都知曉〈詩篇〉作者所說「他要執掌權柄，從這海直到那海」（第 8 節）的預言，而支持在中國設立新據點的信徒，則能從預言中受到啟發，這預言就是自由將從以色列流向萬邦，拯救貧寒和窮乏和受欺壓的人，使異邦的君

王在至高上帝面前屈膝，全地將充滿上帝的榮耀。

在金約翰牧師的講道後，中會議長威廉‧普林格（William Pringle）主持正式的封牧儀式，透過按手禮授予伯來斯和馬偕「神聖的職位」。而後馬克蘭代表海外宣教委員會、而賴穎（Thomas Laing）則代表本地宣教委員會宣讀傳統的「訓勉」（Charge）將重擔委予兩位新同工，敦促他們在面對困難時恆切禱告，「囑咐他們不要因宣教過程中所可能遭遇的……失望感到挫敗。」[46]

緊接著是一段短講，宣布教會將展開歷史的新頁，而「為中國的宣教工作的募款也收到可觀的奉獻金額。」一整天下來，馬偕和伯來斯必是經歷坐雲霄飛車般的感覺，特別是實際的授任典禮。據《多倫多全球報》的記者描述，典禮「引人興致又莊嚴」，《本地與海外紀錄》則說是「十分令人印象深刻」。但馬偕在日記中仍舊隱藏了自己的情緒，只有草草記下：「被檢驗等等。在古德街被按立。」但光是這條底線，就暗示了當天發生的事絕不平凡。[47]

兩週後，也就是 10 月 3 日，蒙特婁中會在樸實的諾克斯教會舉辦宣教慶典。雖然當地報紙有刊登這個活動的廣告，但有觀察者注意到「大城中的這間小教會並不擁擠」。主持這個「肅穆卻充滿喜悅」的典禮的厄爾斯金教會牧者郆威廉博士（William Taylor）說，他們在 20 年不間斷的禱告後，終能聚集，從加拿大派出「首位宣教士」到海外。這位白髮的牧師說他「時常催促他的牧者同工們莫忘海外宣教的責任」，但馬偕是第一位回應此大呼召的人。根據報導，郆威廉「盛讚馬偕先生的能力」，也向聽眾概述在中

國所將面對的嚴峻挑戰，敦促「整個教會」以金錢、恆切代禱和關心來支持他們新的宣教士。[48]

馬偕接著發表演說，「花了不少時間……講述在前頭等待他的工作和任務」，並懇請會眾記得為他代禱及支持。[49] 來自哈里法克斯、同時也是長老會合一運動的領袖喬治·格蘭特（George Munro Grant），當時正在蒙特婁訪問，決定親眼來瞧瞧這位新的宣教士。幾年後，當長老會的聯合舉動成為事實後，格蘭特就離開新斯科舍省，到京士頓執掌皇后大學（Queen's University），並被指派到監督馬偕在福爾沙工作的海外宣教委員會中。格蘭特將會授與馬偕所獲得唯一的正式學術學位：皇后大學的榮譽博士。但在 1871 年 10 月時，這些發展仍是不可預見的將來，格蘭特純粹是因為好奇來到諾克斯教會。他悄悄地坐在靠近大門的後排座位，只能約略看出「這位宣教士的身形，但是看不清五官」。曾在愛丁堡大學修習數年的格蘭特，是一位極為優雅的紳士，因此馬偕質樸的舉止頗令他驚訝：「他比中等身形略矮，說話感覺起來很急促，帶著一點蓋爾語的腔調和鄉音。」格蘭特後來承認，他對馬偕的第一印象並不完全正面，但是他並不懷疑「質樸」的馬偕有具有「廣泛的知識」或「實務上的聰明」。[50]

幾天後，馬偕出席渥太華地區長老教會的聯合聚會，接受最後的道別。《渥太華自由報》（Ottawa Free Press）沒有刊載此活動通知，只印上一小行聲明：「馬偕牧師」來訪，他是「受加拿大長老教會派至『異教中國』的首位宣教士」。[51] 但可能很少的渥太華人會注意到這一小篇新聞，因為它被淹沒在宣布芝加哥可

怕災難的駭人電報中；芝加哥大火不受控制地將整片城市燒成灰燼，世人都在關注與這個煉獄事件相關的報導和話題。不只是美國，加拿大自治領的人民在 1871 年 10 月 9 日這晚也紛紛安排聚會來關心了解這個災難，並代禱及提供援助。《自由報》用《聖經》的用語來呈現此起災難：「唯有上帝能拯救——人的援助是枉然的」。一篇社論報導「一股驚惶蔓延在街道中，人們倉惶來回，哭泣流淚。」另一則電報則說，這裡有許多富裕人士，但現在只能仰賴「善心供應的食物衣物和毛毯」，電報標題是：「權勢的墜落」。[52]

　　芝加哥的可怕災難成為加拿大長老教會給馬偕的餞行儀式的嚴肅背景。我們沒有關於這個活動的任何記述，因此無法得知整個程序、觀眾多寡或馬偕的演講內容。馬偕當晚的日記對此活動只記下「引人興致而莊嚴」，但未透露其餘更清楚的細節。[53] 只有一個環節是確定的，馬克蘭代表海外宣教委員會贈與馬偕一份離別禮物，是一本他帶上旅途的《聖經》。馬克蘭在封面親筆刻印了：

贈予馬偕牧師
海外宣教委員會贈予加拿大長老教會首位至中國的宣教士，在他離開本國前往日後在異邦中所服事的地區時，以此離別紀念表達吾人的敬意。
　　　　　　召集人威廉·馬克蘭，渥太華，1871 年 10 月 9 日
　　　　　　　　　太二十八 18～20
　　　　　　　　　詩一二一篇 [54]

　　馬偕日後在福爾摩沙的歲月中，一直都帶著這本《聖經》贈禮；在他最終安息的那個夜晚，這本《聖經》也躺在他身旁的床頭櫃上。在將來的試煉和得勝中，馬偕時常從馬克蘭為他選擇的經文裡得著安慰和力量，提醒自己上帝所應許的同在和幫助。馬太福音二十八章 18～20 節這段不可免的選擇，也就是所謂的「大使命」，是維多利亞時期最受歡迎的宣教經文。[55] 詩篇一百二十一篇較不顯眼，卻是送馬偕這位新的宣教士迎向新旅程完美的選擇：

　　我要向山舉目，
　　我的幫助從何而來？
　　我的幫助
　　從造天地的耶和華而來。
　　他必不叫你的腳搖動，
　　保護你的必不打盹！
　　保護以色列的，
　　也不打盹，也不睡覺。
　　保護你的是耶和華，
　　耶和華在你右邊蔭庇你，
　　白日，太陽必不傷你；
　　夜間，月亮必不害你。
　　耶和華要保護你，免受一切的災害。
　　他要保護你的性命。

你出你入，
耶和華要保護你，
從今時直到永遠。

青年馬偕：在台宣教的根柢

第九章

抵達福爾摩沙

1871 年 10 月中旬是馬偕終將與親友道別的時刻。10 月 16
日，馬偕在煙布羅的諾克斯教會講道，這是他最後一次與如此多
從小認識的鄰里們見面。馬偕在佐拉鎮的最後一天，整天安靜待
在家中，感到「相當孤單」。19 日早晨，他的哥哥亞歷山卓載他
到胡士托車站，也有幾位朋友前來給予祝福及道別。幾年後，
馬偕提及當時在他心中翻攪的情緒：「毋須說出那時所說所想，
只有上帝知曉人心中的感受。有些人心碎了……卻沒有露出痕
跡。」[1] 大西部鐵路公司（The Great Western Railway）的晨間快車
晚了幾分鐘，在 11 點 15 分駛出車站，向西前往倫敦（London）；
列車在倫敦搭載新的乘客和貨物時，馬偕的另一個哥哥雅各與他
相處了寶貴的幾分鐘。之後馬偕再次上路，越過底特律的邊界往
芝加哥這個受災的城市。待馬偕下次再回到家鄉，已是將近十年
以後；那時他的姐姐瑪莉已經過世，他自己也變得教人認不出來。

美國誇耀式平等主義

在芝加哥大火 11 天後，馬偕抵達這座城市，城市的商業中心
被大火吞噬，公司行號、工廠、公共建築、戲院以及城裡最大的
幾間旅館都付之一炬。一份目擊報告說，「1871 年那座帝國般的
城市已經逝去。」「最好的街區全部被吞滅」這樣驚人的準確度，
不禁使人感覺這場大火似乎有某種可怕的「智性」。[2] 馬偕在清晨
抵達，當天晚上再搭夜車到愛荷華州的伯靈頓（Burlington）。在
芝加哥的這一整天他四處看看焦黑的城市，城裡同時也湧入許多
想親眼目睹這場災難的觀光客。

　　在內布拉斯加的奧馬哈（Omaha）要轉車搭乘橫貫大陸的聯合太平洋鐵路（Union Pacific Railroad）到舊金山時，馬偕為守主日在此停留一天。他在此遭遇第一個小小的挑戰。雖然神職人員可以折扣費率搭車，但馬偕將行李換車時，被票務員質疑他宣教士的身分，要求證據證明。馬偕愣了一會兒，才想起有馬克蘭題詞送給他的那本《聖經》：「這些就是我的證件，沒有更好的證明，也不需要其他證明了。」馬偕用慣常的方式度過主日，早上傍晚都在當地的長老教會敬拜，下午則「對聚集在市郊戶外的群眾」做宣教的講道。[3]

　　從奧馬哈到舊金山將近 2000 哩的路程只需要四天。馬偕在週一早晨搭特快車離開奧馬哈，接下來的幾天享受著變化的景致；火車以 19 哩的時速越過內布拉斯加和懷俄明州的山坡草地，緩慢駛上洛磯山脈，快速通過沙漠區後，往下進入內華達山脈壯闊的野地，最後到太平洋海岸。馬偕與多數旅客一樣都認為內華達山區是旅途中最美的部分，他在日記中記錄了在他眼前展開的美麗景致。沿途許多車站還未發展成聚落，有些則是在鐵路興建時短暫興盛，現在則沒落成了鬼城。列車每天有三次短暫停靠在這些孤寂的據點，讓乘客歇息，也可用一元的價格買到一頓飽食。頭等艙的旅客經常讚美太平洋鐵路的品質；英國作家湯瑪斯·庫克（Thomas Cook）就曾觀察到美國公司提供給旅客「許多在英國體制下無法供給的便利」。[4]

　　但庫克也注意到，美國所誇耀的平等主義與火車服務的現實之間明顯相悖：包括協助建造鐵路的中國勞工在內的移民，不被

允許預定與頭等或次等車廂旅客同一個車廂座位，而被迫要擠在車廂內。此外，被當代所有旅遊記敘吹捧為現代世界之驚奇的普爾曼臥鋪（Pullman Sleepers），也只限於頭等艙乘客。想要將加拿大教會奉獻存下來的馬偕，選擇乘坐次等車廂，因此比富裕的乘客少了許多舒適。次等艙的座位沒有頭與肩托，無法平躺，而且是可吸菸車廂。[5] 已經兩次搭船橫渡大西洋的馬偕，也許比紳士庫克更能接受這種狀況，因為後者認為這簡直是美國式虛偽的最好例子。

不過庫克對於美國種族主義的精確觀察，的確是無可否認的事實；而馬偕也會在抵達中國移民最密集的舊金山後，第一次遭遇仇外的場面。在此之前 20 年的期間，中國人不斷渡海到美國生意、挖礦、建築，也有人從事女傭、理髮甚至賣淫等各種工作。許多人自中國廣州附近的區域湧入，中國仲介在那裡招募移工，滿足加州對勞力的大量需求。最早的移工幾乎都是跟香港或舊金山的中國富商簽訂勞役償債的契約，商人先借予勞工渡海到美國所需的交通費用，而後控制他們的勞力直到債務還清。移民通常會借貸 50 元交通費另加 20 元的額外費用，之後則要償還 200 元。抵達舊金山後，新進移民由管控華人在加州生活的「中華會館」（Six Companies）接待，會館則按月收取他們部分的薪資，直到債務還清為止。沒有人確知 1871 年時有多少華人住在美國，但官方在 1870 年做的調查是 6 萬 3199 人，據報導，其中有 1 萬 2022 人住在舊金山。[6]

十九世紀舊金山種族仇恨

　　1871 年的舊金山其實是兩個城市，白人和華人的，兩方居民互相猜疑。而這是亞洲許多通商口岸的鏡像；被外派到亞洲的歐美人住在與本地隔開的外國租界區，建造西式的房子和公共建築，複製他們熟悉的社會組織，過家鄉的節慶、假期，日常則與表面上洋化的本地人有生意和文化上的交流。舊金山的中國城在許多方面都類似廣東珠江三角洲的村落，看起來就與太平洋另一端的廣州、上海或橫濱等聚落一樣，除了一個明顯的差別：西方國家運用他們的經濟和軍事勢力，在亞洲為其商人和外交人員劃出自治的區域，但住在美國的華人卻是完全受美國政府擺佈。

　　經常性的排華運動使 1871 年的舊金山不甚安寧。從中國廉價勞工身上獲得暴利且貪圖要擴展與中國貿易關係的商人，大多棄絕本土主義，支持進口更多的中國移民。但有組織的公會大聲反對，並要求立法防止更多中國人奪去美國白人的工作。中國人被指控不守法律且不衛生，危害公眾健康。倡議女性健康的社運份子也反對中國娼妓，說她們散佈性病到白人家庭中，破壞基督化家庭生活的根基。根據某份報告，運送眾多中國移民的太平洋郵輪公司的碼頭，每當有中國來的船隻入港，就會成為戰場。整群仇視移民的「遊民和無賴」總在那兒等著可恨的中國人下船。他們經常會攻擊新到的人，賞他們耳光、將他們抓起轉圈、或奪走其財物丟在地上，而「經常也是屬於以迫害中國人為樂」的警察則漠然在一旁看著。[7]

　　加州當地居民與華人的緊張關係於 1871 年 10 月 24 日晚上失序沸騰，當時馬偕正越過洛磯山脈前往舊金山。因幾個中國商人之間的口角變成「洛杉磯大屠殺」（The Los Angeles Massacre）槍戰。當警察進行逮捕行動時，驚惶的中國嫌犯試圖逃逸，他開槍射傷警察，並殺死一位路人。這起事件發生在兩旁都是門庭若市的酒吧和撞球場的街道上，很快就引發可怕的報復行動。將近 500 人組成的暴民（當中有許多是醉漢）包圍中國城整個街區，一心要「將中國人掃地出城」。發狂的群眾放肆滿足「對血腥的饑渴」，警長和政府官長們愛莫能助地站在一旁。帶著槍枝的暴民射穿華人住戶的門窗，其他有些人則爬上屋頂用器械鑿穿住家的天花板。十五個中國人——當中無人與槍擊案有關，被拉出自己的房子並遭到凌遲，暴徒拖著「生不如死」的受害者的殘缺身體走過街道，「在鬼魅般的月光中」把屍體掛到樹上。待群眾散去，當時有廿一位中國人身亡以及為數不少的人受重傷。[8]

　　馬偕待在舊金山的期間，當地的報紙每日報導這起可怕事件的細節，並呼籲種族間的和平。馬偕住在一位「好心腸的」蘇格蘭裔加拿大人移民古恩（William Gunn）的家中，大部分時間都跟著兩位先前在中國、如今在舊金山負責長老教會對當地華人福音事工的宣教士羅密士（Augustus Ward Loomis）和康迪（Ira Condit）見習。羅密士和康迪兩人都捍衛中國移民的權利，出聲批評排華運動；想當然爾，他們也與馬偕討論到美國種族主義對於宣教工作所造成的威脅。就在馬偕乘坐火車抵達的當天，一份地方報紙提起這個尖銳的議題，諷刺地說大屠殺的「異教徒生還

◀ 羅密士（Amasa Loomis）與康迪（Ira Condit）。

者」勢必無法欣賞「洛杉磯的白人暴民」如此生動展現出的「基督信仰的優越情操」。

　　整個禮拜，馬偕與接待他的同工討論對華人的宣教事工，並仔細觀察羅密士與康迪所辦的基督教日間學校和主日學，第一次與華人會眾一起敬拜。同工們邀請他講道，並用廣東話幫馬偕翻譯。遺憾的是，馬偕並沒有記錄任何關於他所傳講的信息或當時的思緒感受等細節。[9]

　　在離開舊金山前一天，馬偕收起舊的口袋日記，買了一本全新且更大的札記，也是他餘生將一直保存的一系列日記的第一本。雖然馬偕總隱藏自己最深的情緒，但這本新的日記讓他有更多空間可以書寫思緒。他在船駛出港口後寫的第一篇日記，透露在他心中湧出的矛盾想法。出發的當天，他起了個大早並快快地在城裡繞行一圈，說「他十分享受在其中，因為早晨是美好的，每樣事物都顯得迷人。」收拾行囊後，他到太平洋郵輪公司的碼

頭，10 點鐘登上《美利堅號》（S. S. America）。此時他的情緒便稍微低落一些，也許是受船上群眾的影響。當代一位觀察家注意到每次《美利堅號》出航時，眾人的情緒氛圍通常是比較陰鬱的：

人們用參加喪禮的速度緩步走向船舶，勉強擠出一抹微笑。注視著彼此的雙眼被淚水浸濕，顫抖的雙唇顯示出心是如何痛楚……雖然最後人們是微笑著親吻彼此的手、自由地以面頰相觸，許多淚水總是暗暗地流下，許多心溢滿悲傷。[10]

馬偕走到他的臥艙放好行李，然後打開他的禮物《聖經》，默想詩篇第四十六篇：

上帝是我們的避難所，是我們的力量，是我們在患難中隨時的幫助。
所以，地雖改變，山雖搖動到海心，
其中的水雖匐匐翻騰，山雖因海漲而顫抖，我們也不害怕……
上帝在其中，城必不動搖；到天一亮，上帝必幫助這城……
你們要休息，要知道我是上帝！我必在外邦中被尊崇，在遍地上也被尊崇。
萬軍之耶和華與我們同在；雅各的上帝是我們的避難所！

突然，一陣敲門聲打斷了馬偕的沉思。馬偕的加拿大籍寄宿

接待主古恩、羅密士和康迪一同來送行。他們聊了一會兒，而後哨音宣布船出航的時間到了。馬偕的朋友們上了岸，但他沒有陪他們回到甲板，而是單獨留在房中，由窗戶看向外頭的群眾。

〈美利堅號〉郵輪的客西馬尼園

建造於 1868 年的〈美利堅號〉是太平洋郵輪船隊的先驅，是當時世上最大的槳輪蒸汽船之一，從船頭到船尾約 363 英呎，郵輪的甲板空間超過一畝。中層甲板的中央是大餐廳，有華麗的水晶吊燈、線條優雅的家具及精緻的銀器和瓷器供頭等艙乘客享受，他們使用的是餐廳區兩旁的包廂。在上層甲板還有更多的包廂，能額外容納 300 位頭等艙的乘客，而統艙則足夠容納數百位返鄉的中國人。深達 31 呎的貨艙載著大筆的財貨，是要寄運給日本和中國商人以及讓企盼買到家鄉熟悉的物品的外派人員消費的。除了郵務袋和上百萬的金條和國庫券之外，〈美利堅號〉也載滿了各式各樣的農產品、產品和個人物品：箱裝的蘋果桃子、袋裝的大麥和燕麥、桶裝的麵粉、鹽漬鱈魚和鮭魚、一包一包的雜貨；還有酒和威士忌、五金器材工具、木板瓦材、文具和縫紉機、風琴鋼琴、布匹皮革、衣帽服飾和藥品。除了馬偕之外，有 75 位頭等艙的乘客，包括幾位新教宣教士和十幾位要到上海去的單身女子。[11]

碼頭上擠滿了旅客的親人朋友，有白人、有華人，許多人揮著手帕、大聲向船上所愛的人道別。孤寂感像浪潮般襲向馬偕：「岸上一大群人中，沒有一個是我認識的，也沒有一人望向可憐的

我。我和我的家鄉之間隔著一個大陸。我何必上甲板呢？不如關上門。而今，上帝啊，祢是我唯一的盼望和力量，請保守我能平安抵達中國。」[12] 當船緩緩駛離岸邊航向太平洋時，馬偕的思緒轉到佐拉鎮，轉向他所放下的世界和在前頭等待他的未知世界。他不禁想到，幾年來所讀過無數的宣教士的記敘，他們關於受苦和死亡的悲傷故事：「那遙遠的地域是幽暗的異教暗夜，充滿罪的恨意而殘暴；我還能否回到我的故鄉？」更糟的是，馬偕懷疑也許他自己沒有聽清楚上帝的呼召：「我會不會聽錯了？」幾年後他回憶起「在那個小小的艙房中」，他的靈魂「進入了客西馬尼園」，並且「有片刻的動搖」。[13]

除了偶發的暈船，馬偕十分享受他的太平洋航程。若沒有不舒服，他會到甲板上運動，發福音小冊，與其他宣教士一起禱告，偶爾在餐廳講道，並且仔細研讀船上圖書館裡關於中國和華人宣教的書籍。他讀完了盧公明（Justus Doolittle）兩大冊的《中國人的社會生活》（*Social Life of the Chinese*），這是由長期在中國的長老會宣教士所寫的一本關於「中國南方海岸的經濟文化生活」的詳細介紹。但是無疑地，馬偕的心思都被在加拿大時所放在他肩頭的「重擔」所佔據；與在中國的英國長老教會的「弟兄們」商量後，他必須選擇自己服事的禾場。他應該在哪裡紮下營帳？他應該依附某個現存的英國長老教會的宣教據點，成為英國長老教會的附屬同工？還是要找到一個還未有人服事的地點，在那裡開拓一個獨立的加拿大宣教事工？

英國長老教會的宣教士已經聽到消息，知道將有一位加拿大

新兵會加入他們的陣容，他們顯然也認定馬偕會與他們在已經探查過的區域合作。但幾個因素讓這個計畫顯得不大可行。首先，馬偕十分內向、偏好自主性。雖然馬偕並非反社會型，但他一生所展現的是比較內斂的情緒，也喜愛獨處；以一個資淺的同工身分在已頗具組織規模的宣教團體中工作，有違他的天性氣質和習慣。

　　然而，這樣的個性背後其實有強烈的意識形態支撐。馬偕是聽著他的英雄賓惠廉的故事長大的。眾所皆知，賓惠廉刻意選擇不與其他宣教士同住，希望盡可能地學習中國平民百姓的生活方式。馬偕在普林斯頓神學院就讀時，曾經在學校的學生宣教組織做過一次關於賓惠廉宣教原則和方法的報告，他自己在前往中國前的那個春天和夏季，也才細讀過剛出版的賓惠廉傳記。想要仿效心目中英雄的慾望，必是使馬偕與英國長老會差會作出服事區隔的強烈動力。馬偕心中另一位英雄杜夫，也同樣強調到新據點拓展福音的重要性。最後一個因素是，在馬偕離開加拿大前幾週，《多倫多全球報》才刊載了亞基柏·蓋奇對宣教策略的批評。蓋奇強烈反對差會以福爾摩沙島上原住民這類「漸衰的」部落族群為宣教對象，而這正是英國長老會宣教士在福爾摩沙的主要目標；蓋奇堅持，新的宣教工作應該聚焦在種族上佔多數且優勢、不斷增長卻還未成為目標的族群。蓋奇認為一個宣教士的成功取決於他最初所選的基地。錯誤的地點選擇幾乎可以確定將會導致時間和資源的悲劇性浪費。當馬偕航向中國時，這些思慮不斷在他心中翻攪，而他最後會選擇違背英國長老會弟兄們的期待，幾

乎是不可避免的結果。馬偕在日記中記下：「讀了很多，想了更多。沉重的負擔啊！建立一個新宣教工作的責任……」[14]

初到廣州的東方觀感

在日本橫濱和香港短暫停留後，馬偕在廣州上岸，拜訪當地的新教宣教士。這是他第一次漫步走過中國的城市，新鮮的景象和聲音挑動了他強烈的好奇心。只有兩三呎寬的彎曲巷道、兩旁賣著各種陌生物品的商家、馬偕尚未開始學習的複雜而優美的中國文字、特別是他偶爾碰見的宗教文物，深令他感到稀奇。在一封寫給多倫多一位長老會牧者應大衛（David Inglis）的信中，馬偕描述了「工人扛著偶像，信眾則彎身敬禮」，四周響聲不斷，「更不用說他們用的鑼和喇叭等等的聲音」。這樣的景象讓馬偕想到斥責外邦偶像崇拜的〈詩篇〉：「他們的偶像是金的銀的，是人手所造的。」但若說馬偕覺得中國的宗教令他不快，他對「從基督教國家來的外國人的行為」更是憎惡；馬偕的結論是，這些外國人的貪婪和敗壞「大大影響了宣教工作的果效。」[15]

到了 12 月 10 日，馬偕終於抵達汕頭；他花了兩個星期在汕頭與英國長老會的宣教士踏勘他們所執掌的不同業務。馬偕決定不去英國長老會最早開拓的據點廈門，因為此地已有許多國外宣教士和組織健全的當地教會。

汕頭宣教士難掩失望之情

抵達汕頭後，馬偕已經強烈傾向往福爾摩沙去，並急切希

望能去探勘島上的狀況。但是汕頭的差會也只有幾位宣教士，畢竟要在廣東開設新的宣教據點、且大多是還沒有教會的地區，仍多有困難和掙扎。英國長老會的人員一直期待馬偕能幫助他們植堂，特別希望他可以開創一個以客家人為主的宣教事工。因此當他們得知馬偕還未有任何決定，且「似乎急著」要盡快到福爾摩沙去時，除了驚訝外，也感覺「被誤導了」。1857 年來到汕頭、且是英國長老會最資深的宣教士施饒理（George Smith），「萬般勉強」才說服馬偕至少看一下他們希望他駐紮的區域；在施饒理的懇求下，馬偕同意用 12 個小時的時間與他到禾場走一遭。[16] 當地看起來確實迫切需要宣教士。在某個城鎮裡，村民在這兩位外國人經過時，大喊著：「殺了他們！」在其他地方，人們則用泥巴和石頭丟他們，且有提高警戒的士兵時刻監視。馬偕在回顧時說，「這看起來是很艱辛的工作。」事實上，吸引馬偕的正是這樣的困難挑戰，因此在第一次的訪視後，他對自己的責任感到困惑。「見到還有這麼廣大的禾場還未有人照管，我不知道該做或該說什麼？」他向馬克蘭如此回報。雖然汕頭的弟兄們希望他能多做停留，馬偕卻等不及要到福爾摩沙探勘當地的狀況以做決定，於是匆忙地離開，「不曉得我會回來或是就留在福爾摩沙？」[17]

在他們的計畫明顯無望後，汕頭的宣教士們失望至極。多年來他們一直禱告，祈求能有一位新的宣教士來負責客家事工，並相信馬偕是上帝回應對他們禱告的回應。「我們接下來該如何做呢？」在馬偕離開汕頭並前往福爾摩沙後，施饒理詢問英國長老會的宣教委員會「我們不可能要求現任的工作人員以令人滿意的

方式補足這些工作。」但是施饒理並沒有責怪馬偕，反而對被馬偕出眾的宣教士恩賜和人品印象感到深刻。「我不會懷疑，」施饒理這樣回憶，不管馬偕選擇在何處落腳，「上帝的祝福都會與他和他的付出同在。我只能說我很感恩能夠認識馬偕，並且希望日後加拿大跟隨他而來的宣教士，都與他有同樣的精神。」[18]

確定福爾摩沙為未來禾場

令廈門的英國長老會宣教士們驚訝的是，到廈門去搭船前往福爾摩沙的馬偕，竟然無意拜訪他們。馬偕只在廈門停留數小時，就搭上英式雙桅船《金陵號》（Kin-Lin），接著在整晚的暴風雨中渡過險惡的台灣海峽，在船上經歷了生平最嚴重的暈船：「感謝偉大的主，我竟能生還。這麼大的晃盪！船簡直要翻覆了。」[19]1871 年 12 月 29 日的下午，船停靠在打狗（Takow，今高雄）港，馬偕則搭舢舨上岸。當晚德記洋行一位職員哈迪（Hardie）和善地提供馬偕住宿之處。

馬偕在福爾摩沙第一週的時間大部分都在打狗四處走看，與英國長老會宣教士的李庥（Hugh Ritchie）牧師邊走邊談。這兩個男人很快就對彼此有好感，馬偕也感覺「有某種力量拉著」他往福爾摩沙來，但他仍舊掙扎於選擇正確地點的「沉重負擔」。直到1 月 5 日，也就是他抵達後一週，馬偕整天在李庥牧師的家中獨自禱告。而後，「在數小時懇切祈求後，在下午 3 點時決定以福爾摩沙為我付出的禾場。」馬偕大大地鬆了一口氣。雖然因為仍未確定以福爾摩沙的何處為家，還未能完全卸下「重擔」，但他

的心思「直覺地往北福爾摩沙去了」。

　　這終究是個不得不然的選擇，因為馬偕喜愛獨處，並且渴望在還未有宣教士之處開拓全新且獨立的加拿大據點。雖然他的日記顯示他還未確定服事的確切位置，但當他隔天寫信給馬克蘭時，已經對未來擬出一個清楚的計畫：

　　昨天……在訪視過幾個據點後……我決定要留在這個島上。一直以來我一心只想趕快到上帝要我去的地方開始工作。我把此事擺在祂面前，然後受引導留在此地。因此我相信基督是要我在**此地**做事。從我親愛的家鄉到這個小島，祂引導我每一個腳步，我也感謝主為我開路，將我帶到這個黑暗的異邦之岸；我決意要為祂而活，若是必要，也為祂而死……若是祂旨意允許，我將留在這裡與打狗唯一的宣教士李麻先生同工，直到 9 月或 10 月。我希望下週能開始學習語言，並且盡可能地去醫院。然後我希望往北到西岸的通商港淡水去，並以淡水為我的基地……此地的弟兄同意我對於分工的看法。他們在南部，北部還未有人駐紮。事實上，島上有三分之二的人住在北部，那個地方卻還沒有工人。[20]

　　接下來的數週，在李麻牧師和一位他所挑選「到目前為止是耶穌信徒中最聰明的」、來自澎湖的福爾摩沙青年的協助下，馬偕全心投入語言的學習。[21] 此時，所有人都認定這一年馬偕會留在打狗與英國宣教士同工，一邊學習福建話並熟悉島上生活。而後，他會往淡水去，同時在加拿大差會的監督下接管李麻急著要

交接給他的英國長老會在福爾摩沙的最北據點：大社（Toa-sia）、
內社（Lai-sia）和埔里社（Po-li-sia）原住民的小群會眾（譯按：
皆為福爾摩沙中部地區）。馬偕顯然也以為即使是在淡水，他大
多是要服事原住民，而這很可能會讓他有些疑慮，因為亞基柏·蓋
奇曾強烈警告不應該在「漸衰的」原住民族群中開拓新的宣教事
工。在寫給馬克蘭的信中，馬偕提到去淡水後，「我的工作大多
會是在**已開化的原住民**當中（粗體為馬偕所加），這裡的弟兄也
會交給我們一個在台灣府和淡水之間的據點，那兒有許多的『山
地人』。這將成為我工作的核心。他們是一群很有趣的人民，也很
高興接受福音。」[22]（譯按：李庥可能提議以淡水為宣教中心來經
營台灣中部地區的大社，內社，埔里社的宣教站）

　　但馬偕很快就會改變心意，與李庥的建議相悖。自他決定要
北上淡水後，在打狗期間就變得焦躁不安，希望盡快能去訪視他
異象中的新家。想必也因為受到賓惠廉的啟發，馬偕覺得沒有必
要在學習中文時，繼續留在南部與英國宣教士同工。他可以帶著
他的福爾摩沙老師一起北上，且在北部與其他宣教士隔絕，更能
強迫自己只使用福建話。因此當李庥牧師在 2 月時提出要帶著馬
偕與另一位新的英國長老會宣教士醫師德馬太（Matthew Dickson）
去訪視他打算移交給加拿大人的最北部據點時（譯按：指大社、
內社和埔里社地區），馬偕看出這是重新調整時程的機會。如同
他向多倫多的一位海外宣教委員雷威廉（William Reid）所解釋
的，「他們現在正準備陸路旅程，而我也愈發渴望要完全與當地
人一同生活，每天聽到他們所說的語言，因此我決定要往我將來

服事的禾場去，如果主預備的話，就留在那邊。」[23] 馬偕對李庥指出，英國宣教士從未真正從淡水走到他們的原住民福音站，因此他們無法真正曉得以淡水港為基地的宣教士，是否能夠有效接管這些原住民據點？因此馬偕提議他們直接改搭下一班船前往淡水，在從淡水走陸路到山地福音站——只有這樣他們才能確知他和德馬太之間，誰能接下這些原住民據點的發展責任。

確認呼召，淡水為宣教據點

「當我們在思考這些事時，」馬偕向雷威廉解釋，直達淡水的英式汽船《海龍號》（Hai-Loong）好像是上帝供應般、無預期地出現在打狗港。李庥不甚情願地同意了馬偕計畫的改變。在經過兩天顛簸的航程後，他們在 1872 年的 3 月 9 日下午抵達淡水河口。

馬偕立刻就確定上帝已經呼召他到了他的新家。他告訴雷威廉，這個地區的風景使他想起蘇格蘭。馬偕也在日記中透露：「我當下就立定心意，這就是在等待我的禾場。在我之前沒有其他的工人。喔，讚美主，我高興到幾乎要拍起手來。美麗的淡水！我是如此欣喜！」[24]

但探索淡水的行程還需繼續等待。接下來的三週，馬偕與李庥和德馬太一同去探查英國宣教士希望他接下的北部原住民據點。然而，馬偕很可能已經傾向不接受這個安排，並且很快地表達反對意見。他在日記以及一封寄到多倫多的信件中詳細記述他十分享受這趟探險旅程；每個景物和植物都令他感興趣，他與福

爾摩沙原住民族群的接觸亦然。但這趟旅途遠比英國宣教士們想像得更漫長和艱難，而他們所遇見還未被同化的原住民所講的語言，與馬偕正辛苦學習的又完全不同。此外，馬偕如今知曉，住在淡水附近區域的主要是漢人，也就是他之後對馬克蘭所強調的「人數正在增長」的種族。因此，在抵達目的地後，馬偕就告訴李庥和德馬太，他認為由加拿大差會來監管山地據點並不明智，他很寬慰「弟兄們」也同意仍舊由英國長老會來照管這些據點。即便馬偕真心尊敬李庥和德馬太，並享受與他們團契的時光，他顯然仍是愈發急著想獨立出來，在他如今確信是上帝為他保留的地點開始宣教工作。在馬偕寫給雷威廉的信中，他聽起來幾乎是大感安慰，因為他所決定的服事禾場在地理位置上與英國差會的相距甚遠：

> 南部的宣教士有 190 哩遠，因此他們無法協助北部地區，正如加拿大南邊的基督宣教使者無法幫助北部的宣教士一樣。我們能有如此高貴的工人們在南部宣講同一個形式的基督信仰，實在是莫大的祝福，但我們的教會也應該感覺，福爾摩沙的這個區域同樣是我們該要建立錫安城牆之地。[25]

馬偕與他兒時心目中的英雄賓惠廉一樣，都希望住在沒有其他宣教士和外國人的地方。因此他在 1872 年 4 月 3 日，和李庥和德馬太在大社的一間小教堂前唱了一首聖詩後，就向他們道別。而後兩位英國宣教士往南，馬偕則往北，與他同行的只有一路相

陪的澎湖籍語言老師。當他們邊走邊聊時，馬偕脫下了鞋，赤腳走路，再一次變回他心中的那個佐拉孩子。「只剩下我自己，我所會的中文很快就要用上了，」他對日記傾訴。一股深刻的平靜包圍了他：「我感到十分快樂，並不孤單，不害怕也不疲倦。」頗為矛盾的是，馬偕竟然在距離形塑他生命的蘇格蘭群體半個地球之遙的地方，找到了家的感覺。

▲〈美利堅號〉，1871。這幅日本的畫作描繪 1871 年在馬偕搭乘〈美利堅號〉到中國前幾個月時這艘船離開橫濱港的景象。在幾次嚴重暈船的間隔中，馬偕讀了船上圖書室裡關於中國的書，並享受與其他前往亞洲各基地的新教宣教士的團契時光。

青年馬偕：在台宣教的根柢

第十章

後來：
年輕的馬偕與福爾摩沙的宣教

　　馬偕到福爾摩沙來時並不是一塊空白的白板。他有深刻內化的習慣和極強烈的偏見，這當中有部分強烈影響了他未來幾年的事工，並且塑造出他在北福爾摩沙所建立的新群體。雖然他會從福爾摩沙人身上學習許多，但沒有證據顯示他在島上的年日中，曾放棄自己所擁有的神學信念，或發展出對信仰或宣教的全新想法。事實上，我們可以看出他一直自認為蘇格蘭高地的福音派，一位被徵召進入耶穌君王軍隊的士兵，也是要對抗邪惡勢力的現代聖約派信徒。雖然他的思想有其他潮流的灌注，特別是在普林斯頓的所學，這些也都是他在福爾摩沙派上用場的實際想法，但馬偕心中的宣教典範，一直都是神話中使蘇格蘭高地福音化的「高地先祖們」，以及之前為了基督與政治和教會壓迫勢力爭戰的聖約派。身為宣教士，他所面對的許多挑戰和所達到的成就，只有更加凸顯和強化這個自我理解。

　　如同前面幾章所細述的，馬偕的世界觀最主要是來自上加拿大區佐拉鎮孕育成長的群體。1897 年，馬偕寫了一封信給《塞爾特雜誌》（ Celtic Magazine ）編輯，他們那時正準備要刊載一篇關於他的宣教事工的主題報導。「年少時，我在烈火熊熊的壁爐邊，聆聽關於我的祖國蘇什蘭的描述，」他寫道。「我的身體流著塞爾特人的血，從小我也學會愛慕那片生長著石楠花的土地。」[1] 雖然佐拉鎮與蘇格蘭高地距離遙遠，卻很少地方像佐拉一樣如此完整地保留蘇什蘭農村的語言、風俗和信仰。這個祖傳信仰中很重要的一部分，是在 18 和 19 世紀初期在此區興旺發展、且在遷徙至加拿大的移民中持續更久的福音派宗教。這個世界觀的核心，

是對政治和教會菁英階層的深刻懷疑，且敵視任何會阻礙當地民眾敬拜上帝、依循他們所承認的屬靈領導人的生活引導的外在權威。

馬偕漂洋過海帶來上加拿大聖徒觀

這股脈動不斷地在蘇格蘭和加拿大引領福音派的蘇格蘭高地民族反對政治和宗教勢力的干預，因為這些勢力未能尊重高地人的傳統或承認當地聖者的屬靈權威。在孕育馬偕的高地宗教文化中，全能而充滿奧秘的上帝管理整個宇宙，以聖靈充滿祂所揀選的僕人，使他們有能力成為十字架的得勝精兵。高地人認為，上帝特別喜愛「愛主更甚於財富或權力」的謙卑男女；他們相信上帝更可能透過單純而未受教育的聖徒來工作，甚於透過有學位和頭銜的高等知識分子。雖然馬偕及其族人是長老會信徒，但他們的信仰支派對教會的體制或正式的規範和規矩不甚耐煩。最受他們敬重的牧者，是將自己的道路交託給聖靈，並樂意與單純的平信徒男女分享領導權力的，因為他們認為，平信徒才是教會的中心。

及至馬偕前往福爾摩沙時，這個傳統在蘇格蘭和加拿大長老會信徒中正在快速消失。19 世紀是一個變化速度令人屏息的時代。工業革命生出許多工廠、創造出大片的都市中心；連結它們的，是橫越大陸和大洋的鐵路和輪船，以驚人速度載運大量生產出來的商品和乘客。大量人口從高地地區流失，或是奔向蘇格蘭的工廠中心，或是英屬殖民地，或是美利堅合眾國。同樣地，主

導加拿大社會和政治環境的並不是鄉間或森林，而是不斷發展的城市。西方世界的每一個組織，都走向更大程度的官僚系統或被認為是更有效率的經商方式，也就是仿效資本企業的管理。教會也依循著同樣的路徑：組織變得愈發官僚化，更執著於財務上的效率，也更專注在訓練專業的神職人員。

馬偕不屬於這個新的世界，也從未能在其中感到安適。在佐拉長大的馬偕，所接受的是較古老的群體觀和較傳統的對基督事工的理解。雖然在普林斯頓神學院待過三年，馬偕比較大的程度仍是自學，也從未獲得大學學位。雖然馬偕在台灣時行醫救人，也教導學生基本的醫療技術，但他並未受過正式的醫生訓練。這在工業革命前的世界一點也不足為奇，但到了 1860 年代，馬偕在加拿大長老教會中已經顯得老派。到他生命終了時，已經成為已逝時代的文物了。

馬偕對聖徒的呼籲

馬偕在 1880 年和 90 年代首次和第二次回鄉述職時，有機會能比較資本企業和科學式管理的忙碌世界，與他兒時所熟悉、以群體為中心的鄉村生活以及他在福爾摩沙所居處且喜愛的世界。馬偕並不欣賞加拿大的變化，也不認為這個改變是進步。在他首次述職後回到福爾摩沙時，有一次與學生在艋舺（萬華）走了很長的一段路，沉浸在「在大自然各樣的美景中」。他在日記中寫到自己有幸擁有這樣的生活方式：「簡單的生活，遠離匆忙焦慮混亂與瘋狂的簡單生活。」[2] 1895 年，馬偕在以長老教會總會議長的

身分所著作、之後也出版成為一本給「家鄉的教會」的小冊的講道中警告會眾，新的生活方式正在破壞教會最好的部分。他呼籲加拿大人放棄他們「瘋狂的忙碌」，並要記得上帝的方式不是愚蠢人類所用的方式。雖然一定有人與馬偕有同樣的疑慮（而且必然包括在佐拉鎮長大的其他牧師），馬偕仍是少數在曠野中呼喊的聲音。

馬偕對平信徒的信任源自佐拉

　　馬偕很幸運能在福爾摩沙度過下半生，不用承受教會官僚體制漸增的壓力或與教會政治的周旋。在北福爾摩沙，他與多倫多（譯按：加拿大長老教會總會設立在多倫多）之間隔著一座海洋，與南部的英國弟兄間也有崎嶇的高山分隔，因此可以自由地追求他從年少時就已經內化的獨特形式的事工，也能夠嘗試創造他兒時記憶中那種緊密連結的基督教群體。當北福爾摩沙的宣教事工蓬勃發展、教會也快速增長時，許多局外人都觀察到此區的宣教模式與其他新教的宣教經驗迥然不同。當地人與馬偕之間有極為親密的連結；馬偕不像是國外宣教士，而更像是福爾摩沙宗派的領袖。我們會說，像北福爾摩沙宣教團這樣的宗教實體是**靈恩運動**，而不是**官僚性**組織。馬偕能夠引發需要許多熱心的福爾摩沙門徒全心投入領導的運動，正反映出他一直以來對於單純的人們所能展現的能力的深刻信心。事實上，其他的宣教士常常懷疑馬偕政策上的智慧；在他們看來，把這麼多的責任放在未受教育的歸信者身上是很危險的，因為除了馬偕所傳授的基本課程之外，

這些人並未接受正式的訓練。這一點在醫療工作上更是明顯；到了 19 世紀，醫學在西方已經成為受過高度訓練、且從大學或醫學院獲得專門學位的醫生所專有的工作。然而馬偕完全忽略他的批評者。打從事工的開始，馬偕就相信他的學生有能力領導福爾摩沙教會，且能成為他們自己同胞的醫治者，而這樣的信任更是隨著年月而增加。我們能確定的是，他這個立場深受佐拉鎮的文化影響。

馬偕和他的好友自認肩負根植於蘇格蘭北部高地地區的特殊宗教傳統。相關的跡象遍佈在他一生所留下的資料中。在他被任命為宣教士前在愛丁堡的幾個月中，馬偕常常造訪與 17 世紀殉道的「聖約派」信徒有關的地點，當初他們因為反抗政府侵害蘇格蘭教會的自由而犧牲性命。到了 1871 年，大多數的蘇格蘭和英國人民都已經忘記這群「聖約派」信徒，即便記得，通常也認為他們不過是遙遠過去中的狂熱分子。但對部分高地地區的福音派信徒來說，「聖約派」仍是十分重要的神話象徵，是應該受現代基督徒尊崇和仿效的英雄人物。許多在 1843 年離開蘇格蘭教會成立自由教會的信徒，就是受此「聖約派」神話的激勵。而 19 世紀初退出教區教會、違法在戶外敬拜的蘇什蘭長老教會的異議分子也是如此；他們不願接受他們認定為假先知的牧者的事工。這些宗教異議分子包括許多在 1830 年代離開蘇什蘭、定居在佐拉鎮的家庭。

聖約派聖徒深觸馬偕靈魂

馬偕成長時所聽的故事，是殉道「聖約派」以及他們在多諾赫和羅格特教區的後裔如何為了「真正的基督信仰」對抗壓迫力量。對他而言，「聖約派」不是過去式，因為他們的精神仍舊留存在並記得他們、且繼續持守他們信念的信徒心中。人們時常會在看起來很小的事上，洩露出形塑他們思想和激發他們行動的重要故事。馬偕在愛丁堡時，時常造訪殉道者的紀念碑就是如此，他更在日記中用了異常多的篇幅，完整記下已褪色的墓誌銘內容，都是紀念殉道者願意為基督捨命的勇氣和信心的。當他準備前往中國時，這就是他所需要記住的故事。「聖約派」的聖徒並未消逝；他們有些人渡過了海洋，在新的受壓迫之地繼續他們的爭戰。

被大多數與他同時代的長老會信徒認為是狂熱分子的，馬偕卻深受他們的吸引。馬偕在 1875 年某一天造訪基隆時，遇到了一群在煤港（Coal Harbor，譯按：現今的八斗子）工作的蘇格蘭礦工。他們其中一位「堅定的老長老會信徒」，後來到他的教會來作禮拜。馬偕注意到他「就像一個老『聖約派』，因此我更愛他了。」[3] 另一位現代的「聖約派」是馬偕的「密友」約翰·盧斯，他也是眾多佐拉鎮之子中最先成為牧者開始服事的。馬偕和盧斯家族之間的親族關係可以回溯至在多諾赫的時代，但馬偕與盧斯兩人之間的親密友誼，主要還是因為有共同的信念及兩人對彼此的敬慕。

　　1875 年，盧斯與另一位佐拉的移民拉赫藍·麥金塔（Lachlan
Mackintosh）長老兩人徒勞且孤獨地反對加拿大自由教會與加拿
大的蘇格蘭教會的聯合。他們認為自由教會離棄「聖約派」和其
他忠信聖徒遺留給他們的神聖託付，為了組織效率而犧牲基督的
榮耀，實是罪孽深重。那時大多數的加拿大長老會信徒都認為盧
斯與麥金塔的觀點太過古板，是現代世界應該要摒棄的神學性挑
剔。但是馬偕卻大大敬慕盧斯的作法，認為他身上有「聖約派」
和如同先知以利亞那般堅定的忠誠，「是與眾不同的。」[4] 當馬偕
和妻子張聰明（Tui-Chhang-Mia）在 1881 年回加拿大，也就是盧
斯與他如今已經獨立出來的會眾離開長老教會的幾年後，他和盧
斯在盧斯的農場中一起度過一個禮拜的團契時間，製作楓糖，並
且討論教會的事工。馬偕一點也不在意盧斯已經離開長老教會；
對他來說，重要的是他們對蘇格蘭高地「先祖的信仰」有相同的
熱情，也是對一個正快速消逝的宗教異象的堅定委身。而盧斯與
他的妻子安娜會挺身而出，持續作為馬偕和把福爾摩沙宣教事工
強力的支持者，以及馬偕的兒子偕叡廉日後會選擇盧斯的女兒一
起承擔在福爾摩沙的宣教生活，也就不令人意外了。[5]

　　馬偕在教導學生時，時常以盧斯這樣的人物做為典範。雖然
他的日記很少如我們所企盼的那樣詳細，卻常常提及他所閱讀的
書籍和雜誌，以及他教導學生的主題。很明顯地，馬偕的閱讀素
材時常成為他的課程基礎。因此在教導忠心的服事時，他就用賓
惠廉和盧斯，以及知名的蘇格蘭高地牧師諾曼·麥克勞德（Norman
McCleod）牧師作範例，後者在其回憶錄中，曾描繪自己如何在

風雨冬雪中仍不畏旅途困頓，四處牧養農村會友。馬偕日記中所提及最值得注意的書籍之一，是唐諾・薩吉（Donald Sage）牧師的《家鄉大事紀》（*Domestica Memorabilia*）。[6] 與馬偕的父母一同在多諾赫成長的薩吉，希望能保存蘇什蘭地區平民的歷史，包括他們強烈的福音派信仰，特別是對抗不公義貴族、貪婪的地主和被蘇什蘭伯爵與女伯爵用來對付人民的不信實牧者的故事。薩吉的英雄們都是未受教育但忠心的長老和有智慧的婦女，他們領導和教導會友、有時甚至變成教會的代理牧師，保持教會的生氣。這些英雄中有些就是移民到佐拉的馬偕族人。而馬偕會在服事之餘研讀薩吉的著作，也是另一個透露他深沉信念的小細節。

福爾摩沙人與蘇格蘭高地人相同的處境

　　馬偕相信福爾摩沙的處境在某些方面與蘇格蘭高地所面對的苦境是一樣的，正如北福爾摩沙的地貌總是令他想起他的「祖國」，「美麗的斯高夏」的山丘、谷地和海岸。蘇格蘭地位低下的農民受到外國君王和驕傲貴族的控制，在馬偕看來，福爾摩沙的人民不管是漢人或原住民，也同樣受到一個遙遠帝國、高傲地主和腐敗的滿清官吏的統治，他們只在意他們自己的財富權勢而不在意公義。馬偕企望福音也許能使人民勇於挺身反抗，正如福音使高地的農民膽敢抗拒一般。馬偕在 1872 年第一次從淡水寫給馬克蘭的信中，將這兩者做了連結。他提到許多原住民年輕人受到中國文化的吸引，急著要接受中國人的神祇，但原住民的長者卻痛恨中國的壓迫，且若是可以不受懲罰，會把漢人的祖先牌位和

偶像通通「丟進火裡」。一位老人家強烈抗拒中國的統治令馬偕印象深刻；老人家無畏地宣告，他們的先祖曾經敬拜過「真神」，因此他也要如此。馬偕驚嘆於如此勇敢的表達，不禁將這位老人與「聖約派」聯想在一起：「他的容貌和氣質和灰白的髮綹，都令我想到在祖國和加拿大的蘇格蘭高地人。」[7]

馬偕似乎在高地人和福爾摩沙人之間看到各樣相似之處。當他在 1875 年某個「榮耀的」傍晚，與一群新的歸信者在八里坌一同快樂地吟唱詩篇和聖詩時，「容貌歷經風霜的年邁漁人」就令他想起佐拉的聖徒：他們在唱蓋爾語的詩篇時，同樣無法對上原本的曲調，也不討世故成熟的現代人的喜愛。[8] 當中法戰爭引發暴動，暴民夷平數間馬偕所建立的教堂，有時甚至引發對歸信者的致命迫害時，馬偕對他的會友能堅定站立且「毫不退縮」大感驚奇。儘管受苦，這些歸信者仍然繼續歡喜聚集敬拜，馬偕認為他們就像蘇格蘭的聖約派信徒，因著聖靈堅定持守信心，「度過烈火般的試煉」：「上帝仍是我們先祖時代的那一位上帝。」[9] 當馬偕因壓力感到疲倦想要休息時，就追想過往忠心的蘇格蘭宣教士，因他們不倦的努力使異教蘇格蘭高地人得以歸信基督。這樣的想法讓馬偕相信，他也同樣無法休息：「上帝是同一位。不能忘記這點。噢，不，是同一位上帝，引領我的先祖們走過高地。喔，主啊，拯救我和這裡所有可憐的人們。」[10]

馬偕宣教策略活出佐拉精神

馬偕在某個意義上可以說是重新活出像約翰·麥唐諾這些受佐

拉人敬重的蘇格蘭高地巡迴宣教士的生命。馬偕將此高地傳統具體應用在事工中；例如他在宣教一開始就決定帶著阿華（A-Hoa）和其他學生巡迴，這也是他日後持續使用的策略。馬偕刻意仿效賓惠廉到中國宣教之前在蘇格蘭的巡迴佈道模式，也顯示高地的根源如何形塑他日後的工作。在馬偕抵達福爾摩沙的那個時候，大多數的新教宣教士都已經下了結論，認為賓惠廉的方法是完全錯誤的；他們認為在鄉間四處巡迴沒有效率，而「本地化」的嘗試也是不可能達成且是被誤導的目標。但馬偕從不這麼認為。對他而言，賓惠廉一直是宣教士的模範，值得尊崇和仿效。

　　馬偕在淡水服事早期，一位時常拜訪他且陪他訪視教會的英國海軍軍官亨利·薛爾（Henry Noel Shore），留下透露許多內情、關於馬偕宣教方法的記述。薛爾先前也曾訪視許多在中國宣教的其他宣教士，卻認為馬偕與其歸信者的關係是無前例可循的。在北福爾摩沙宣教工作所使用的獨特方式中，有一項是來自各個堂會的會友每年會「聚集在同一處」，使他們能夠「知曉他們自己的人數，並能彼此關心。此類性質的聚會增加了他們的信心，也激發出非信徒對會眾的尊敬。」[11] 馬偕是從哪裡想到如此不尋常的方式呢？就是蘇格高地福音派的長老教會最獨特的儀式，即每年一次的聚集鄰近教區數千名會眾一同敬拜及團契的「神聖時刻」。馬偕年少時，佐拉的生活也是以此年度聚會為中心，強力形塑人們的屬靈和社會生活。因此，源於蘇格蘭高地而後被帶至上加拿大區的習俗，由馬偕再次移植到北福爾摩沙。

　　馬偕敵視外部對本地基督徒的控制，是他思想中極為特出

的一部分，也深刻影響早期北福爾摩沙的長老教會。幾個世代以來，蘇什蘭的人民一直在抗爭的對象，就是那些想要將當地人民所反對的牧者和宗教實踐強加給他們的政治和教會菁英階級、以及拒絕與當地屬靈導師共享領導權的牧者。從嬰兒時期就沉浸在此文化中的馬偕，在宣教工作一開始就與他的學生們分享領導權，並給予他們極大程度上的權力。在他服事生涯中，他也不斷以實際行動保護歸信者免受外部的控制；這個信念很大一部分是來自他對任何形式的聖職專權（clericalism）和貴族政治的深切敵意。因此，當他的前同工華雅各在 1878 年帶他喪母的孩子們回到加拿大，又再次希望回到福爾摩沙時，馬偕就因為華雅各與福爾摩沙人不合之故，堅決不讓他回來，甚至威脅若是宣教委員會要差派華醫師回淡水，就要辭職並帶走所有的歸信者。[12] 在馬偕拒絕婦女海外宣教協會差派單身女性宣教士來淡水時，同樣的脾氣再度顯露，而這也使他與此深具影響力的組織疏遠。雖然馬偕受到強大的壓力要重新考慮他的立場，也冒著失去所需金援的風險，但馬偕仍不妥協。他堅持福爾摩沙婦女已經在做婦女事工，果效也比從加拿大來的外國女士們好。馬偕同時也阻止加拿大的宣教委員會想盡快在福爾摩沙建立正式的長老宗體制以及與英國長老會合併的希望。他認為北福爾摩沙的教會的領導已經極具效率，能根據當地的環境彼此合作發展事工。若是在他們之上強加一個外來的人為「增補」系統，將會是個災難。而當馬偕決定按立兩個可靠的福爾摩沙門徒成為牧師，卻沒有先建立正式的長老宗體制，因而違反了他所屬宗派的標準程序時，他被批評「不合

乎長老會」。這樣的批評使馬偕生氣，卻不能說服他相信自己的
決定是錯誤的。教會需要任命更多牧者，而阿華和陳火（Tan-He）
清楚展現出他們是有能力的實際牧者。對馬偕而言，也如同對他
在蘇什蘭地區的異議派族人，按立牧者的是上帝，不是人類的中
會。

馬偕婚姻打破盎格魯撒克遜意識

　　與馬偕同時期的人雖然不認同馬偕的行為，卻也了解這些行
為的意識形態根源。他們也是以同樣的角度來看待馬偕與張聰明
這段特殊的婚姻，認為這是顯明馬偕身上那股被誤用的高地熱忱
的另一個例子。1860 年代時，蘇格蘭和加拿大大多數的長老教
會信徒都過得相當富裕安適，未多有遲疑就接受維多利亞世界主
流的社會和經濟價值觀。這個時代最強勢的信念是社會達爾文主
義，認為人類文化的演化與動物物種的演化是相同的，是從較原
始的文明層次進化到較高階的層次。在大英帝國及其殖民地中，
這個觀念時常與「盎格魯薩克遜主義」（Anglo-Saxonism）連結，
相信英國人和低地地區的蘇格蘭人都是源於古代一支「盎格魯薩
克遜種族」，而他們所得到的某些遺傳使現代的英國成為人類所
演化出的最偉大的文明。雖然維多利亞時代的長老會信徒相信人
類都是亞當和夏娃的後裔的教義，因此也相信每個人在身體和靈
性上都是平等的，但他們當中有許多人同時也相信盎格魯薩克遜
主義，認為他們有道德義務要藉著分享盎格魯撒克遜的體制和觀
念，來幫助較原始的文化提昇層次。許多 19 世紀末的英國宣教士

相信，基督徒的婚姻對異教種族來說是特別有力的道德示範，但要使這樣的示範發出果效，婚姻的雙方都必須是受過良好教育的英國人。這也是何以維多利亞時期在全球各地服事的英國宣教士中，馬偕是極少數跨越化和社會階級界線，與非英國人的歸信者結合的宣教士。這個違背慣例的動作本質上並不是種族上的冒犯行為，只是無能堅守住身為盎格魯薩克遜宣教士不應忽略的文化和階級區分。

　　然而，身為高地農民之驕傲子孫的馬偕，拒絕盎格魯薩克遜主義的意識形態，正如他也拒絕相信資本主義能帶來一個美好繁榮且安適的新世界。盎格魯薩克遜主義者清楚表明，蘇格蘭高地地區說蓋爾語的人民是源於一個較低等的塞爾特民族，而他們所遺傳到的特性使高地地區落後且貧困。盎格魯薩克遜主義的思想把英國對蘇格蘭的統治合理化，並且支持消滅傳統高地文化，希望以英語取代高地人民所說的蓋爾語。到了 1870 年代，就連大部分的蘇格蘭宣教士也都擁抱英國文化，他們不熟悉蓋爾語，並且認為大多數的高地人民都是可憐的原始民族。

　　馬偕從未接受這種世界觀；假如他有，那麼他與張聰明的婚姻就會很令人費解。馬偕特殊的婚姻是一個能以多種角度來分析的複雜決定。但為了理解他當時的宣教士同工或是馬偕本人如何看待這個婚姻，我們需要記得馬偕心中所抗拒的盎格魯薩克遜意識形態的力量。馬偕尋求與福爾摩沙的歸信者一樣的認同，甚至在最親密的性關係與婚姻的領域中都是如此，但對很多人來說，這就如同明白拒絕了自己盎格魯薩克遜族的身分認同，幾乎是對

英國文明本身一種公開的鄙視。馬偕的同工大多以為他會娶一個「迷人的加拿大」女士。某些批評家認為，馬偕與眾望相反的舉動正像是一個來自於高地、說蓋爾語的狂熱農民所會做的事。馬偕剛接受派任的同事閏虔益（Kenneth Junor）在聽到馬偕娶了張聰明女士時，試著委婉表達他的不認同，認為許多加拿大婦女也能與福爾摩沙婦女同樣盡心於基督。但更重要的是，閏虔益認為馬偕的婚姻決定與他被誤導的意識形態有關，因為馬偕錯誤地委身在以賓惠廉為榜樣的蘇格蘭式的事工方式，而賓惠廉同樣拒絕盎格魯薩克遜主義的信念。閏虔益說：「若他要披戴中國人的服飾並過他們的生活，恐怕最終他的經驗會與賓惠廉一樣——發現這是一個錯誤。」[13]廈門的英國長老會宣教士宣為霖（William Swanson）則認為馬偕對華雅各的拒絕以及同時決定要娶一位未受教育的福爾摩沙女子為妻，顯明了他獨特的高地農民的思維和行為。宣為霖和他在汕頭的同工卓為廉（William Duffus）都認為馬偕是個狂熱的蓋爾人，所推行的政策反應出他所受教育的不足以及高地的文化背景。宣為霖對英國長老會宣教委員會說：「我很了解像馬偕先生這樣的人。很不幸地，我實在太清楚，這種類型的人在高地地區到處都是：而馬偕最近的動作——他的婚姻——正是這類人的典型特徵。」[14]

當然，馬偕所受的教育以及他的童年與他同時代的宣教士仍有許多的共通點。不是每一件他帶到福爾摩沙的事物都是獨特的。他對於自然科學的喜愛、強烈的加爾文派神學、對《聖經》無誤論的相信，這些和其他無數的教導面向，都是馬偕與其他同

時代的新教宣教士重疊的。使北福爾摩沙的宣教事工獨特的，是馬偕對高地福音派宗教傳統的依附所生出的做法和信念以及他將這些信念移植到福爾摩沙土地上的努力。

結語

　　馬偕雖然能夠說流利的福建話，也娶本地女子為妻，但他所持定的，仍舊是一個外國人的世界觀。馬偕不像他的歸信者，能夠由裡向外地看到台灣的宗教和社會。台灣要發展出一個本土的基督教神學，必須仰賴台灣未來的基督徒。然而，我們仍須明白，馬偕促成了這樣的工作。北台灣不是蘇格蘭高地，台灣的基督徒事實上也不是蘇什蘭或佐拉地區的「聖約派」信徒。但當馬偕努力要忠於他「高地的先祖」時，也成功地為他在台灣的跟隨者劃出免受外部控制的偌大自由。他所建立的 60 間教會，每一間都由台灣的傳道人和長老所領導，因此構成奇妙的社會實驗室；來自不同文化的人們、想法和習俗互相交融，有時會生出既非外國也非傳統的新事物，是屬於台灣基督徒的特有混合。馬偕愛護且信任台灣人民，並且幫助成就這個混合的過程，這是我們該以敬意和感激來紀念的。

致謝

　　若沒有許多人的幫助和支持，我無法完成本書的著作。我想要特別感謝溫哥華的謝大立牧師；這位致力於研究台灣教會歷史的學者，慨然督促手稿的準備工作，並付梓成書。另外感謝鄭淳怡姊妹，精心將英文文本譯成中文。我也必須感謝內布拉斯加大學卡尼爾分校（University of Nebraska Kearney）的歷史系，給予我休假的時間來寫成本書，以及史丹福及普西拉雷伊長老會神學教育基金會（Stanford and Priscilla Reid Trust for Presbyterian Theological Education），在我安息年離休期間提供必要的財務支援。

　　我並希望向以下機構的檔案管理員和圖書館員致謝，他們耐心回應我在文獻資料上無數的請求，並協助追溯難尋的資料：加拿大聯合教會檔案館（多倫多）；加拿大長老教會檔案館（多倫多）；安大略檔案館（約克大學，多倫多）；加拿大圖書館及檔案館（渥太華）；安大略牛津郡圖書館；安大略休倫郡圖書館；耶魯神學院的戴伊宣教圖書館；普林斯頓神學院檔案室；蘇格蘭國家圖書館（愛丁堡）；愛丁堡大學檔案室；英國長老教會檔案

室（倫敦大學東方及非洲研究學院）；以及劍橋全球基督教中心（英國韋斯敏斯德大學）。我也要特別感謝可敬的羅賓·巴伯教授（Professor Sir Robin Barbour），他慷慨與我分享他個人關於巴博家族歷史的珍貴收藏。

最後，是我對北紐澤西台灣長老教會的羅敏珍牧師難以言喻的感激。許多年前，當我初到台灣宣教時，是敏珍引導我認識馬偕，在我們共同經歷生命起伏和為人父母滋味的許多年來，她仍在無數方面支持我的研究。我要將本書獻給敏珍，她對耶穌基督、台灣以及台灣長老教會深切的愛，激勵我超過 20 年之久。若沒有她，這本書不會問世。

致謝／羅明耀（James R. Rohrer）

獻給　羅敏珍
基督的忠信牧者，台灣的忠誠女兒

註釋

推薦序

1　《報告》，1879.12.25，1-2，46。
2　《自傳》，318。
3　《報告》，1901.1.31，1-5，182。

導論

1　由馬偕的孫輩所保存的他的個人剪貼簿中，有一篇楊氏的訃聞，裡頭詳述了這首聖詩的歷史。這本剪貼簿現在保存於多倫多的加拿大長老教會檔案中。

第一章

1　西佐拉隊在 1880 和 1890 年代十分知名，因此時常受到來自加拿大和美國其他隊伍的挑戰。這首日期不明的詩作講的可能是一場 1890 年在佐拉舉辦的比賽，在這場比賽中西佐拉隊擊敗了一支芝加哥的隊伍，贏得「北美冠軍」的頭銜。他們也在 1893 年的芝加哥世界博覽會中贏得當時被稱為「世界冠軍賽」的比賽，這首詩也可能是要記念這個事件。參見 Richard Houghton, "Those Mighty Men of Zorra," *Ingersoll Times*, 30 December 1975 in the Local History file at Woodstock Public Library in Woodstock, Ontario.

2　*Presbyterian Record*, Vol. 6, no. 8 (August 1881), p. 201.

3　馬偕，《福爾摩沙紀事：馬偕台灣回憶錄》，林晚生譯，台北，前衛：2007（*From Far Formosa: The Island, its People and Mission*, New York, 1895, p.16）。

4　Arthur Herman, *How the Scots Invented the Modern World* (New York, 2001), pp. 293-297; H. Trevor-Roper. "The Invention of Tradition: The Highland Tradition of Scotland," in E. J.Hobsbawm and T. O. Ranger, eds, *The Invention of Tradition* (Oxford, 1983), pp. 15-42; Devine, *The Scottish Nation, 1700-2000* (New York, 1999), pp. 234-241.

5　Charles Withers, "The Historical Creation of the Highlands," in Ian Donnachie & Christopher Whately, eds, *The Manufacture of Scottish History* (dinburgh, 1992), pp. 143-156. Colin G. Calloway, *White People, Indians, and Highlanders: Tribal People & Colonial Encounters in Scotland and America* (New York, 2010) 提供了關於英國人與美國原住民和蘇格蘭人接觸的重要比較研究，研究顯示出兩種情況下都有類似的種族刻板印象和帝國控制的模式。

6　關於英國的興起，參見 Linda Colley*, Britons: Forging a Nation, 1707-1837* (London, 1992)。Devine, *The Scottish Nation* 則為英國民族政治經濟的融合過程，提供一個很好的綜覽，pp. 49-63。

7　Devine, *The Scottish Nation*, pp. 105-123, 152-58.

8　Robert A. Dodghson, *From Chiefs to Landlords: Social and Economic Change in the Western Highlands and Islands, c. 1493-1820* (Edinburgh, 1998); Eric Richards, *Debating the Highland Clearances* (Edinburgh, 2007), pp. 26-44; Devine, *The Scottish Nation*, pp. 178-183.

9　J. P. MacLean, *An Historical Account of the Settlement of Scotch Highlanders in America Prior to the Peace of 1767* (Cleveland, 1900); James Hunter, *A Dance Called America: The Scottish*

Highlands, the United States and Canada (Edinburgh, 1994), pp. 73-183.

10 Devine, *The Scottish Nation*, pp. 234-41.

11 See Frank Adams, *Clans, Septs and Regiments of the Scottish Highlands,* revised by Sir Thomas Innes of Learney, 7ᵗʰ Edition (Edinburgh and London, 1965), pp. 473-75; and Archibald Clerk, *Memoir of Colonel John Cameron, Fassifern, K. T. S., Lieutenant-Colonel of the Gordon Highlanders, or Regiment of Foot* (Glasgow, 1859). Clerk 的傳記正是帶動維多利亞時期高地主義流行的記敘種類的絕佳例證。

12 例證請見 *British American Presbyterian*, 9 August 1872, p. 9。A. N. Wilson, *The Victorians* (New York, 2003), p. 368 提及維多利亞女王不喜牛津運動（Oxford Movement）的儀式主義，並稱自己「幾乎是一個長老會信徒」。Devine, *The Scottish Nation*, p. 293 則注意到巴爾默羅在維多利亞時期的高地主義崇拜中，是一個重要的元素。

13 *British American Presbyterian*, 2 February 1872, p. 7.

14 例證請見 Marinell Ash, *The Strange Death of Scottish History* (Edinburgh, 1980)，對此現象有深具洞察力的批判。

15 有幾篇探討此主題的文章頗有助益：Richard J. Finlay, "The Rise and Fall of Popular Imperialism in Scotland, 1850-1950," *Scottish Geographical Magazine*, Vol. 113, No. 1 (1997), pp. 13-21; David S. Forsyth, "Empire and Union: Imperial and National Identity in Nineteenth Century Scotland," *Scottish Geographical Magazine*, Vol 113, No. 1 (1997), pp. 6-12; John M. MacKenzie, "Empire and Identities: The Case of Scotland," *Transactions of the Royal Historical Society*, Sixth Series, Vol. 8 (1998), pp. 215-231。

16 John M. MacKenzie, "David Livingstone: The Construction of the Myth," in Graham Walker and Tom Gallagher, eds, *Sermons and Battle Hymns: Protestant Popular Culture in Modern Scotland* (Edinburgh, 1990), pp. 24-42; and John M. MacKenzie, "Heroic Myths of Empire," in John M. MacKenzie, ed., *Popular Imperialism and the Military, 185-1950* (Manchester, 1992), pp. 109-37.

17 Lucille H. Campey, *The Scottish Pioneers of Upper Canada, 1784-1855: Glengarry and Beyond* (Toronto, 2005), pp. 134-137. The Dornoch Parish Rentals List for 1830 in the Sutherland Family Papers at the National Library of Scotland (Dep 313/2200) 表列出許多「離去到美國」的馬偕、蘇瑟蘭、羅斯（Ross）、弗萊瑟（Fraser）和慕瑞（Murray）姓氏的人。The *Woodstock Sentinel-Record*, 6 May 1881 宣稱加拿大其他郡縣都沒有這麼多「前蘇什蘭公爵領地的居民」。

18 *From Far Formosa*, p. 14。

19 John Prebble, *The Highland Clearances* (Edinburgh, 1963) 對形塑大眾對清洗行動的了解貢獻良多。對此主題最好的歷史傳記性概覽是 Eric Richards, *Debating the Highland Clearances*，特別是 pp. 6-25。理查茲較長的著作 *The Highland Clearances: People, Landlords & Rural Turmoil* (Edinburgh, 2008) 是至今觀點最為平衡的記述。

20 此時期的人口數不是很精確。T.M. Devine and Willie Orr, *The Great Highland Famine: Hunger, Emigration and the Scottish Highlands in the Nineteenth Century* (Edinburgh, 1998), p. 181, 說蘇什蘭在 1821 年時的人口「剛剛超過」2 萬 2000。根據 *New Statistical Account of Scotland*, Vol 15 (Edinburgh, 1845), p. 223 的數字，十年後在 1831 年時，人口多達 2 萬 4522 人。

21 Donald Sage, *Memorabilia Domestica; or Parish Life in the North of Scotland*, Second Edition (Wick, 1899), pp. 26-28. 馬偕擁有也讀過薩吉的回憶錄，因此這個文本對於馬偕對高地歷史的了解是個重要的來源。

22　來自多諾赫教區記錄關於馬偕家族的家譜資料，是由馬偕在多倫多的孫女瑪格麗特，慷慨分享與我的。

23　John Bethune, "Parish of Dornoch," in *Statistical Account of Scotland*, Vol 8 (Edinburgh, 1792), p. 7; Richards, *Debating the Highland Clearances*, p. 23.

24　Alexander MacPherson, "Parish of Golspie," *New Statistical Account of Scotland*, p. 30. 麥克勞德宣稱人民是被以懲罰脅迫來為雕像捐獻。見 Douglas MacGowan, ed, *The Stonemason: Donald Macleod's Chronicle of Scotland's Highland Clearances* (Westport, Conn., 2001), pp. 50-52。

25　Sage, *Memorabilia Domestica*, p. 53.

26　Devine and Orr, *The Great Highland Famine*, p. 180.

27　Sage, *Memorabilia Domestica*, pp. 52, 120.

28　同上。

29　Bethune, *Statistical Account*, pp. 14-15.

30　同上，pp.2-3。

31　同上，p.5。

32　同上，pp.13-14。

33　Sage, *Memorabilia Domestica*, p. 51; Eneas McLeod, "Parish of Rogart," *Statistical Account*, pp. 363-367.

34　William McKenzie and Hugh Ross, "The Parish of Tongue," *Statistical Account*, pp. 517-531; Sage, *Memorabilia Domestica*, p. 29.

35　George Mackay, "Parish of Clyne," *New Statistical Account*, pp. 162-63.

36　這個論點在 Dodgshon, *From Chiefs to Landlords* 有詳細的紀錄。請參見他的結論，pp.243-45。

37　Mackay, "Parish of Clyne," p. 163.

38　Bethune, "Parish of Dornoch," p. 18.

39　Henry Cockburn, *Memorials of His Time*. Abridged and edited by W. Forbes Gray (Edinburgh, 1946), p. 139.

40　MacGowan, *The Stonemason*, pp. 31-32.

41　我用的是 G. D. Henderson 編纂的 The Scots Confession: 1560(Edinburgh, 1960), pp. 58-80 內文。服從地上統治者的議題在第 14 章「神面前算為好的行為」("The Works Which Are Counted Good Before God")中論及。

42　Richards, *Debating the Clearances* 在第四章中討論了早期的反抗，pp.66-72。

43　除了已引用的來源，James Hunter 的 *Last of the Free: A Millennial History of the Highlands and Islands of Scotland* (Edinburgh, 1999), pp. 257-265 亦詳實調查了蘇什蘭的清除行動。Richards, *Debating the Clearances*, pp. 143-158 也複製了來源頭文件。

44　Macgowan, *The Stonemason*, p. 9.

45　同上，pp. 26-27。

46　Charles St. John, *A Tour in Sutherlandshire, With Extracts from the Fieldbooks of a Sportsman and Naturalist* (London, 1849), pp. 79-81.

47　George Sutherland Taylor of Golspie 在其 "General Observations on the County of Sutherland," New Statistical Account, p.218 中做了此一保守的估計。

第二章

1　我們無法得知所有移民的名字。蘇格蘭國家圖書館中的「蘇什蘭地產紀錄」記錄了多諾

赫和羅格特教區中的佃戶名單，但這份名單中只有戶長的名字。1829 和 1830 年終，許多筆資料包含了如「去了美洲」，「最後租期」或「空地」這類簡單的註記。關於馬偕兄弟及移民的根源，請參見 Graham Leslie Brown, "The Scottish Settlement in West Zorra Township, Oxford County," MA Thesis: University of Western Ontario, 1970, pp. 14-31。安大略省的胡士托公共圖書館也有許多關於某些早期移民的檔案資料。

2　Angus Kennedy, "Parish of Dornoch," *New Statistical Account*, p. 6.

3　同上，pp. 1-16。

4　Anna Ross, *The Man With the Book or Memoirs of John Ross of Brucefield* (Toronto, 1897), pp. 5-6; W. A. Mackay, *Pioneer Life in Zorra* (Toronto, 1899), pp. 94-95.

5　Mackenzie and Ross, "Parish of Tongue," *Statistical Account*, p. 530.

6　Ross, *The Man With a Book*, p. 6.

7　Mackenzie and Ross, "Parish of Tongue," p. 530.

8　這類民間信仰在整個高地地區都是平凡可見的。關於此點可見 George Robb, "Popular Religion and the Christianization of the Scottish Highlands in the Eighteenth and Nineteenth Centuries," *The Journal of Religious History* 16:1 (June 1990), pp. 18-3; Terence P. McCaughey, "Protestantism and Scottish Highland Culture," in James P. Mackey, ed, *An Introduction to Celtic Christianity* (Edinburgh, 1989), pp. 172-205; and John Gregorson Campbell, *Witchcraft and Second Sight in the Highlands and Islands of Scotland* (Glasgow, 1902)。

9　David Mackenzie, "Parish of Farr," *New Statistical Account*, p. 3.

10　Charles W. Gordon, *Postscript to Adventure: The Autobiography of Ralph Connor* (New York, 1938), pp. 3-6.

11　關於高地地區的宣教工作，見 John Macinnes, *The Evangelical Movement in the Highlands of Scotland, 1688-1800* (Aberdeen, 1951)，以及同一位作者的 "Evangelical Protestantism in the Nineteenth-Century Highlands," in Walker and Gallagher, *Sermons and Battle Hymns*, pp. 43-66；另外還有 Donald E. Meek 的幾本著作，"Evangelical Missionaries in the Early Nineteenth-Century Highlands," *Scottish Studies* 28 (1987), pp. 1-34; "Saints and Scarecrows: The Churches and Gaelic Culture in the Highlands Since 1560," *Scottish Bulletin of Evangelical Theology* 14:1 (Spring 1996), pp. 3-22; *The Scottish Highlands: The Churches and Gaelic Culture* (Geneva, 1996); 以及 "Missions and Movements for the Evangelization of the Scottish Highlands, 1700-1850," *International Bulletin of Missionary Research* (April, 1997)。

12　Hugh Mackay Mackenzie, "Parish of Tongue," *New Statistical Account*, p. 178; George Mackay, "Parish of Clyne," Ibid, p. 157.

13　John H. Leith, *Introduction to the Reformed Tradition* (Philadelphia, 1981) 對不同的改革宗信仰告白中神學原則提出了清楚的概述。

14　From Henderson, ed, *The Scots Confession: 1560*, Chapter XI, "The Ascension."

15　關於長老宗體制，一個有用的簡短概述可見 Lefferts A. Loetscher, *A Brief History of the Presbyterians; with a New Chapter by George Laird Hunt*. Fourth Edition (Philadelphia, 1978)。

16　Roger A. Mason, "George Buchanan, James VI and the Presbyterians," in Roger A. Mason, ed, *Scots and Britons: Scottish Political Thought and the Union of 1603* (Cambridge, 1994), pp. 112-137.

17　關於聖約派有極多相關文獻。David Stevenson, *The Covenanters: The National Covenant and Scotland* (Edinburgh, 1988) 就是一個簡潔有力的概述。亦可參見他較長篇的研究，*The Scottish Revolution, The Triumph of the Covenanters, 1637-1644* (Newton Abbot, 1973)。關於聖約派的思想，見 S. A. Burrell, "The Covenant Idea as a Revolutionary Symbol in Scotland,

1596-1637," *Church History* 27 (1958) 和 David George Mullan, *Scottish Puritanism, 1590-1638* (New York, 2000), 特別是 pp. 285-317。

18 除了上面引用的概述之外，關於聖約派信徒在英國內戰和之後復辟時期的「聖約運動」（Covenanting Movement）中的角色，見 *Edward J. Cowan, "The Solemn League and Covenant," in Roger A. Mason, ed. Scotland and England, 1286-1815 (Edinburgh, 1987), pp. 182-202, and Ian B. Cowan, The Scottish Covenanters, 1660-1688* (Littlehampton, 1976)。馬偕時代的長老會信徒是透過某種極為偏激的歷史編纂角度來看聖約派；此角度強調斯圖亞特王朝的暴政，以及聖約派為了基督和自由的殉道者角色。這種詮釋多來自於 Robert Wodrow, *The History of the Sufferings of the Church of Scotland from the Restoration to the Revolution* (1722)。

19 Michael Gauvreau, "Covenanter Democracy: Scottish Popular Religion, Ethnicity, and the Varieties of Politico-religious Dissent in Upper Canada, 1815-1841," *Histoire Sociale/Social History* 36 (May 2003), pp. 55-84 對此有絕佳的闡述。亦可參見 John Brims, "The Covenanting Tradition and Scottish Radicalism in the 1790s," in Terry Brotherstone, ed., *Covenant, Charter and Party: Traditions of Revolt and Protest in Modern Scottish History* (Aberdeen, 1989) 關於聖約派傳統在激發蘇格蘭政治抗爭上持續的重要性。

20 Michael Gauvreau, "Covenanter Democracy: Scottish Popular Religion, Ethnicity, and the Varieties of Politico-religious Dissent in Upper Canada, 1815-1841," *Histoire Sociale/Social History* 36 (May 2003), pp. 55-84 對此有絕佳的闡述。亦可參見 John Brims, "The Covenanting Tradition and Scottish Radicalism in the 1790s," in Terry Brotherstone, ed., *Covenant, Charter and Party: Traditions of Revolt and Protest in Modern Scottish History* (Aberdeen, 1989) 關於聖約派傳統在激發蘇格蘭政治抗爭上持續的重要性。

21 Andrew Drummond and James Bulloch, *The Scottish Church, 1688-1843: The Age of the Moderates* (Edinburgh, 1973), pp. 25-44 提供了絕佳概覽。亦可參考 Callum Brown, "Protest in the Pews: Interpreting Presbyterianism and Society in Fracture during the Scottish Economic Revolution," in T. M. DeVine, *Conflict and Stability in Scottish Society, 1700-1850* (Edinburgh, 1990), pp. 83-105。

22 除了 Drummond and Bulloch 的著作外，亦可參考 Richard B. Sher, *Church and University in the Scottish Enlightenment: the Moderate Literati of Edinburgh* (Princeton, 1985)；Callum G. Brown, *The Social History of Religion in Scotland since 1730* (Metheun, 1987), pp. 22-3；以及 Ian D. Clark, "From Protest to Reaction: The Moderate Regime in the Church of Scotland, 1752-1805," in N.T. Phillipson and R. Mitchison, eds., *Scotland in the Age of Improvement* (Edinburgh, 1970), esp. 202-207。

23 Brown, *Social History of Religion in Scotland*, p. 30.

24 David Bebbington, *Evangelicalism in Modern Britain: A History from the 1730s to the 1980s* (Grand Rapids, 1992) 是很好的概覽。

25 Drummond and Bulloch, *The Scottish Church, 1688-1843*, pp. 161-265 概述了日益擴大的分裂。

26 Sage, *Memorabilia Domestica*, pp. 53-54; Thomas Brown, *Annals of the Disruption; or Extracts from the Narratives of Ministers Who Left the Scottish Establishment in 1843* (Edinburgh, 1893), pp. 676-77.

27 Sage, *Memoralbilia Domestica*, pp.53-54.

28 同上，第 28 頁有關於杜恩的背景以及他受平民的歡迎程度。薩吉在第 54-55 頁中提供這首詩的翻譯。一本描寫杜恩且刻劃其詩作的教會脈絡的傑出傳記是 Ian Grimble, *The World*

of Rob Donn (Edinburgh, 1979)。

29 Norman Macleod, *Reminiscences of a Highland Parish* (London, 1867), pp. 114-121.

30 Donald E. Meek, "Evangelicalism and Emigration: Aspects of the Role of Dissenting Evangelicalism in Highland Emigration to Canada," in Gordon W. MacLennon, ed. *Proceedings of the First North American Congress of Celtic Studies* (Ottawa, 1988), pp. 15-36 對此運動及其對加拿大宗教文化的影響提供了很好的概述。

31 Sage, *Memorabilia Domestica*, p. 206.

32 同上，p. 49。

33 Macleod, *Reminiscences*, pp. 275-279. 關於深具影響力的「那群人」(*Na Daoine*) 將在下面有更詳細的討論，而他們常被等同於學校的教師。例如，參見 Brown, *Annals of the Disruption*, pp. 672-73。著名的長老會佈道家、人稱「北方使徒」("Apostle of the North") 的費倫塔許約翰·麥唐諾 (John MacDonald of Ferintosh，1779-1849)，其父親就是教師，亦是教理教授員，在蘇什蘭的「那群人」中享有極高的地位。見 John Kennedy, *The Apostle of the North; The Life and Labours of the Rev. John Macdonald, D. D. of Ferintosh* (Reprint edition, Glasgow, 1978), PP. 1-8。

34 Macleod, *Reminiscences*, p. 288.

35 Sage, *Memorabilia Domestica*, pp. 34-35, 94-95.

36 同上，p. 114。

37 同上，p. 91。

38 A. Macgillivray, *Sketches of Religion and Revivals of Religion in the North Highlands during the Last Century* (Edinburgh, 1859), p. 28.

39 Alexander Macpherson, "Parish of Golspie," *New Statistical Account*, p. 36.

40 John Kennedy, *The Days of the Fathers in Ross-Shire* (Edinburgh, 1861), p. 79.

41 Brown, *Annals of the Disruption*, devotes an entire chapter to the *Na Daoine*, pp. 666-682. Candlish quote is on p. 666.

42 Kennedy, *The Days of the Fathers in Ross-Shire*, pp. 87-90.

43 Arthur Fawcett, *The Cambuslang Revival: The Scottish Evangelical Revival of the Eighteenth Century* (Edinburgh, 1971), pp. 124-139; John MacInnes, *The Evangelical Movement in the Highlands of Scotland, 1688-1800* (Aberdeen, 1951), p. 28.

44 關於民間宗教的文獻極多。維克多·特納 (Victor W. Turner) 有兩部著作尤為重要：《儀式過程：結構與反結構》(*The Ritual Process*；黃劍波，柳博贇譯，北京：中國人大出版社，2006)，特別是 94-130 頁；以及《戲劇，場景及隱喻：人類社會的象徵性行為》(*Drama, Fields, and Metaphors*；劉珩，石毅譯，北京：民族，2007) 231-271 頁。亦可參見 Belden C. Lane 的論文，"Mythic Landscapes: Liminal Places in the Evangelical Revival," in *Landscapes of the Sacred: Geography and Narrative in American Spirituality* (Baltimore, 2002)，180-188 頁。

45 Gwen Kennedy Neville, *Kinship and Pilgrimage: Rituals of Reunion in American Protestant Culture* (New York, 1987), pp. 44-45.

46 Brown, *Annals of the Disruption*, pp. 667-674; Sage, *Memorabilia Domestica*, pp. 97-98.

47 同上，p. 206。莫多在《新版蘇格蘭統計報告》的「克里希教區」的報告 (第 17-23 頁) 中，宣稱 2562 名教區居民中沒有不同信仰者，他指的是沒有浸信會或 Seceder 教會。莫多宣稱「各行各業都認真出席」禮拜，而這與薩吉對他的陳述不同。此外，莫多也說他的教區中只有 90 位領聖餐者，在如此大的教區中是明顯過少的。重要的是，莫多提及教區的教師非常受歡迎，而許多家庭也「聯合」支持另一位在各家之間巡迴的教師。因此莫多

在對其教區內宗教生活大抵燦亮的報告中，仍在某種程度上隱晦地暗示了有平信徒自發性地提供其他的屬靈領導方式。

48　Rev. James Wylie, *Disruption Worthies: A Memorial of 1843* (Edinburgh, 1881), xv.

49　P. L. M. Hillis, "The Sociology of the Disruption," in Stewart J. Brown & Michael Fry, eds. *Scotland in the Age of the Disruption* (Edinburgh, 1993), pp. 44-62.

50　Brown, *Annals of the Disruption*, p. 650.

51　Hillis, "Sociology of the Disruption," p. 48.

52　Sage, *Memorabilia Domestica*, p. 326.

53　Brown, *Annals of the Disruption*, p. 649-650.

54　同上，p. 655。

55　Reverend George Lewis, *Impressions of America and the American Colonies* (Edinburgh, 1845), p. 17; Donald Macleod, *Memoir of Norman Macleod*, p. 160.

56　John Machar, *Memorials of the Life and Ministry of the Rev. John Machar, D. D.* (Toronto, 1873), pp. 79-89.

57　例證請見 John S. Moir, "'The Quay of Greenock': Jurisdiction and Nationality in the Canadian Disruption of 1844," *Scottish Tradition* 5 (1970), pp. 38-53；Neil G. Smith, "By Schism Rent Asunder: A Study of the Disruption of the Presbyterian Church in Canada in 1844," *Canadian Journal of Theology* 1, #3 (October 1955), p. 182；Barbara C. Murison, "The Disruption and the Colonies of Scottish Settlement," in Stewart J. Brown and Michael Fry, eds. *Scotland in the Age of the Disruption* (Edinburgh, 1993), p. 136。

58　R. F. Burns, *Life and Times of the Reverend Robert Burns, D. D. Toronto* (Toronto, 1872), pp. 175-200 記述了這趟旅程。

59　Richard W. Vaudry, *The Free Church in Victorian Canada, 1844-1861* (Waterloo, ON, 1989), p. 31.

60　關於布朗發起的運動細節，參見 Richard W. Vaudry, "Peter Brown, the Toronto *Banner*, and the Evangelical Mind in Victorian Canada," *Ontario History* 77, #1 (March, 1985), pp. 3-18。

61　Vaudry, *The Free Church*, p. 26.

62　*Woodstock Herald*, 4 May 1844, p. 3.

63　*The Ecclesiastical and Missionary Record for the Presbyterian Church of Canada*, Vol. 1, #1 (August 1844).

第三章

1　Woodstock *Weekly Sentinel Review*, 3 August 1883, p.1.

2　同上，20 July 1883, p. 1；10 August 1883, p. 1。

3　同上，3 August 1883, p. 1。

4　Brown, "The Scottish Settlement in West Zorra Township, Oxford County," pp. 7-8; W. A. Ross, *History of Zorra and Embro* (Embro, 1909), pp. 39-40. 佐拉當時的狀況是加西典型的灌木林村落：相關討論參見 Graeme Wynn, "On the Margins of Empire (1760-1840)," in Craig Brown, ed, *The Illustrated History of Canada* (Toronto, 1987), pp. 226-78。

5　Susanna Moodie, *Roughing It in the Bush; or, Life in Canada* (New Canadian Library Edition, Toronto, 1989); *Life in the Clearings versus the Bush* (New Canadian Library Edition, Toronto, 1989); Catherine Parr Traill, *The Backwoods of Canada* (New Canadian Library Edition, Toronto, 2010).

6　關於此區域的經濟變化，一份有用的學術概論是 J. David Wood, ed. *Perspectives on*

Landscape and Settlement in Nineteenth Century Ontario (Toronto, 1975) 中的論文。

7   *Weekly Sentinel Review*, 10 August 1883, p. 1.

8   《馬偕日記》，1888 年 6 月 8 日。

9   同上，3 August 1883。馬偕後來寫了整本書《佐拉的墾荒生活》(*Pioneer Life in Zorra*，Toronto, 1889) 來闡述這個信息。

10 報紙對團圓活動的敘述顯示，蒙羅牧師期待馬偕能寄送短訊，卻未能收到。馬偕 1883 年的日記有一個空缺，因此我們無法確知他是否收到蒙羅的邀請，或是他當時身處的地點。馬偕在夏季通常會與學生到處巡迴。

11 *Weekly Sentinel Review*, 3 August 1883, p.1.

12 同上，17 August 1883, p. 1。

13 《馬偕日記》，1875 年 4 月 18 日。

14 蘇格蘭國家圖書館，蘇什蘭紀錄，DEP 313/2201。

15 佐拉鎮在 1845 年分為東和西佐拉。蘇格蘭聚居地大多集中在環繞煙布羅村的西佐拉，但也向東延伸到東佐拉最西的集居地，向西至尼蘇里鎮。

16 Mackay, *Pioneer Life in Zorra*, pp. 66-67.

17 威廉·馬克里歐的信件打字稿保存在胡士托公共圖飾館的地方歷史紀錄中。

18 *Galt Reporter*, 14 July 1848。這篇報導的影本保存在蘇格蘭國家圖書館中的蘇什蘭紀錄中，DEP 313/2740。馬鈴薯欠收在引發 1840 年新一波高地移民潮的角色，在 Norman Macdonald, *Canada: Immigration and Colonization, 1841-1903* (Aberdeen, 1966), pp. 49-68 和 T. M. DeVine and Willie Orr, *The Great Highland Famine*, pp. 33-36 中有所討論。

19 報章的記述說他是「未受教育的」，但也提到他每日讀《聖經》，意味著他在蘇什蘭曾經就學。見 *Ingersoll Chronicle*, 1 December 1894。

20 此摘自舊時多諾赫和雷伊教區紀錄的資訊是由馬偕在多倫多的曾孫女瑪格麗特·馬偕 (Margaret Mackay) 所慷慨分享給我的。

21 *Ingersoll Chronicle*, 1 December 1894.

22 Anna Ross, *The Man with The Book*, p. 9.

23 Ross, *History of Zorra and Embro*, p. 10.

24 *Kingston Chronicle and Gazette*, 23 April 1836, p. 1.

25 大石的故事出現在 Marian Keith, *The Black Bearded Barbarian* (New York, 1912), pp. 3-10 中。凱絲 (Mary MacGregor 的筆名) 所寫的故事可能取材自真實的事件，因為她與長老教會宣教委員會秘書 R. P. 馬偕熟識，而後者也是佐拉子弟，且是馬偕一家的朋友。

26 這個過程在 Ross, *History of Zorra and Embro*, pp. 14-21, and Mackay, *Pioneer Life in Zorra*, pp. 172-176 中有所描述。佐拉的勞動及物質文化與上加拿大區其他的新墾地皆相同。對此區域的拓荒生活更詳細的考察，參見 Edwin G. Guillet, *Early Life in Upper Canada* (Toronto, reprint ed., 1969)。

27 引述自 W. D. McIntosh, *One Hundred Years in the Zorra Church* (Toronto, 1930), p. 8。

28 Woodstock *Sentinel Review*, 23 July 1880, p. 8.

29 《馬偕日記》，1875 年 4 月 30 日。

30 這張剪貼沒有註明出處。

31 W. A. Ross, *History of Zorra and Embro*, pp. 29-30.

32 《馬偕日記》，1872 年 3 月 29 日。

33 佐拉的學校在 W. A. Ross, *History of Zorra and Embro*, pp. 27-38, and W. A. Mackay, *Pioneer Life in Zorra*, pp. 235-253 有所描述。

34 R. P. Mackay, *Life of George Leslie Mackay, D. D. 1844-1901* (Toronto, 1913), p. 5.

35　Woodstock *Sentinel Review*, 21 October 1881, p. 1. 這些同學大多數都列在 1851 年東佐拉鎮普查的名單中。

36　Ingersoll *Chronicle,* 1 December 1894.

37　Mackay, *Pioneer Life in Zorra*, p. 248; W.A. Ross, *History of Zorra and Embro*, pp. 28-29. 威廉‧馬偕回憶老師是用一條有多層皮條的「皮鞭」來打學生。另一位更年輕的校友 R. P. 馬偕則在 *Life of George Leslie Mackay, D. D. 1844-1901* (Toronto, 1913), p. 5 中提到老師只會用樺樹木棍。

38　Mackay, *Pioneer Life in Zorra*, p. 240-41.

39　同上，p. 238。

40　亞歷山大‧馬提森回憶錄打字稿，胡士托公共圖書館地方歷史紀錄，第 11 頁。

41　同上，pp. 248-49。

42　同上，p. 246。

43　同上，p. 245。

44　John Webster Grant, *A Profusion of Spires: Religion in Nineteenth-Century Ontario* (Toronto, 1988), p. 163.

45　W. D. McIntosh, *One Hundred Years in the Zorra Church (Knox United, Embro)* (Toronto, 1930), pp. 74-81.

46　1851 年東和西佐拉鎮的普查回報列出兩鎮上的每位個人的宗教歸屬。

47　W. A. Ross, *History of Zorra and Embro*, p. 51.

48　W. A. Mackay, *Pioneer Life in Zorra*, p.252.

49　Hugh Matheson Memoirs, published in the Woodstock *Sentinel Review*, 14 February 1897; W. A. Ross, *History of Zorra and Embro*, p. 53.

50　關於文化膠囊，見 Arthur L. Greil and David R. Rudy, "Social Cocoons: Encapsulation and Identity Transformation Organizations," *Sociological Inquiry* 54 (Summer 1984), pp. 260-78；及 Lewis R. Rambo, *Understanding Religious Conversion* (New Haven, 1993), pp. 103-108。

51　Woodstock *Weekly Sentinel-Review*, 10 August 1883, p.1.

52　W. A. Mackay, *Pioneer Life in Zorra*, p. 38.

53　同上，pp. 39-41。

54　*Oxford Star and Woodstock Advertiser*, 30 June 1848.

55　同上，p. 49-50。在《胡士托先驅報》（*Woodstock Herald*）《京士頓紀實公報》（*Kingston Chronicle and Gazette*）和《多倫多愛國者報》（*Toronto Patriot*）上無數的廣告都記錄了蓋爾語宗教材料在此時期上加拿大區的傳播。

56　Woodstock *Sentinel-Review*, 25 October 1878.

57　同上，pp. 48-49。

58　*Toronto Mail*, 17 February 1894, p. 9.

59　Woodstock *Sentinel-Review*, 25 October 1878.

60　例證請見 Barbara Welter, "The Cult of True Womanhood," *American Quarterly* 18 (Summer, 1966), pp. 151-174，以及 Carroll Smith-Rosenberg, *Disorderly Conduct: Visions of Gender in Victorian America* (New York, 1985), p. 13。

61　參見 Marjorie Griffin Cohen, *Women's Work, Markets and Economic Development in Nineteenth-Century Ontario* (Toronto, 1988), pp. 3-28, 118-158

62　參見 Marguerite Van Die, "Recovering Religious Experience: Some Reflections on Methodology," *Canadian Society of Church History Historical Papers* (1992), pp. 161-164。亦可參見她的專論 *Religion, Family, and Community in Victorian Canada: The Colbys of*

Carrollcroft (Montreal & Kingston, 2005)，特別是詳細論述此主題的第 83-124 頁。

63　W. A. Mackay, *Pioneer Life in Zorra*, p. 45. Marguerite Van Die, *Religion, Family, and Community in Victorian Canada* 清楚說明，維多利亞晚期的加拿大福音派牧師普遍對這個現象有深刻的疑慮。

64　*Presbyterian Review*, 20 June 1895.

65　W. A. Mackay, *Pioneer Life in Zorra*, pp. 94-95.

66　McIntosh, *One Hundred Years in the Zorra Church*, pp. 15-22; W. A. Mackay, *Pioneer Life in Zorra*, pp. 78-79.

67　*Presbyterian Review*, 20 June 1895.

68　W.A. Mackay, *Pioneer Life in Zorra*, p. 77.

69　關於依附在步行之上的眾多文化意義的精采檢視，可參見 Rebecca Solnit, *Wanderlust: A History of Walking* (New York, 2000)，尤其是第 44-63 頁中關於朝聖、以及第 104-68 頁中對 18 和 19 世紀的討論。

70　*Ecclesiastical and Missionary Record*, 16 August 1847, p. 5.

71　Kennedy, *The Days of the Fathers in Ross-Shire*, pp. 131-36. 引文出於第 135 頁。

72　小會會議妃錄，10 June 1844, Knox Presbyterian Church, Embro, United Church of Canada Archives, Toronto。

73　W. A. Mackay, *Pioneer Life in Zorra*, pp. 214-215.

74　同上，p. 130。

75　同上，p. 231-32。

76　同上，p. 110。

77　此段與下面兩段是根據引用於附註 71 諾克斯教會煙布羅小會的會議紀錄。

78　W. A. Mackay, *Pioneer Life of Zorra*，第 124-26 頁憶述了一篇羅斯的講章；羅斯描述信仰的生命正如穿上耶穌榮耀的袍子來遮蓋個人骯髒的衣著。

第四章

1　*Canada Presbyterian* Vol. 12, 30 April 1884, p. 284.

2　*Ingersoll Chronicle*, 1 December 1894.

3　《馬偕日記》，1884 年 7 月 24 日。

4　*Embro Courier*, 17 July 1890；再印於 *London Free Press*, 27 August 1960。

5　*Woodstock Sentinel-Review*, 14 October 1881.

6　Anna Ross, *The Man with the Book*, p.10.

7　改變的步調在英國、加拿大和美國或許不一，在不同宗派中亦是如此，但一般來說，在維多利亞時期愈來愈少年輕人選擇成為牧師，更多人進入法律、醫學和商業的領域。參見 E. Brooks Holifield, *God's Ambassadors: A History of the Christian Clergy in America* (Grand Rapids, 2007), pp. 114-116；Donald M. Scott, *From Office to Profession: The New England Ministry 1750-1850* (Philadelphia, 1978), p. 59；Barton J. Bledstein, *The Culture of Professionalism: The Middle Class and the Development of Higher Education in America* (New York, 1976), pp. 173-176, 197-202。

8　*Woodstock Sentinel-Review*, 24 March 1871.

9　William King Tweedie, *The Life of the Rev. John MacDonald, A.M., Late Missionary Minister From the Free Church of Scotland at Calcutta* (Edinburgh, 1849), p. 54.

10　Peter John Anderson, ed. *Roll of Alumni in Arts at the University and King's College of Aberdeen (Aberdeen*, 1900), p. 134.

11 William A. Mackay, *Pioneer Life in Zorra*, p. 255-56 犯了一個明顯的錯誤，說馬堅志在愛丁堡度過一學期。湯瑪斯·查麥士在 1828 年秋天離開聖安德魯斯前往愛丁堡，此時杜夫在聖安德魯斯仍有一年待完成的神學學業。因為杜夫從未跟隨導師到愛丁堡，馬堅志只可能是在聖安德魯斯大學在查麥士的門下與杜夫成為同窗。

12 William A. Mackay, *Pioneer Life in Zorra*, p. 256.

13 Anna Ross, *The Man With the Book*, p. 10.

14 William A. Mackay, *Pioneer Life in Zorra* 中有關於艾達尼和弗萊瑟的章節，pp. 308-39。

15 John Kennedy, *The Apostle of the North: The Life and Labours of the Rev. John MacDonald, D. D., of Ferintosh* (reprint edition, Glasgow, 1978), p. 10.

16 *Ecclesiastical and Missionary Record.*

17 John Kennedy, *The Fathers of Ross-Shire*, p. 17.

18 John MacInnes, *The Evangelical Movement in the Highlands of Scotland* (Aberdeen, 1951) 是關於這個題目的經典討論，但亦可參見 Donald E. Meek 所寫的許多文章，特別是 "Evangelical Missionaries in the Early Nineteenth Century Highlands"。

19 John Kennedy, *The Apostle of the North*, p. 30.

20 由約翰·甘酒迪翻譯並引述於 *The Apostle of the North*, pp. 19-20。

21 John Kennedy, *The Fathers of Ross-Shire*, pp. 19-23.

22 同上，pp. 122-23。

23 同上，p. 126。

24 同上，p. 128。

25 關於角色扮演及導師制度的文獻非常廣泛。Lewis R. Rambo, *Understanding Religious Conversion* (New Haven, 1993), pp. 121-23 提供一個非常有幫助的概述以及更全面的文獻資料。特別參見 Robert W. Balch, "Looking Behind the Scenes in a Religious Cult: Implications for the Study of Conversion," *Sociological Analysis* 41 (1980), pp. 137-43；David G. Bromley and Anson Shupe, "Affiliation and Disaffiliation: A Role-Theory Interpretation of Joining and Leaving New Religious Movements," *Thought* 61 (1986), pp. 197-211；Theodore R. Sarbin, "Role: Psychological Aspects," in *Encyclopedia of the Social Sciences*, ed. David L. Sills (New York, 1968), pp. 546-52；Joachim Wach, "Master and Disciple," *Journal of Religion* 42 (1962), pp. 1-21；Lee Yearley, "Teachers and Saviors," *Journal of Religion* 65 (1985), pp. 225-43；Hans L. Zetterberg, "Religious Conversion and Social Roles," *Sociology and Social Research* 36 (1956), pp. 159-66。

26 John Kennedy, *The Fathers of Ross-Shire*, p. 87.

27 同上，p. 88。

28 同上，pp. 90-91。

29 同上，p. 90。

30 William Mackay, *Pioneer Life in Zorra*, pp. 331-333.

31 Anna Ross, *The Man With the Book*, pp. 23-24; Mackay, *Pioneer Life in Zorra*, p. 321

32 同上，pp. 261-62。

33 同上，pp. 15-16。

34 W. D. McIntosh, *One Hundred Years in the Zorra Church*, p. 10; W. A. Ross, *History of Zorra and Embro*, pp. 45-46; William Mackay, *Pioneer Life in Zorra*, p. 257.

35 William Mackay, *Pioneer Life in Zorra*, p. 257-58.

36 *Woodstock Sentinel-Review*, 24 March 1871; W. D. McIntosh, *One Hundred Years in the Zorra Church*, p. 20.

37 William Mackay, *Pioneer Life in Zorra*, p. 138.
38 同上，p. 131-32。
39 同上，p. 126。
40 W. A. Ross, *History of Zorra and Embro,*" p. 48-49.
41 William Mackay, *Pioneer Life in Zorra*, pp. 82-83.
42 R. F. Burns, *The Life and Times of the Rev. R. Burns, D. D. Toronto* (Toronto, 1871), p. 289.
43 *The Ecclesiastical and Missionary Record*, Vol. 3, #4 (November 1846), p. 228-29.
44 R. F. Burns, *Life and Times of the Rev. R. Burns*, pp. 263-64.
45 *Ingersoll Chronicle*, 1 December 1894.

第五章

1 R. P. Mackay*, Life of George Leslie Mackay, D. D., 1844-1901* (Toronto, 1913), p. 5.
2 William Duffus to "Dear Folks," 13 December 1881, William Duffus Letter Book, Day Missionary Library, Yale University.
3 George Leslie Mackay to Thomas Wardrope, 23 April 1891, FMC.
4 James Rohrer, "Division with a Cause: A Reconsideration of the Scottish Disruption in Canada," *Scottish Bulletin of Evangelical Theology* 36:2 (Autumn 2018), 143-159.
5 關於大分裂對於蘇格蘭長老會宣教事工的影響，請見 Robert Hunter, *History of the Missions of the Free Church of Scotland in India and Africa* (London, 1873), pp. 20-22。
6 就是 *Ecclesiastical and Missionary Record for the Presbyterian Church of Canada*。
7 關於賓惠廉的生平，見 Islay Burns, *Memoir of the Rev. Wm. C. Burns, M.A.; Missionary to China from the English Presbyterian Church* (London, 1870)。
8 賓惠廉復興講道的節錄可以在 in Margaret F. Barbour*, Memoir of Mrs. Stewart Sandeman of Bonskeid and Springland* (London, 1883), p. 138 中找到。
9 Islay Burns*, Memoir of the Rev. Wm. C. Burns*, pp.265-66.
10 Anna Ross, *The Man With the Book*, p. 54.
11 賓惠廉宣教生涯的概要，參見 Edward Band, *Working His Purpose Out: The History of the English Presbyterian Mission, 1847-1947* (London, 1948), pp. p. 9-72。
12 引述自 in R. Strang Miller, "William C. Burns," in *Five Pioneer Missionaries* (Edinburgh, 1965), p. 165。
13 Band, *Working His Purpose Out*, p. 70.
14 同上，p. 17。
15 這兩封信都重印在 *The Ecclesiastical and Missionary Record* 5:9 (June 1849), p. 133 上。
16 這記錄在他 1868-1871 年的札記中，Archives of the Presbyterian Church in Canada, Toronto。
17 James Rohrer, "Alexander Duff's 1854 North American Tour and the International Church Militant," *The Journal of Religious History, Literature, and Culture* 3:1 (June 2017), pp. 76-99.
18 *Toronto Globe*, 13 April 1854, p. 1；關於杜夫的生平以及他在加拿大訪問的行程，參見 George Smith, *The Life of Alexander Duff, D.D., LL.D. in Two Volumes* (New York, 1880), especially II, pp. 279-290。
19 *Ingersoll Chronicle*, 1 December 1894. Anna Ross, *The Man With a Book*, pp. 30,48 以及 W. A. Mackay, *Pioneer Life in Zorra*, p. 289 也記錄了馬堅志在指導可能成為牧者的學生上所扮演的角色。
20 *Woodstock Sentinel-Review*, 23 July 1880.
21 關於查麥士教會早期的歷史，可參見 *Woodstock Sentinel-Review*, 23 January 1880, and W.

Stewart Lavell, *The Church the Gaels Built: History of Chalmers United Church of Woodstock, Ont., 1852-1984* (Woodstock, 1984)。

22　關於羅伯遜的生平，見 Charles Gordon, *The Life of James Robertson; Missionary Superintendent in the Northwest Territories* (New York, 1908), esp. pp. 27-30。

23　*Woodstock Sentinel-Review*, 3 July 1880.

24　在 *The Canada Educational Monthly* 22 (December 1899), p. 392 有關於史特勞崇的記述。

25　關於蕭約翰，參見 *Annual Report of the Normal, Model, Grammar, and Common Schools in Upper Canada for 1865* (Ottawa, 1866), p. 74;；Anna Ross, *The Man With a Book*, p. 49；以及 Alexander F. Kemp, *Digest of the Minutes of the Synod of the Presbyterian Church of Canada* (Montreal, 1861)，後者記錄他在宗派許多委員會中的工作。馬偕的 1880 年 8 月 23 和 24 日的日記則顯示蕭約翰是在馬偕第一次述職期間首先歡迎他回到加拿大的人之一。

26　George Leslie Mackay to Thomas Wardrope, 23 April 1891, FMC.

27　Brian J. Fraser, *Church, College, and Clergy: A History of Theological Education at Knox College, Toronto, 1844-1994* (Montreal & Kingston: McGill-Queen's University Press, 1995), pp. 55-57.

28　Woodstock Sentinel-Review, 23 July 1880.

29　*Huron Expositor*, 4 August 1893, p. 8. 柯曼在普查中的回應由安大略省的休倫郡公共圖書館的湯普森（Reg Thompson）先生寄給我，8 March 2012。

30　參見 Mackay's 1872 Alumni Questionnaire in the Mackay Biographical File, Princeton Seminary Archives, Princeton, NJ。

31　Kemp, *Digest of the Minutes*, p. 237. 諾克斯學生的必修課在 Fraser, *Church, College, and Clergy*, pp. 53-55 有討論。關於希曲克，參見 Conrad Wright, "The Religion of Geology," *The New England Quarterly* 14:2 (June 1941), pp. 335-58。

32　Knox College Literary and Scientific Association Minute Book, 1864-67, Presbyterian Church of Canada Archives, Toronto.

33　R. P. Mackay, *Life of George Leslie Mackay*, p. 6.

34　*Woodstock Sentinel-Review*, 23 July 1880.

第六章

1　Mark Noll, ed., *The Princeton Theology 1812-1921: Scripture, Science, and theological Method from Archibald Alexander to Benjamin Breckenridge Warfield* (Grand Rapids, MI, 1983), p.14.

2　同上，25-40 頁簡單而完美地介紹了普林斯頓神學的輪廓及其在維多利亞統治時期的地位。亦見 David F. Wells, "Charles Hodge," in David F. Wells, ed., *Reformed Theology in America: A History of Its Modern Development* (Grand Rapids, MI, 1997), pp. 39-62。

3　Brian J. Fraser, *Church, College, and Clergy*, p. 58.

4　Kemp, *Digest of Minutes of the Synod of the Presbyterian Church of Canada*, p.237.

5　這次的旅途在馬偕 1868 年的隨身日記本中有描述。George Leslie Mackay Family Fonds, File #2009-5004-1-1, Archives of the Presbyterian Church in Canada, Toronto（之後引用為普林斯頓日記。）這是本書關於馬偕在普林斯頓生活討論的資料來源。

6　學生名單按著班級記於《紐澤西普林斯頓神學院 1867-68 便覽》（Annual Catalogue of the Theological Seminary, Princeton, New Jersey, 1867-68）第 9-14 頁中。馬偕第一年住在亞歷山大樓 44 號房，第二第三年則搬入 43 號房，也就是慕瑞的舊房。

7　Peter Wallace and Mark Noll, "The Students of Princeton Seminary, 1812-1929: A Research Note," *American Presbyterians* 72:3 (Fall 1994), p.203-15.

8   *British American Presbyterian*, 4 June 1875.

9   同上，11 June 1875。

10 John Murdoch to Dr. Schenck, 6 December 1880, in the Murdoch biographical file, Princeton Seminary Archives.

11 羅伯遜的信件被完整引用於 Charles W. Gordon, *The Life of James Robertson*, pp. 45-46。

12 John Herd Thompson and Stephen J. Randall, *Canada and the United States: Ambivalent Allies* (Athens, GA, 1994), p.52-54.

13 多倫多諾克斯教會的羅伯·伯恩斯（Robert F. Burns）深入參與在伊利諾的蘇格蘭及加拿大移民的事工中，他的兒子也成為宣教士並在美國宣教。參見 R. F. Burns, *Life and Times of Rev. R. Burns, D. D. Toronto*, pp.286-87, 334-39。

14 Gordon, *The Life of James Robertson*, p. 45.

15 Peter Waite, "Between Three Oceans: Challenges of a Continental Destiny 1840-1900," in Craig Brown, ed., *The Illustrated History of Canada*, pp. 319-325 對於加拿大在這個時期中，本地主義與國家主義之間的拉扯提供了簡短但清楚的概述。

16 Gordon, *The Life of James Robertson*, pp. 47-48, 51.

17 這些學生的背景概況都保存在普林斯頓神學院檔案庫（Princeton Seminary Archives）中。

18 馬偕在他的日記中提及他會步行至「正統樹」；這棵樹的名字是在一封由馬偕的同學好友莫多赫（John Murdoch）在 1881 年 12 月 6 日所寫的信中揭露，而此信保存於莫頓在普林斯頓神學院檔案庫的背景資料中。

19 入學條件條列在《紐澤西普林斯頓神學院 1867-68 便覽》中。

20 《便覽》會列出每位學生的畢業學校。1867 到 1868 年間在普林斯頓就讀的學生來自 20 多所的大學。

21 John Lovell Murray, "The Formosa Mission," (Montreal) Presbyterian College Journal (February 1890), p. 271.

22 普林斯頓日記，1868 年 4 月 11 日，4 月 18 日，4 月 27 日，4 月 29 日。

23 同上，1868 年 6 月 30 日。

24 馬偕在他日記最後的帳目表記錄了所有重要的禮物和花費。

25 Joseph H. Jones, *Man Moral and Physical; or the Influence of Heath and Disease on Religious Experience* (Philadelphia, 1860), pp. 234-268.

26 Thomas Taylor, *The Life of William Cowper* (Philadelphia, 1833), p. 274.

27 關於馬偕的紐約市旅行，參見他的 Princeton Diary, December 1868。

28 關於賀智，特別參見 W. Andrew Hoffecker, *Charles Hodge: The Pride of Princeton* (Phillipsburg, NJ, 2011) and Paul C. Gutjahr, *Charles Hodge: Guardian of American Orthodoxy* (New York, 2011)。

29 Francis Patton, "Charles Hodge," *Princeton Review* (January 1881), p. 458.

30 Mackay, *From Far Formosa*, pp. 18-19.

31 Mackay Diary, 13 January 1872。關於特瑞金的著作在普林斯頓的使用，參見 Noll, *The Princeton Theology*, pp. 28-30。

32 關於賀卡柏，參見 Francis Patton, *Caspar Wistar Hodge: a Memorial Address* (New York, 1891) 及普林斯頓神學院檔案室所保存的 1880 年課程，*New Testament Criticism: Lectures by Dr. C. W. Hodge, Before the Junior Class, Princeton Theological Seminary*。關於葛威廉，參見 George S. Duncan, "Rev. Professor William Henry Green, D. D., LL.D." *The Biblical Word* 8:1 (July 1896), pp. 46-48，及 Ronald Numbers, "'The Most Important Biblical Discovery of Our Time': William Henry Green and the Demise of Ussher's Chronology," *Church History* 69:2

(June 2000), pp. 68-69。

33　A. Vinet, *Homiletics; or the Theory of Preaching; translated and edited by Thomas H. Skinner, D. D.* (New York, 1861). 麥吉爾的課堂內容可以在普林斯頓檔案室所保存一系列課綱中窺見。

34　Gordon, *The Life of James Robertson*, p. 48.

35　James C. Moffat, *A Comparative History of Religions Before Christ* (New York, 1871), 特別是 pp. 101-108, 175-79, 及 200-217。

36　蓋奧特的講學之後被整理成冊，*Creation; or the Biblical Cosmogony in the Light of Modern Science* (New York, 1880). 關於愛華特的課，參見 *Notes on Metaphysics: From Lectures Given by Lyman H. Atwater, D. D., LL.D, Compiled from Student's Notes* (Princeton, 1880). 普林斯頓學者根據創世記對科學種族主義所作的批判，在 Michael Coleman, "Not Race, but Grace: Presbyterian Missionaries and American Indians, 1837-1893," *Journal of American History* 67:1 (June 1980), pp. 41-60 中有深度的討論。

37　C. A. Young, "Memoir of Stephen Alexander, 1806-1883," *Journal of the National Academy of Sciences*, 19 (1884), p. 257.

38　關於賴勞及馬偕其他的加拿大同窗的細節，參見普林斯頓神學院校校友檔案。關於普林斯頓和宣教工作，參見 David Bays Calhoun, "The Last Command: Princeton Theological Seminary and Missions (1812-1863)," Ph.D. Thesis, Princeton Theological Seminary, 1983。

39　Mackay, *From Far Formosa*, p. 19 及 Princeton Diary, 18-26 April 1870.

第七章

1　McLaren in *The Free Church of Scotland Monthly Record*, October 1, 1870, p. 206.

2　Phyllis D. Airhart, "Ordering a New Nation and Reordering Protestantism, 1867-1914," in G. A. Rawlyk, ed., *The Canadian Protestant Experience* (Burlington, Ontario, 1990), pp. 98-99.

3　*Free Church of Scotland Monthly Record*, October 1, 1870, p. 206.

4　同上。

5　*The Home and Foreign Record of the Canada Presbyterian Church* Vol. 4:8 (June 1864), p250.

6　同上，Vol. 4:9 (July 1864), p. 311。

7　Hugh H. Matheson to Wm. McLaren, 3 October 1868, FMC Formosa Files, United Church Archives, Toronto. Hereafter cited as FMC.

8　Mackay to McLaren, 9 February 1871, FMC.

9　同上。

10　*The Home & Foreign Record of the Canada Presbyterian Church* Vol. 9:9 (July 1870), p. 259.

11　同上，pp. 261-62。

12　同上，p. 262。

13　Mackay to McLaren, 9 September 1870, FMC.

14　Mackay Diary, October 4, 1870, Presbyterian Archives, Toronto.

15　Mackay, *From Far Formosa*, pp. 19-20.

16　貝提斯比的生平資料取自普林斯頓神學院的校友檔案，貝提斯比是在 1874 年轉到神學院念三年級。

17　Mackay, *From Far Formosa*, p. 20.

18　同上。

19　Thomas Annan, *Photographs of the Old Closes and Streets of Glasgow, 1868-1871, with a Supplement of Fifteen Related Views* (New York, 1977 reprint). 亦見 Devine, *The Scottish Nation*, pp. 328-62。

20　Mackay, *From Far Formosa*, p. 20; Mackay Diary, November 3, 1870.

21　James A. Wylie, *Disruption Worthies*, Volume II, pp. 245-252.

22　*Home and Foreign Record of the Canada Presbyterian Church*, Volume 6:9 (July 1867), pp. 258-59.

23　Mackay, *From Far Formosa*, p. 22.

24　*Nonconformist*, 13 March 1878, p. 248. 杜夫的同事兼好友史密斯（George Smith）也留下了馬偕在愛丁堡就讀時對杜夫外貌的描述，*The Life of Alexander Duff, D.D., LL.D.*, p. 472。

25　*Guardian*, 20 February 1878, p. 5.

26　*Nonconformist*, 13 March 1878, p. 248.

27　關於教授職位的來源，見 *The Free Church of Scotland Monthly Record*, July 1, 1867, pp. 149-50. 宣教神學在自由教會全部課程中曖昧的地位討論，見 Olav Guttorm Myklebust, *The Study of Missions in Theological Education* (Oslo, 1955), pp. 204-206。

28　Myklebust, *The Study of Missions*, p. 210.

29　William Garden Blaikie, *An Autobiography, Recollections of a Busy Life* (London, 1901), p. 201.

30　Mackay, *From Far Formosa*, p. 20.

31　*The Nonconformist*, March 13, 1878, p. 248.

32　T. H. Darlow, *William Robertson Nicoll, Life & Letters* (London, 1925), p. 24.

33　Drummond 的部分引述自 Myklebust, *The Study of Missions*, pp. 210-211.

34　Mackay Diary, November 21, 1870.

35　Mackay, *From Far Formosa*, p. 21; Mackay Diary, December 2, 1870.

36　引述取自 Alexander Duff, *Missions the Chief End of the Christian Church*, p. 49. 杜夫將他的著作獻給「他在聖安德魯斯、格拉斯哥、亞伯丁和愛丁堡大學的神學生們」，祈求上帝祝福他們「對宣教的探索」。

37　關於自由教會在維多利亞時期晚期的神學演化，參見 A. C. Cheyne, *The Transforming of the Kirk: Victorian Scotland's Religious Revolution* (Edinburgh, 1983), 特別是 pp. 37-85。

38　關於史邁頓及新學院的改變，見 John W. Keddie, *George Smeaton: Learned Theologian and Biblical Scholar* (Darlington, UK, 2007), 特別是 pp. 71-73, 105-20。

39　關於布列基在皮爾瑞的牧養事工及他與慕迪的關係，參見 Blaikie, *An Autobiography*。

40　Blaikie, *An Autobiography*, pp. 197-213 討論了他在新學院的教學。馬偕的日記顯示他在愛丁堡時，不論課內課外都有許多時間與布列基共處。

41　*The Free Church of Scotland Monthly Record*, November 1, 1870, p. 223.

42　Mackay Diary, November 8; November 19, 1870. 布列基自己對於長老會聯盟建立的敘述，參見 Blaikie, *An Autobiography*, p. 240。

43　Hugh Watt, *New College Edinburgh: A Centenary History* (Edinburgh, 1946), pp. 119-120.

44　Blaikie, *An Autobiography*, pp. 203-04.

45　Mackay to McLaren, 9 February 1871, FMC.

46　同上。

47　Mackay Diary, December 31, 1870.

48　Mackay, *From Far Formosa*, p. 21.

49　Mackay Diary, January 5, 1871.

50　Mackay Diary, January 14, 1871.

51　John Stuart Blackie, *Lays of the Highlands and Islands* (London, 1872), pp. 143-145.

52　Mackay Diary, March 4, 1871。他在前一天與貝提斯比一起去了灰衣修士墓園中的殉道者之碑。

53   Mackay Diary, 1871, 在最末頁記錄的兩節。

54   Mackay Diary, November 17, 1870 and February 4.

55   Mackay to McLaren, November 17, 1870, FMC. 馬偕的日記顯示他在上第一堂語言課的同一天寄出了這封他在前一晚草擬的信。他還沒開始學習與研究就快速寫信給馬克蘭強調他到印度服事的預備，凸顯出他急著給加拿大海外宣教委員會壓力，使他們有更積極的行動。

56   Mackay Diary, December 13, 1870.

57   Mackay to McLaren, February 9, 1871, FMC.

58   引述自 T. H. Darlow, *William Robertson Nicoll*, p. 24。

59   Mackay Diary, March 13, 1871; Mackay, *From Far Formosa*, p. 21.

60   Mackay Diary, March 22-March 25, 1871.

61   Embo Public School Log Book, 1873-1877, p. 96.

62   Mackay Diary, March 19, 1871.

63   同上，April 15, 1871。

64   Mackay to McLaren, April 17, 1871, FMC.

65   關於返鄉的航程，見 Mackay, *From Far Formosa*, p. 22, 及 Mackay Diary, April 19-May 5, 1871。

第八章

1   *The Home and Foreign Record of the Canada Presbyterian Church*, Vol. 9, no. 14 (December 1870), pp. 392-93. （此後以 *The Home and Foreign Record* 稱之）。

2   *The Home and Foreign Record,* Vol. 9, no. 14 (December 1870), pp. 392-93.

3   Mackay, *From Far Formosa*, p. 24.

4   Lowry to McLaren, 17 October 1870, FMC; *The Home and Foreign Record* (December, 1870), pp. 403-04.

5   Robert Torrance to McLaren, 17 December 1870, FMC; *The Home and Foreign Record*, Vol. 10, no. 2 (February 1871), pp. 48-50. (Guelph Presbytery quote, p. 49)

6   *The Home and Foreign Record*, Vol. 10, no. 7 (July 1871), p. 204.

7   *The Home and Foreign Record*, Vol. 10, no. 4 (April 1871), pp. 95-96.

8   這些細節皆來自 Mackay's Diary, May 9-June 1, 1871。

9   Mackay Diary, June 2, 1871.

10   *Home and Foreign Record of the Canada Presbyterian Church*, Vol. 10, #7 (July 1871), p. 196; *Quebec Gazette*, June 9, 1871, p. 2.

11   *The Home and Foreign Record*, Vol. 10, # 6 (June 1871), p. 162.

12   Anna Ross, *The Man With the Book*, pp. 138-44. Quote is on pp. 143-44.

13   *The Home and Foreign Record,* Vol. 10, #7 (July 1871), pp. 205-06; *Montreal Witness*, June 17, 1871, p.2.

14   馬偕《福爾摩沙記事》第 23-24 頁中簡短提到了教會聯合和管風琴使用的爭議，但閃避了發表自己的立場，他這麼紀錄：「我所有的興趣都在海外宣教委員會的報告上。」然而，馬偕實際上不大可能對這些神學論辯完全漠然。到了 1895 年《福爾摩沙記事》出版時，就沒有理由再迴避他對長老教會形式或標準的改變可能有的疑慮或淡化這議題。

15   *The Home and Foreign Record*, Vol. 10, #7 (July 1871), p. 204; *Montreal Witness*, June 14, 1871, p. 3.

16   Mackay, *From Far Formosa*, p. 23.

17　*Montreal Witness*, June 17, 1871, p. 2.
18　Mackay Diary, June 14, 1871; Mackay, *From Far Formosa*, p. 24. 關於馬偕的演講參見 *The Home and Foreign Record*, Vol. 10, #7 (July 1871), p. 207; *Montreal Witness*, June 17, 1871, p. 2; *Montreal Gazette*, June 17, 1871, p2.
19　J. Herbert Kane, *A Concise History of the Christian World Mission* (Grand Rapids, 1997), p. 97.
20　關於蓋奇，參見 Sydney *Morning Herald*, July 30, 1898, p. 7; 以及 Alan Dougan, "Geikie, Archibald Constable (1821-1898)," *Australian Dictionary of Biography*, Vol. 4 (Melbourne, 1972), p.
21　*Toronto Globe*, August 27, 1871, p. 5.
22　Geikie, *Christian Missions to Wrong Places, Among Wrong Races, and In Wrong Hands* (Sydney, 1871), pp. 123-26.
23　同上，p. 109。
24　同上，p. 110。
25　George Munro Grant, *Our Five Foreign Missions* (Toronto, 1887), pp. 23-24.
26　*Nonconformist*, June 7, 1871, p. 558.
27　Matheson to McLaren, July 6, 1871, *FMC*.
28　*Montreal Gazette*, June 29, 1871, p. 4.
29　*British American Presbyterian*, February 2, 1872.
30　Mackay to McLaren, June 28, 1871, FMC.
31　*The Home and Foreign Record*, Vol. 10, no. 2 (February 1871), p. 46.
32　Frank D. Adams, "Sir William Dawson," *The Journal of Geology*, Vol. 7 (November-December 1899), pp. 727-36. 道森最好的傳記是 Susan Sheets-Pyenson, *John William Dawson: Faith, Hope and Science* (Montreal, 1996)，但是亦可參見 C. F. O'Brien, *Sir William Dawson, a Life in Science and Religion* (Philadelphia, 1971).
33　*The Home and Foreign Record,* Vol. 10, no. 2 (February, 1871), p. 46; D. Mackay to McLaren, January 14, 1871, *FMC.* 道森在厄爾斯金分裂中的角色在 Zubalek, "Advancing the Material Interests of the Redeemer's Kingdom," p. 32 中有所討論。除了上述的著作外，關於道森的神學觀點和他對達爾文主義的反對，可參見 W. Stanford Reid, "Sir William Dawson on Creation and Evolution," in *The Reformed Theological Review* 45, no. 1 (January-April, 1986) pp. 13-17。
34　D. Mackay to McLaren, July 12, 1871, *FMC; Mackay, From Far Formosa*, p. 24.
35　參見華雅各在多倫多加拿大聯合教會檔案庫（United Church of Canada Archives, Toronto）中的傳記檔案。
36　關於華威廉，見加拿大聯合教會檔案庫中的傳記檔案，以及 D. D. McLeod, *The Good Fight: A Discourse Preached in Presbyterian Church, Barrie, 1ˢᵗ January, 1893, on Occasion of the Death of Rev. Dr. Fraser* (Toronto, 1893).
37　Mackay to McLaren, June 28, 1871, *FMC*; Mackay Diary, June 23-29, 1871. 除了以雷夫·康納（Ralph Connor）為筆名寫的幾本暢銷書，查爾斯·威廉·戈登（Charles William Gordon）也出版了一本葛蘭蓋瑞復興的回憶錄 *Torches Through the Bush*（Toronto, 1934）。Donald H. MacMillan, *The Kirk in Glengarry, 1784-1984*（Finch, ON, 1984），裡面包含了關於此郡長老教會的豐富資訊。
38　Mackay, *From Far Formosa*, p. 24.
39　Mackay Diary, August 11, 1871; Mackay, *From Far Formosa*, p. 25. 應華德的一位密友威廉·寇可蘭（William Cochrane）為他寫了一本極為詳盡的傳記 *Memoirs and Remains of the*

Reverend Walter Inglis, African Missionary and Canadian Pastor（Toronto, 1887）。

40 *Elora Observer & Guelph, Salem, and Fergus Chronicle*, August 18, 1871, p. 2.

41 *Woodstock Sentinel*, September 1, 1871, p. 2.

42 Mackay Diary, August 29, 1871. 另一份來自休倫郡的記述顯示馬偕在那裡也用了同一份講稿：*Huron Expositor*, September 22, 1871, p. 8.

43 關於伯來斯，見 Cochrane, *The Canadian Album*, Vol. 3, p. 353。

44 *Home and Foreign Record*, Vol. 10, no. 8 (August 1871), p. 244; 同上, Vol. 10, no. 9 (September 1871), p. 271; 同上, Vol. 10, no. 11 (November 1871), p. 339; *Toronto Globe*, July 5, 1871, p. 1, September 19, 1871, p. 2.

45 *Toronto Globe*, July 5, 1871, p. 1.

46 同上。

47 Mackay Diary, September 19, 1871; *Toronto Globe*, September 20, 1871, p. 1; *Home and Foreign Record*, Vol. 10, no. 10 (October 1871), p. 314.

48 *Montreal Herald*, October 3, 1871; *Montreal Witness*, October 7, 1871.

49 *Montreal Witness*, October 7, 1871.

50 Grant, *Our Five Foreign Missions*, pp. 23-24.

51 *Ottawa Free Press*, October 9, 1871, p. 3.

52 同上，p. 2；同上，October 10, 1871，p. 2。

53 Mackay Diary, October 9, 1871.

54 這本《聖經》的封面仍然以微縮膠捲的形式保存在多倫多加拿大長老教會檔案庫的「馬偕家族綜合文件」（Miscellaneous Mackay Family Papers）中。

55 David Bosch, *Transforming Mission: Paradigm Shifts in Theology of Mission* (Maryknoll, 1991), p. 340.

第九章

1 Mackay, *From Far Formosa*, p. 27; *Woodstock Sentinel*, 20 October 1871, p. 2.

2 J. W. Miller of the *Cincinnati Commercial*, 引述於 the *Weekly Register* (Pt. Pleasant, W. Va.), October 19, 1871, p. 2。

3 Mackay Diary, 22 October 1871; *From Far Formosa*, pp. 27-28.

4 Mackay Diary, 26 October 1871; *Croffut's Trans-Continental Tourist's Guide*, 3rd Edition (New York, 1871), p. 25; Thomas Cook, *Letters from the Sea and from Foreign Lands, Descriptive of a Tour Around the World* (London, 1873).

5 Cook, *Letters*, pp. 17-18.

6 關於加州的中國人，可見 Gunther Barth, *Bitter Strength: A History of the Chinese in the United States* (Cambridge, MA, 1964)；以及 Yong Chen, *Chinese San Francisco, 1850-1943: A Trans-Pacific Community* (Stanford, 2000)。

7 Joan B. Turner, "The Chinese as Medical Scapegoats in San Francisco, 1870-1905," *California History* 57 (Spring 1878), pp. 70-87; Rev. Otis Gibson, *The Chinese in America* (Cincinnati, 1877), pp. 50-51.

8 *Daily Alta California*, 25 October 1871.

9 Mackay Diary, 29 October 1871.

10 *North China Herald*, 12 December 1872, p. 517.

11 旅客名單與船上貨物名單出版在 *Daily Alta California*, 2 November 1871.

12 Mackay Diary, 1 November 1871.

13　Mackay, *From Far Formosa*, pp. 28-29
14　Mackay Diary, 2 December 1871.
15　Letter from Rev. G. L. McKay," *Home and Foreign Record of the Canada Presbyterian Church* 11:6 (June 1872), p. 165.
16　George Smith to William Mathieson, 16 January 1872, English Presbyterian Mission Papers, Swatow Files.
17　McKay to McLaren, 6 January 1872, *The Home and Foreign Record* 11:4 (April 1872), p. 105.
18　Smith to Mathieson, 16 January 1872, EPM Papers.
19　Mackay Diary, 29 December 1871.
20　Mackay to William McLaren, 6 January 1872, *The Home and Foreign Record* 11:4 (April 1872), p. 105.
21　Hugh Ritchie to William Mathieson, 22 January 1872, EPM Papers.
22　Mackay to McLaren, 6 January 1872, *Home and Foreign Record* (April 1872), p. 105
23　Mackay to William Reid, 3 May 1872, *Home & Foreign Record* 11:8 (August 1872), p. 233.
24　Mackay Diary, 9 March 1872.
25　Mackay to Reid, 3 May 1872.

第十章

1　*John O'Groat Journal*, 1 October 1897, p. 4.
2　Mackay Diary, 10 November 1885.
3　Mackay to McLaren, 12 July 1878, FMC.
4　同上，8 June 1888。
5　Anna Ross, *The Man With a Book*, 特別提到盧斯和馬偕之間的關係，和使他們緊密相繫的共通處。
6　Mackay Diary, 30 December 1890.
7　Mackay to McLaren, 6 November 1872, *Home & Foreign Record* 5:12 (May 1873), p. 133.
8　Mackay Diary, 18 April 1875.
9　同上，20 April, 9 December 1885。
10　同上，19 December 1885。
11　Henry Noel Shore, *The Flight of the Lapwing* (London, 1881), p. 120.
12　Mackay to McLaren, 25 February 1878, FMC.
13　Junor to McLaren, 8 March 1878, FMC.
14　William Swanson to William Mathieson, 21 October 1878, EPM Papers.

主流人物系列 09

青年馬偕：在台宣教的根柢
Young Mackay - The Roots of His Ministry in Taiwan

作　　者：羅明耀（James R. Rohrer）
譯　　者：鄭淳怡
校譯注釋：郭毓安
總 策 劃：謝大立
社　　長：鄭超睿
發 行 人：鄭惠文
主　　編：李瑞娟
封面設計：海流設計
排　　版：旭豐數位排版有限公司

出版發行：主流出版有限公司 Lordway Publishing Co. Ltd.
出 版 部：臺北市南京東路五段 123 巷 4 弄 24 號 2 樓
電　　話：(02) 2857-9303
傳　　眞：(02) 2857-9303
電子信箱：lord.way@msa.hinet.net
劃撥帳號：50027271
網　　址：www.lordway.com.tw

經　　銷：
紅螞蟻圖書有限公司
臺北市內湖區舊宗路二段 121 巷 19 號
電話：(02) 2795-3656　　傳眞：(02) 2795-4100

華宣出版有限公司
新北市中和區連城路 236 號 3 樓
電話：(02) 8228-1318　　傳眞：(02) 2221-9445

初版 1 刷：2022 年 2 月
書號：L2201　　　　　　　　　　　　著作權所有　翻印必究
ISBN：978-986-06294-6-0（平裝）
Printed in Taiwan

國家圖書館出版品預行編目資料

青年馬偕：在台宣教的根柢 / 羅明耀 (James R. Rohrer) 著；鄭淳怡譯 . -- 初
　　版 . -- 臺北市：主流出版有限公司 , 2022.02
　　　　面；　公分 . --（主流人物系列；9）
　　譯自：Young Mackay : the roots of his ministry in Taiwan
　　ISBN 978-986-06294-6-0（平裝）

　　1.CST: 馬偕 (Mackay, George Leslie, 1884-1901) 2.CST: 基督教傳記 3.CST:
教牧學

249.953　　　　　　　　　　　　　　　　　　　　　　　110022554